Cewri'r Cyfamod

Y Piwritaniaid Cymreig
1630-1660

gan

Goronwy Wyn Owen

Hawlfraint: Goronwy Wyn Owen © 2008

ISBN: 978-1-904845-81-2

Cedwir pob hawl. Ni chaniateir atgynhyrchu unrhyw ran o'r cyhoeddiad hwn na'i gadw mewn cyfundrefn adferadwy na'i drosglwyddo mewn unrhyw ddull na thrwy unrhyw gyfrwng, electronig, electrostatig, tâp magnetig, mecanyddol, ffotogopïo, recordio, nac fel arall, heb ganiatâd ymlaen llaw gan y cyhoeddwyr.

Cyhoeddir y gyfrol hon gan
Ganolfan Uwchefrydiau Crefydd yng Nghymru,
Prifysgol Bangor, Bangor, Gwynedd, LL57 2DG, UK

a thrwy nawdd Cronfa Goffa T, E, Ellis, Prifysgol Cymru
Adran Ddiwinyddol Urdd Graddedigion Prifysgol Cymru
a Chymdeithas Hanes Eglwys Bresbyteraidd Cymru

Llun y clawr: Cynfal Fawr, Cartref Morgan Llwyd
Codwyd y llun hwn o *Coffa Morgan Llwyd* gol. John W. Jones
(Llandysul: Gwasg Gomer, 1952). Diolchwn i Wasg Gomer am eu cydweithrediad, ond bu'n amhosibl dod o hyd i berchennog gwreiddiol y llun hwnnw.

Argraffwyd gan Wasg y Bwthyn, Caernarfon

ER COF AM

ARTHUR
1942-2006

Cynnwys

DIOLCHIADAU	vii
BYRFODDAU	viii
RHAGARWEINIAD	ix
1 Y TRADDODIAD PIWRITANAIDD	1
2 FFLAM Y FFYDD	35
3 GWRES Y GOBAITH	63
4 DIFERION DUWIOLDEB	90
5 Y GAIR A'R GOLEUNI	131
6 EDRYCH YN ÔL	148
LLYFRYDDIAETH DDETHOL	157
GEIRFA	163
MYNEGAI (Awduron)	167
MYNEGAI (Testunau)	168

Diolchiadau

Dymunaf ddiolch yn ddiffuant i'r Athro D. Densil Morgan a'r Dr Robert Pope am eu parodrwydd i dderbyn y gyfrol hon i'w chyhoeddi o dan nawdd Canolfan Uwchefrydiau Crefydd yng Nghymru, Prifysgol Bangor, ac am eu gwaith manwl yn golygu'r gwaith ar gyfer y Wasg. Yr wyf yn drwm iawn fy nyled iddynt ill dau. Y mae arnaf faich o ddyled i'r Athro Emeritws R. Geraint Gruffydd hefyd am y rhan anhepgor a gymerodd ym mharatoi'r gyfrol ar gyfer ei chyhoeddi. Sicrhaodd lendid iaith a chymhendod arddull y cwbl ac y mae'r llyfr ar ei ennill yn ddirfawr yn sgil ei gymorth hael a dirwgnach. Ond fy nghyfrifoldeb i yw pob bai a erys. Bu'r Parchg Ann Jenkins yn fwy na pharod i drafod pwyntiau ar athrawiaeth wrth lunio'r Eirfa ymhlith pethau eraill, a hoffwn ddiolch yn gynnes iddi am roi o'i hamser a'i barn yn hyn o beth. Mae diolch yn ddyledus hefyd i'm cyfaill, Mr Howard Huws, am roi imi hen gyfrifiadur o'i eiddo yn ogystal â'm cynorthwyo i'w weithio yn llwyddiannus. Rhyngddo ef a'm chwaer, Mrs Mair F. Martin, bu modd gosod y gwaith ar y cyfrifadur a'i baratoi ar ffurf teipysgrif. Diolchaf iddynt ill dau am y gymwynas ddirwgnach hon. Dymunaf gydnabod yn ddiolchgar y cymorth ariannol hael iawn a dderbyniwyd tuag at gostau argraffu'r gyfrol o Gronfa Goffa Thomas Edward Ellis, Prifysgol Cymru; Adran Ddiwinyddol Urdd Graddedigion Prifysgol Cymru, a Chymdeithas Hanes Eglwys Bresbyteraidd Cymru. Heb eu nawdd parod y mae'n debyg na fyddai'r gyfrol wedi gweld golau dydd. Yn olaf, ond nid yn lleiaf, rhaid diolch i Wasg y Bwthyn, Caernarfon, am eu gwaith cymen a phroffesiynol yn argraffu'r gwaith. Hyderaf y bydd y llyfr yn gymesur â'r cymorth a ddaeth o'r cyfeiriadau uchod.

Goronwy Wyn Owen
Gŵyl Owain Glyndŵr, 2008

Byrfoddau

BBCS   *Bulletin of the Board of Celtic Studies*

JWBS   *Journal of the Welsh Bibliographical Society*

CSPD   *Calendar of State Papers Domestic*

ODNB   *The Oxford Dictionary of National Biography*

Rhagarweiniad

Yn y gyfrol hon, y bwriad yw ymdrin â thwf Piwritaniaeth yng Nghymru rhwng 1630 a 1660, a hynny yn bennaf o safbwynt ei hagweddau hanesyddol a syniadol. Golyga hyn y bydd angen troi at weithiau gwreiddiol prif ladmeryddion y mudiad Cymreig, eithr o dro i dro ymgynghorir ag astudiaethau diweddar sy'n trafod Piwritaniaeth yn Lloegr a Chymru. Y gobaith yw y bydd corff y gwaith yn arddangos yn eglur fod arbrawf crefyddol (a gwleidyddol) y Piwritaniaid yng Nghymru, wedi bod, yn baradocsaidd iawn, yn llwyddiant yn rhannol a'r un pryd hefyd yn fethiant cymharol i raddau helaeth iawn. Ys gwir y bu'n llwyddiant cyn belled â'i fod yn fudiad a osododd sylfaen ddigon cadarn – a hynny yn eglwysyddol yn ogystal â diwinyddol – i dwf Anghydffurfiaeth Gymreig yn hanner olaf yr ail ganrif ar bymtheg a hynny wedi arwain yn y pen draw at ddeffroad ysbrydol mawr Methodistiaeth yn gynnar yn y ddeunawfed ganrif. Ond a chydnabod y llwyddiant digamsyniol hwn, rhaid pwysleisio yr un pryd mai mudiad digon cyfyngedig ei apêl oedd Piwritaniaeth oherwydd i'r mudiad yng Nghymru fod yn fethiant i raddau pell gan mai baglu a wnaeth ymgais wydn a dwys y llywodraeth Gromwelaidd i biwritaneiddio trwch y boblogaeth. Yn wir, ofer fu'r ymgais wrol i orfodi gwerthoedd ac athrawiaethau crefyddol a gwleidyddol Piwritaniaeth Seisnig ar y Cymry a oedd i raddau helaeth iawn yn hynod am eu ffyddlondeb diwyro i'r Eglwys Anglicanaidd a'r Frenhiniaeth.

Amcan y bennod agoriadol yw llenwi peth ar y cefndir i Biwritaniaeth yng Nghymru drwy ddarparu amlinelliad bras o'r cefndir eglwysyddol ehangach. Cychwynnir gyda safbwyntiau athrawiaethol y Diwygwyr Protestannaidd ar y Cyfandir cyn symud at y Diwygiad yn Lloegr a sefydlu'r Eglwys Duduraidd yno. Trafodir wedyn y pleidiau Piwritanaidd y tu fewn a thu allan i Eglwys Elisabeth I a'i holynwyr, sef y Stiwartiaid Cynnar. Dilynir hyn gan drafodaeth ar gyfnod y Rhyfel Cartref (1642-1649) a'r llithro mawr a chyffredinol i radicaliaeth grefyddol a gwleidyddol a nodweddai gyfnod y Ddiffynwriaeth. Y gobaith yw y bydd rhychwant yr opiniynau crefyddol a grynhoir yn y drafodaeth hon yn ffurfio rhyw fath o gyddestun ehangach i'r astudiaeth sy'n dilyn o ffenomen Piwritaniaeth yng Nghymru.

Ymgais yw'r ail bennod i olrhain twf a ffurfiant y mudiad Piwritanaidd ifanc yng Nghymru o ddechrau'r ail ganrif ar bymtheg hyd tua 1660-62. Rhaid fydd pwysleisio yn y fan hon fodolaeth mudiad Piwritanaidd bychan, ond pwysig, yng Nghymru a oedd yn cydweithio

Rhagarweiniad

yn agos â'r mudiad mwy yn Lloegr, ond mudiad ydoedd, serch hynny, a oedd yn meddu ar raglen i efengylu Cymru yn benodol. Er bod tystiolaeth Biwritanaidd unigolyn dewr megis John Penry yn bodoli yn yr unfed ganrif ar bymtheg, nid tan y 1630au y ceir yng Nghymru gychwyn yr hyn y gellir yn ddibetrus ei alw yn fudiad Piwritanaidd brodorol ar ei brifiant. Yn ôl pob tebyg yr oedd yr arweinyddiaeth yn Ne Cymru yn gorwedd ar ysgwyddau William Wroth (1576-1641), rheithor Llanfaches yn sir Fynwy er 1617, tra bod yr arweinyddiaeth yng Ngogledd Cymru, o bosibl, yn nwylo Oliver Thomas (*c.*1598-1652) o West Felton nid nepell o Groesoswallt. Goroesodd y mudiad trefnus hwn burdan erledigaeth yn y 1630au a bu'n gyflym i fanteisio ar y cyfle a ddaeth i efengylu'r Cymry yn sgil cythrwfl y Rhyfel Cartref. Yn wir, rhaid edrych ar Ddeddf Taenu'r Efengyl 1650-53 fel canlyniad uniongyrchol, o bosibl, i bwysedd a dducpwyd ar y Senedd gan y cylch dethol o seintiau Cymreig. Ar ôl y troi allan mawr yn 1662 diogelwyd y dystiolaeth efengylaidd a sefydlwyd gan y Piwritaniaid hyn gan y gwaddol ysbrydol a adawsant ar ffurf eglwysi Anghydffurfiol, eglwysi a ddaeth yn fagwrfa bwysig ac yn faeth i ddiwygwyr Methodistiaeth cynnar y ddeunawfed ganrif.

Ym mhennod tair ymdrinnir â'r rhan a chwaraewyd gan y Saint yng Nghymru yn symudiad chwyldroadol y Pumed Breniniaethwyr yn y 1640au a'r 1650au, yn fwyaf arbennig Vavasor Powell (1617-70) ac, i raddau llai, Morgan Llwyd (1619-59). Powell oedd prif ladmerydd y gred radicalaidd honno yn agosrwydd Ailddyfodiad y Meseia yn y cyfnod dan sylw, ond fe'i dadrithiwyd yn llwyr pan ddyrchafwyd Oliver Cromwell yn Arglwydd Amddiffynnydd ar 16 Rhagfyr 1653, a diddymu Senedd y Saint neu'r Senedd Enwebedig. Gymaint oedd ei siom nes iddo ymosod yn chwyrn ar Cromwell yn ei ddeiseb Gair Tros Dduw yn 1655. Er bod enw Morgan Llwyd wedi'i ychwanegu at y ddeiseb protestiodd na roes ganiatâd i neb dorri'i enw wrth y ddogfen. Yn wir, adweithiodd Llwyd yn ddigon ffafriol ar y cyfan i lywodraeth newydd Cromwell, ond nid yn gyfan gwbl anfeirniadol ychwaith, fel y dengys ei *An Honest Discourse Between Three Neighbours*, 1655. Eithr erbyn hynny yr oedd Llwyd wedi mewnoli'r Ailddyfodiad ar ffurf eschatoleg gyflawnedig a daeth ei feddwl yn llawer mwy goddrychol o'r herwydd. Er hynny ni chollodd Llwyd ei gred ddiysgog yn agosrwydd yr Ailddyfodiad gwrthrychol yn ei ddyddiau ef. Cododd Walter Cradoc (1610?-59) ei lais i amddiffyn y camre gwleidyddol a gymerodd Cromwell yn ei ddeiseb *An Humble Representation and Address*. Gwelir bod Cradoc wedi troi ei gefn yn llwyr ar sêl genhadol danbaid Powell dros achos milflwyddiaeth yng Nghymru, a daeth o'r herwydd yn llais cryf o blaid cymedroldeb mewn cyfnod o anwadalwch crefyddol a gwleidyddol.

Dengys y bedwaredd bennod mai Calfiniaid oedd arweinwyr y mudiad Piwritanaidd yng Nghymru er bod rhai wedi llithro yn raddol oddi wrth Galfiniaeth i gyfeiriadau mwy Arminaidd a phelagaidd. Uchel Galfinydd oedd Vavasor Powell i'r diwedd a hynny, cofier, er gwaethaf ei ddisgwyliadau milflwyddol chwyldroadol a oedd yn heresi o gymharu ei safbwynt â'r hyn a gaed yng Nghyffes Ffydd Westminster. Gellid disgwyl mai Calfinydd cymedrol oedd Walter Cradoc a oedd yn amheus o liwiau chwyldroadol y Pumed Breniniaethwyr. Ond nodweddid Cradoc gan ysbryd cymodlon a chymedrol beth bynnag. Y cenhadwr *par excellence* yn y Gymru Gymraeg oedd ffigwr cawraidd Morgan Llwyd, y pregethwr mwyaf o blith y Piwritaniaid Cymreig yn ddiamau a'r mwyaf gogleisiol ddeallusol ohonynt i gyd. O'i ganolfan yn Wrecsam pregethai'r Efengyl ymhell ac agos a hynny yn Gymraeg yn ogystal â'r Saesneg. Cynhyrchodd gorff o lyfrau a phamffledi a fwriedid i ennill calonnau'r Cymry i'r achos Piwritanaidd. Ystyrir y gweithiau hyn yn glasuron o'u bath gan ein haneswyr llên. Yr oedd Llwyd hefyd ar adegau yn fardd pur wych. Er iddo ymlynu wrth Galfiniaeth gymedrol ei athro, Walter Cradoc, dygodd bwysleisiau newydd a dieithr i'w feddwl cymhleth: dyna ei ddyled amlwg i gyfriniaeth Jakob Böhme, y cyfrinydd Lutheraidd o'r Almaen, er enghraifft. Ar ôl darllen Böhme yn y 1650au pwysleisiodd fwyfwy fywyd mewnol yr enaid fel paratoad angenrheidiol ar gyfer Ailddyfodiad Crist. Athro arall i Lwyd ar un cyfnod oedd William Erbery (1604-54). Yr oedd yn Geisiwr Cymreig, ac roedd ei syniadau anuniongred wedi'i bellhau oddi wrth ei hen gyfeillion. Ond parhaodd cyfeillgarwch Llwyd ac Erbery hyd y diwedd. Dengys hyn pa mor barod oedd Llwyd i dderbyn y gorau ysbrydol ym mhawb ymhlith ei gydnabod. Gobeithir dangos bod duwioldeb Erbery a Llwyd, i raddau llai, yn ddolennau pwysig yn y gadwyn a gysylltai syniadau Piwritanaidd radicalaidd â sect y Crynwyr a ddaeth i'r amlwg yn Lloegr yn ystod y 1650au. Yr oedd Erbery, a Llwyd i raddau llai eto, yn coleddu rhai safbwyntiau athrawiaethol a oedd yn adleisio credoau'r Crynwyr.

Daw hyn â ni at y bumed bennod lle ceisir olrhain twf Crynwriaeth yng Nghymru. Ymdrinnir yn arbennig ag apêl y sect i rai aelodau o gynulleidfaoedd Powell a Llwyd, pobl a oedd ymhlith 'cyhoeddwyr y gwirionedd' yng Nghymru. Dangosir mai canlyniad rhesymegol diwinyddiaeth oddrychol Llwyd oedd atyniad credoau'r Crynwyr i aelodau o *ecclesiola in ecclesia* Llwyd yn Wrecsam. Yn eu plith yr oedd John ap John o Riwabon a ddaeth yn fuan yn 'Apostol y Crynwyr' yng Nghymru. Ond rhaid pwysleisio, serch hyn oll, bod Llwyd wedi aros yn Gynulleidfaolwr cyndyn er gwaethaf ei gydymdeimlad dwfn â rhai agweddau ar ysbrydolrwydd y Crynwyr. Yr oedd yn eu gwrthwynebu ar dir gwleidyddol. Ar ôl cenhadaeth George Fox yng Nghymru yn 1657 gwreiddiodd Crynwriaeth mewn rhai ardaloedd yng Nghymru. Ond er bod Crynwyr Cymraeg eu hiaith yn sir Feirionnydd a sir Drefaldwyn, sect Seisnig o ran iaith oedd mudiad y Crynwyr yng Nghymru.

Y casgliad anochel y deuir iddo yn y bennod olaf ar sail y dystiolaeth uchod, yw y ceid yng Nghymru fudiad Piwritanaidd bychan pwysig eithriadol a bod iddo ei adenydd de a chwith megis yn Lloegr. Chwaraeodd y mudiad ran bwysig yn ystod y cythrwfl gwleidyddol a chrefyddol a chymdeithasol yng nghyfnod y Weriniaeth a'r Ddiffynwriaeth. Mae'n ddiau fod cysylltiad agos rhyngddo a'r mudiad cyfatebol yn Lloegr, ond mae ei nodweddion Cymreig yn rhai digamsyniol. Rhydd ffigur cawraidd Morgan Llwyd i'r mudiad ei bwysigrwydd parhaol fel ffenomen Gymreig. Oni bai amdano ef, ac Oliver Thomas i raddau llai, y mae'n gwbl bosibl mai Seisnig o ran ysbrydoliaeth ac iaith fuasai'r mudiad yng Nghymru. Am ysbaid cymerasai Llwyd a'i gyfoeswyr mwy Seisnigedig ganol y llwyfan megis yn nrama'r gwrthdaro gwleidyddol a chrefyddol yng Nghymru, ac yn ddiamau y mae eu gobeithion gwleidyddol a'u dyheadau crefyddol tanbaid wedi aros hyd y dydd hwn yn garreg filltir nodedig yn hanes Cristnogaeth yng Nghymru.

Ond rhaid troi yn awr i wrando ar stori'r Piwritaniaid.

1
Y Traddodiad Piwritanaidd

Amcan y bennod hon yw llenwi peth ar gyd-destun ehangach Piwritaniaeth Gymreig drwy ddarparu amlinelliad bras o'r traddodiad Piwritanaidd yn Lloegr. Dechreuir gyda safbwyntiau athrawiaethol y Diwygwyr Protestannaidd ar y Cyfandir. Yna symudir i Loegr a sylwi ar dwf y pleidiau Piwritanaidd oddi fewn ac oddi allan i Eglwys Anglicanaidd Elisabeth I (1558-1603) a'i holynwyr, y Stiwartiaid Cynnar, sef Iago I (1603-25) a'i fab, Siarl I (1625-49). Nodir wedyn beth o hanes aden chwith eithaf y mudiad Piwritanaidd yng nghyfnod y Weriniaeth a'r Ddiffynwriaeth, sef radicaliaeth wleidyddol a chrefyddol. Y gobaith yw y bydd y rhychwant syniadol a grynhoir yn y bennod hon yn ffurfio rhyw fath o gefnlen a chyd-destun ehangach i'r astudiaeth a ddilyn o ffenomen Piwritaniaeth yng Nghymru.

Y Diwygiad Mawr

Ganed Protestaniaeth mewn cyfnod a welodd argyfwng mawr yn wynebu byd a betws.[1] Dysgai arweinwyr y Diwygiad Mawr (sef Martin Luther, Ulrich Zwingli, a John Calfin[2] yn bennaf) fod

---

[1] Joel Hurstfield (gol.), *The Reformation Crisis* (Llundain,1976); Trevor Aston (gol.), *Crisis in Europe: 1560-1660* (Llundain, 1975); Theodore K. Rabb, *The Struggle for Stability in Early Modern Europe* (Rhydychen, 1975). Am y Diwygiad Mawr yn gyffredinol gw. Euan Cameron, *The European Reformation* (Rhydychen, 1991); R. Tudur Jones, *The Great Reformation* (Caerlŷr, 1985); Mark Greengrass, *The European Reformation, 1500-1618* (Llundain,1998); Diarmaid MacCulloch, *Reformation: Europe's House Divided: 1490-1700* (Llundain, 2003). Am y meddwl wedyn gw. Heiko A. Obermann, *The Reformation* (Caeredin, 1994); Bernard M. G. Reardon, *Religious Thought in the Reformation* (Llundain, 1995); Alister E. McGrath, *Reformation Thought: An Introduction* (Rhydychen,1988); *Idem, The Intellectual Origins of the European Reformation* (Rhydychen, 1993); *Idem, Roots That Refresh* (Llundain,1991); *Idem, Iustitia Dei*, 2 gyfrol (Caergrawnt,1986); *Idem, Justification by Faith* (Grand Rapids,1998); W. Cunningham, *The Reformers and the Theology of the Reformation* (Caeredin,1979); A. G. Dickens, *The Age of Humanism and Reformation* (Llundain, 1977); James Buchann, *TheDoctrine of Justification* (Grand Rapids, 1977); John Metcalfe, *Justification by Faith* (1987); R. S. Thomas, *Cyfiawnhad Trwy Ffydd* (Merthyr Tydfil, 1894).

[2] Richard Marius, *Luther* (Llundain, 1975); Roland Bainton, *The Reformation of the Sixteenth Century* (Llundain, 1965), 22-76; Hans J. Hillerbrand (gol.), *The Protestant Reformation* (Llundain,1968), 1-107; J. I. Packer, 'Luther', *Westminster Conference Report* (Llundain, 1965); Philip A. Eveson, 'Martin Luther and his Sacramental Teaching', *Westminster Conference Report* (Llundain, 1979); Walter von Loewenich, *Luther's Theology of the Cross* (Belfast, 1976); Alister E.

awdurdod y Beibl (*sola scriptura*) yn disodli awdurdod y Pab a'r Eglwys Gatholig, ac mai pregethu'r Gair yn ei gyflawnder oedd y cyfrwng arferol i ddwyn iachawdwriaeth i bechadur yn hytrach nag Aberth yr Offeren. Ymhellach, dysgent bod pechaduriaid yn cael eu cyfiawnhau drwy ffydd yn unig (*sola fide*) yn hytrach na thrwy weithredoedd. Datblygodd Calfin, ac yn enwedig ei olynydd yn Genefa, sef Theodore Beza, ddysgeidiaeth newydd am lywodraeth a disgyblaeth eglwysig a adwaenir fel Presbyteriaeth. Ar esgyniad Elisabeth I i orsedd Lloegr yn 1558 aed â'r gyfundrefn eglwysig newydd hon ynghyd â'r meddwl Calfinaidd[3] i'r Alban gan y Piwritan John Knox.

Y Diwygiad Radicalaidd

Fel y gwyddys perthynai aden radicalaidd i'r Diwygiad Protestannaidd, sef yr Ailfedyddwyr a anfodlonid gan arafwch y diwygiad a'r gorgyfaddawdu â llywodraeth gwlad fel y tybient.[4] Coleddent syniad chwyldroadol am 'eglwys' yn y cyfnod hwnnw gan iddynt ystyried

---

McGrath, *Luther's Theology of the Cross* (Rhydychen, 1985); G. R. Porter, *Zwingli* (Caer-grawnt, 1984); Robert Godfrey, 'The Spirituality of Martin Luther', *Westminster Conference Report* (Llundain, 1996); D. W. Marshall, 'Ulrich Zwingli and the unresolved problems of Protestantism', *Westminster Conference Report* (Llundain, 1965); Derek R. Moore-Crispin, 'The Real Absence: Ulrich Zwingli's View?', *Westminster Conference Report* (Llundain, 1979); T. H. L. Parker, *John Calvin: A Biography* (Llundain, 1975); Alister E. McGrath, *A Life of John Calvin* (Rhydychen, 1996); François Wendel, *Calvin: The Origins and Development of his Religious Thought* (Llundain, 1978); John D. Nicholls, 'Union with Christ: John Calvin on the Lord's Supper', *Westminster Conference Report* (Llundain, 1979); Henry Beveridge (gol.), *Calvin: Institutes of the Christian Religion,* 2 gyfrol (Grand Rapids, 1979); Basil Hall, 'Calvin against the Calvinists', yn G. E. Duffield (gol.), *Courtenay Studies in Reformation Theology, I: John Calvin* (Abingdon, 1966); R. T. Kendall, 'John Calvin – First English Calvinist?', *Westminster Conference Report* (Llundain, 1976).
[3] A. Dakin, *Calvinism* (Llundain, 1941); James Hastings (gol.), 'Calvinism' yn *Encyclopaedia of Religion and Ethics* (Caeredin, 1908); R. T. Kendall, *Calvin and English Calvinism to 1649* (Rhydychen, 1979); Paul Helm, *Calvin and the Calvinists* (Caeredin, 1982); am y cyfnod wedi Calfin, gw. Richard A Muller, *After Calvin: Studies in the Development of a Theological Tradition* (Rhydychen, 2003); a Menna Prestwich (gol.), *International Calvinism: 1541-1715* (Rhydychen, 1985).
[4] R. J. Smithson, *The Anabaptists* (Llundain, 1936); G. H. Williams, *The Radical Reformation* (Llundain, 1962); Werner Stark, *Sectarian Religion* (Llundain,1967); H. Littel Franklin, *The Origin of Sectarian Protestantism: A Study of the Anabaptist View of the Church* (Efrog Newydd, 1964); Robert Friedman, *The Theology of Anabaptism: An Interpretation* (Scottdale, Penn., 1973); D. P. Kingdom, 'The Anabaptists', *Westminster Conference Report* (Llundain, 1965); L. Verduis, *The Reformers and their Stepchildren* (Grand Rapids, 1964); Michael Mullett, *Radical Religious Movements in Early Modern Europe* (Llundain, 1980).

pob cynulleidfa unigol yn saint a addolai yn ôl patrwm yr eglwys Apostolaidd gynt. Ymunent â'i gilydd yn wirfoddol i rodio ynghyd yn ôl canllawiau'r Gair. Yn gyffredinol iawn, gwrthodent athrawiaeth Rhagarfaeth am amrywiol resymau cymhleth gan ddysgu iachawdwriaeth gyffredinol drwy oleuni mewnol yn ei lle. Eu delfryd oedd eglwys weledig o saint ac roedd y syniad hwn yn debyg iawn i'r delfryd a goleddid gan y Cynulleidfaolwyr yn Lloegr a Lloegr Newydd yn yr ail ganrif ar bymtheg, ond heb eu Calfiniaeth gadarn hwy, wrth gwrs. Nid oedd yr Ailfedyddwyr, yn gyffredinol, yn uniongred o gwbl, a cheid cryn amrywiaeth yn eu heresïau o'r naill eglwys i'r llall. Yn sylfaenol, mynnent oll ysgaru gwaith achubol yr Ysbryd Glân oddi wrth awdurdod yr Ysbryd yn llefaru drwy'r Ysgrythurau. Golygai hyn i bob pwrpas leoli awdurdod mewn dyn yn hytrach nag mewn Datguddiad Arbennig, ffaith y bu'r Diwygwyr yn gyflym iawn i'w sylweddoli ynghyd â'i oblygiadau chwyldroadol. I'r un byd syniadol yn ei hanfod y perthynai mân sectau cyfriniol Lloegr, a'r Crynwyr yn fwyaf arbennig, yn yr ail ganrif ar bymtheg.

Piwritaniaeth: Diffiniad
Ar un ystyr, mater anodd yw diffinio 'Piwritaniaeth'. Ceisiodd yr Athro Basil Hall gyfyngu'r term 'piwritan' i ddisgrifio'r clerigwyr hynny a arhosodd oddi fewn i'r sefydliad Anglicanaidd, a dadleuodd mai o 1567 ymlaen y dylid sôn am Biwritaniaeth fel y cyfryw.[5] I raddau y mae yn llygad ei le wrth gwrs, ond yr oedd y 'meddwl' Piwritanaidd yn ehangach ac yn hŷn na 1567.[6] Cychwynnodd Piwritaniaeth oddi fewn i Eglwys Elisabeth a gwelir bod gwahaniaethau diwinyddol arwyddocaol a phwysig rhwng Anglicaniaeth a Phiwritaniaeth a ddaeth i'r amlwg yn yr anghytuno brwd rhyngddynt ar fater ffurflywodraeth eglwysig a disgyblu'r praidd. Yr hyn a nodweddai Biwritaniaeth yn bennaf oll hwyrach, oedd y ffaith bod y Piwritan yn fwy na pharod i wneud y Beibl yn unig ganllaw a phren mesur mewn bywyd. Fel y dywed Dr Martyn Lloyd-

---

[5] Basil Hall, 'Puritanism: The Problem of Definition', *Studies in Church History*, 21 (Caer-grawnt, 1965), 286-96; Richard L. Greaves, 'The Nature of the Puritan Tradition', yn R. Buick Knox (gol.), *Reformation Conformity and Dissent* (Llundain, 1977); Christopher Hill, *Society and Puritanism in Pre-Revolutionary England* (Llundain, 1994), 1-15; Andrew Davies, 'The Nature of Puritanism', *Westminster Conference Report* (Llundain, 1990); Peter Lewis, 'Puritan England', *Westminster Conference Report* (Llundain, 1975); gw. hefyd arolwg hylaw Erroll Hulse, 'The Story of the Puritans', *Westminster Conference Report* (Llundain, 1998); gw. ymhellach P. Lake, 'Defining Puritanism again?', yn F. Bremer (gol.), *Puritanism: Transatlantic Perspectives on a Seventeenth-Century Anglo-American Faith* (Boston, MA, 1993), 3-29.
[6] G. F. Nuttall, *The Puritan Spirit: Essays and Addresses* (Llundain, 1967).

Jones am Biwritaniaeth: 'it is an attitude, it is a spirit...'[7] Y Gair oedd wrth wraidd holl weithgarwch amlweddog y Piwritaniaid, a phregethu'r Gair hwnnw oedd y dull mwyaf effeithiol yn eu tyb hwy i alw'r etholedigion i mewn i rwymau'r cyfamod Gras. Ffordd o fyw oedd Piwritaniaeth i'w choleddwyr. Daeth yn ddunameg ar gynnydd ymhlith y Presbyteriaid a alwai am fabwysiadu ffurflywodraeth Bresbyteraidd fel ag yn Genefa a'r Alban. Ceid aden fwy radicalaidd wedyn, sef yr Ymwahanwyr, a ddadleuai dros ddatgysylltu'r eglwys a'r wladwriaeth, ac a goleddai'r delfryd Piwritanaidd o gynulleidfa weledig o saint yn ymrwymo'n wirfoddol i addoli a rhodio ynghyd yn ffordd y gwirionedd yn ôl patrwm y Gair. Ac yn sylfaenol, dyma oedd safbwynt eglwysig y Cynulleidfaolwyr hwythau yn yr ail ganrif ar bymtheg. Erbyn cyfnod Diffynwriaeth Cromwell yr oedd dwy aden i'r mudiad Piwritanaidd, sef yr aden dde, Galfinaidd ei diwinyddiaeth, a'r aden chwith heretigaidd ac Ailfedyddiol.

Yn 1558/59 pasiwyd Deddfau Unffurfiaeth ac Uchafiaeth Elisabeth I a gwnaed Protestaniaeth yn unig grefydd swyddogol Cymru a Lloegr. Yr oedd athrawiaeth Eglwys Elisabeth – y *via media* Anglicanaidd – yn drwyadl Brotestannaidd, os nad yn gwbl Galfinaidd ar y cychwyn, eithr yr oedd ei threfn eglwysig yn parhau i sawru o Babyddiaeth. Ond yn ystod teyrnasiad Elisabeth blodeuodd dau draddodiad Protestannaidd, a oedd ar yr wyneb, yn gytûn o ran athrawiaeth, sef yn eu Calfiniaeth, nes i'w syniadau gwahanol am ffurflywodraeth eglwysig amlygu seiliau tipyn gwahanol i'w syniadaeth ddiwinyddol. Rhaid edrych yn ofalus ar y ddeuoliaeth syniadol hon er mwyn deall pam yr anghytunai'r Piwritaniaid mor frwd â'r sefydliad Anglicanaidd yn oes Elisabeth (1558-1603) ymlaen i ddyddiau'r Stiwartiaid Cynnar, ac wedi hynny i'r Adferiad (1660-62).

Yr oedd a wnelo syniadau gwahanol yr Anglican a'r Piwritan am 'eglwys' yn sylfaenol â lleoliad awdurdod mewn ffydd a buchedd, ac yn eu llyfr ar y meddwl Protestannaidd dywed C. a K. George:

> In our effort to find a distinguishing line between 'Puritan' and 'Anglican', we have found no issue, doctrinal or ecclesiastical, of which we can speak in other than relative terms. The so-called

---

[7] D. Martyn Lloyd-Jones, 'Puritanism and its Origins', *Westminster Conference Report* (Llundain,1971), 75; cf. Peter Lewis, *The Genius of Puritanism* (Rushden, 1975); John Brown, *The English Puritans: The Rise and Fall of the Puritan Movement* (Fearn, 1998); Erroll Hulse, *Who are the Puritans?... and what do they teach?* (Darlington, 2000); Kelly M. Kapic a Randall C. Gleason (goln), *The Devoted Life: An Invitation to the Puritan Classics* (Caerlŷr, 2004).

'Puritan' never either monopolizes the concept or viewpoint in question or universally exhibits it...[8]

Ond yr oedd y Piwritan, fe ymddengys, yn ymwybodol o wahaniaeth hanfodol rhwng ei syniad ef a'r Anglican am 'eglwys'. Tarddai'r gwahaniaeth yn eu syniad am natur 'eglwys' o wahaniaeth diwinyddol dyfnach parthed lleoliad awdurdod terfynol mewn crefydd.

Dywed y Presbyteriad John Field yn ei *Admonition to the Parliament*, 1572:

> Neither is the controversie betwixt them [yr Anglicaniaid] and us, [y Piwritaniaid Presbyteraidd] as they needs have the world in hand, as for a cap, a tippet, or a surplesse, but for great matters concerning a true ministry, and the regiment of the church, according to the word.[9]

Gwelir felly bod y Piwritan o'r farn y dylai trefn neu ffurflywodraeth eglwysig adlewyrchu'r patrwm a geid yn y Testament Newydd, ac 'yn ôl y gair' o ran dogma ac eglwysyddiaeth oedd rheol euraid y Piwritaniaid nodweddiadol hyd ddiwedd ein cyfnod. Erbyn 1640 dyweder, yr oedd y gwahaniaeth sylfaenol hwnnw rhwng agweddau gwahanol y ddau draddodiad Protestannaidd tuag at awdurdod a'i leoliad yn gwbl amlwg, sef yn ffurflywodraeth gymysg eglwys wladol Anglicanaidd ar y naill law, ac yn ffurflywodraeth yr eglwysi Presbyteraidd a Chynulleidfaol ar y llall.

Cynigiodd yr Athro J. F. H. New thesis yn trafod yr union seiliau diwinyddol gwahanol a oedd wrth wraidd datblygiad syniad y ddwy garfan eglwysig am natur 'eglwys'.[10] Ei farn ef yw bod y ddeuoliaeth ddiwinyddol sylfaenol rhwng y ddwy garfan Brotestannaidd wedi lledu a dyfnhau gyda threigl amser gan ddyfod fwyfwy i'r wyneb erbyn diwedd teyrnasiad Elisabeth, ac yn enwedig yng nghyfnod y Brenin Iago I, a'i fab, Siarl I (m. 1649). Gan gofio perygl gorgyffredinoli, dyma grynhoi'n betrus brif bwyntiau'r Athro New.

Yn ei syniad am ddyn[11] dilynai'r Piwritan ddysgeidiaeth y gair a'r syniad Calfinaidd amdano, sef ei fod wedi syrthio i bechod gyda'r Cwymp. Ar yr wyneb cytunai'r Anglicaniaid Calfinaidd â'r

---

[8] C. a K. George, *The Protestant Mind of the English Reformation* (Princeton, 1961), 405.
[9] Patrick McGrath, *Papists and Puritans under Elizabeth I* (Llundain, 1967), 37.
[10] J. F. H. New, *Anglican and Puritan: The Basis of their Opposition: 1558-1640* (Llundain, 1964).
[11] Ibid., 5-29.

athrawiaeth hon, ond tueddai'r sefydliad Anglicanaidd symud tuag at ddyrchafu hunanlywodraeth y rheswm dynol y credent na thywyllwyd mohono gan y Cwymp yn union fel y dysgai Tomos o Acwin gynt. Yr Ysgrythur oedd unig sail athrawiaeth a buchedd y Piwritan o Galfin, eithr ychwanegai'r Anglican reswm ansyrthiedig a thraddodiad newydd y sefydliad at yr Ysgrythur gan eu hystyried hwythau yn ddibynadwy fel yr Ysgrythur ei hun cyn belled nad anghytunent â'r Gair yn ei hanfod. Yr oedd y ffaith hon yn arbennig wir wedi cyhoeddi *apologia* mawr Richard Hooker i feddwl ac eglwysyddiaeth yr Anglican. Honnir bod yr Anglican yn dysgu pabyddiaeth newydd, sef ystyried yr eglwys yn sianel gras a'r ddau sacrament yn gyfrwng cyfrannu'r gras hwnnw i bob dinesydd yn ddiwahân. Yn wahanol i'r Piwritan perthynai ystyr seremonïol i'r sacramentau ym meddwl yr Anglican,[12] a dysgai bod bedydd dwfr yn anhepgor i iachawdwriaeth gan y credid mai drwy'r Bedydd y deuai Cristion at Dduw. Honnai'r Presbyteriad Thomas Cartwright, mai gras Duw a ddygai iachawdwriaeth i ddyn ac nid sacrament fel Bedydd; rhaid oedd wrth eneiniad yr Ysbryd Glân cyn y gellid priodoli ystyr sumbolaidd o gwbl i fedydd. Credai'r Anglican hefyd bod sacrament y Swper yn gyfrwng y deuai dyn drwyddo i feddu ar ras achubol Duw. Ond daliai'r Piwritan yn gyson mai'r sawl a elwid eisoes gan yr Ysbryd ac a ddeuai'n feddiannol ar ffydd achubol neu gadwedigol drwyddo a ddylai gymuno: nid oedd rhyddid i bawb i gymuno'n fympwyol. Pwysleisiai'r Anglican ddefodaeth litwrgïol mewn addoliad, sef penlinio wrth dderbyn elfennau'r cymun ac roedd gorfod ar i'r offeiriad wisgo'n urddasol bryd hyn. Ond yr oedd defodaeth o'r fath yn wrthun gan y Piwritan a'i duedd oedd amau gwerth cerddoriaeth, arluniaeth a phensaernïaeth eglwysig mewn addoliad. Pwysleisiai ef bregethu'r Gair fel moddion taenu gras a'r pulpud, yn arwyddocaol iawn, oedd canolbwynt addoliad i'r Piwritan. Ystyrid mai swyddogaeth bennaf y bugail, a honno yn un ysbrydol, oedd pregethu'r Efengyl, a dyma oedd y dull Ysgrythurol o alw pechaduriaid at Grist.[13] Thomas Cartwright, y Presbyteriad, a ddywedodd:

> When as the life of the sacrament dependeth on the preaching of the Word of God, there must of necessity the Word of God be, not read, but preached unto the people amongst whom the sacraments are ministered.[14]

---

[12] Ibid., 59-81.
[13] Ibid., 70, 72.
[14] Patrick McGrath, *Papists and Puritans under Elizabeth I*, 39.

Ac nid oedd Dr Martyn Lloyd-Jones yn camfarnu pan ddywedodd yntau am y Piwritaniaid Calfinaidd a Chlasurol:

> Their view of preaching...was governed by theology...the whole ethos of Anglicanism was against the Puritan idea of preaching.[15]

Credai'r Anglican hefyd mewn pwysigrwydd pregethu, eithr ei duedd oedd llacio'r pwyslais ar y sianel ysgrythurol ordeiniedig hon i alw pechaduriaid at Grist. Yn wir, roedd gan yr Anglican ei Lyfr Gweddi a Llyfr yr Homilïau, ac wrth gwrs, y sacramentau, oll yn gyfryngau gras, ac felly, nid oedd galw am bregethau Ysgrythurol gorfrwdfrydig.[16]

Erbyn 1604 cadarnhaodd un o ganonau eglwys Anglicanaidd Iago I agwedd yr Anglican at bregethu efengylaidd y Piwritan:

> divers persons, seduced by false teachers, do refuse to have their children baptised by a minister that is no preacher, and to receive communion at his hands in the same respect, as though the virtue of the sacraments did depend upon his ability to preach.[17]

Ni wnâi'r anghytuno hwn parthed eu syniadau cyferbyniol am 'eglwys' ddim namyn amlygu dibyniaeth lwyr y Piwritan ar Ras anhaeddiannol Duw ac awdurdod yr Ysgrythur o'i chymharu â gweithred hunanlywodraethol Arminaidd yr Anglican yn dyrchafu rheswm syrthiedig a'i gyfosod â Gras mewn iachawdwriaeth. Ar y llaw arall, cytunai'r Anglican a'r Piwritan y dylai'r 'eglwys' gynnwys pob dinesydd yn y wladwriaeth, eithr mynnai'r Piwritan o Bresbyteriad fwy o annibyniaeth barn a rhyddid i ddisgyblu'r praidd i'w eglwys nag a fynnai'r Anglican ei estyn iddo. Âi'r Ymwahanwyr mor bell â mynnu y dylid datgysylltu'r eglwys a'r wladwriaeth, fel y ceir gweld.[18]

Yn ei *On the Laws of Ecclesiastical Polity* a gyhoeddwyd mewn wyth llyfr rhwng 1594 a 1600 dadleua Richard Hooker dros gyfreithlondeb Eglwys Elisabeth I. O graffu ar ei lafur mawr, gwelir nad yw thesis yr Athro New ymhell o'i lle. Yr oedd sail athronyddol 'naturiol' yn gymysg â Chalfiniaeth arwynebol yn y meddwl Anglicanaidd o'r cychwyn.

---

[15] D. Martyn Lloyd-Jones, 'Preaching', *Westminster Conference Report* (Llundain, 1977), 90-91; cf. Horton Davies, *The Worship of the English Puritans* (Llundain, 1948), pennod 11.
[16] New, *Anglican and Puritan: The Basis of their Opposition*, 38-41, 75.
[17] Patrick McGrath, *Papists and Puritans under Elizabeth I*, 79.
[18] New, *Anglican and Puritan: The Basis of their Opposition*, 3, 25, 31, 46 yml., 57 yml., 89.

Ysgogwyd gwaith Hooker gan y ddadl honno rhyngddo a'r Presbyteriad Walter Travers yn Eglwys y Deml, Llundain. Hooker oedd yr offeiriad a'r darlithydd Piwritanaidd oedd Travers.[19] Er gwaethaf cytundeb ymddangosiadol y ceinciau Anglicanaidd a Phiwritanaidd o ran eu Calfiniaeth, yr oedd Travers, o'r hyn lleiaf, yn ymwybodol iawn o wahaniaeth sylfaenol yn agwedd y ddwy blaid at bwnc llosg awdurdod mewn perthynas â natur 'eglwys', ac fel y ceir gweld, gogwydd rhesymegol Hooker oedd yn gyfrifol am ei safiad o blaid traddodiad eglwysig newydd yr Anglican a oedd yn wrthwyneb i'r patrwm beiblaidd yn nhyb Travers.[20] Yr oedd y termau a ddefnyddid gan Hooker, sef 'Natur' ac 'Ysgrythur' yn gyfystyr â 'Rheswm' a 'Datguddiad', a dywed Hywel R. Jones fod egwyddorion sylfaenol Hooker yn Domistaidd yn hytrach na Chalfinaidd a beiblaidd.[21]

Ychwanegai Hooker awdurdod rheswm ansyrthiedig dyn at awdurdod datguddiad goruwchnaturiol yr Ysgrythur, ac ymddengys nad oedd *apologia* mawr Hooker namyn ymgais lew i greu synthesis rhwng Rheswm a'i hunanlywodraeth a datguddiad a'i awdurdod yn deillio o Ras. Yn ôl Hywel R. Jones:

> Reason has the ascendancy for, while Revelation does have its own sphere, Reason authenticates it and amplifies it. Further, scripture's unique authority is restricted to 'the principal mysteries of the faith', and so there is nothing binding on the church as far as its government and form of worship are concerned.[22]

Ymddengys na roddai'r Piwritan yr un pwyslais â'r Anglican ar Reswm, a'r Ysgrythur yn unig oedd awdurdod cychwynnol a therfynol y Piwritan ar bob achlysur: dyma sail ei ddiwinyddiaeth ac ohoni hi y deilliai ei syniad am 'eglwys'. Thomas Cartwright a ddywedodd drachefn:

> I say the Word of God containeth the direction of all things, pertaining to the church, yea of whatever things can fall into any part of a man's life.[23]

---

[19] Hywel R. Jones, 'Authority', *Westminster Conference Report* (Llundain, 1977).
[20] Ibid., 6.
[21] Ibid., 9.
[22] Ibid., 10. 11.
[23] Ibid., 12.

Yn wir, y mae'n amlwg mai pwnc awdurdod terfynol mewn crefydd oedd achos sylfaenol y datblygiadau gwahanol mewn diwinyddiaeth ac eglwysyddiaeth hyd 1660 ac a oedd wrth gefn ymddangosiad Anghydffurfiaeth yn 1662. Yn yr Ysgrythur, ac nid mewn Rheswm syrthiedig, neu synthesis o'r ddau, y canfu'r Piwritan batrwm i ffurflywodraeth eglwysig. Ceisiai Hooker briodoli i Reswm werth cydradd â gwerth datguddiad y Beibl a'i awdurdod dwyfol. A sylw Paul E. G. Cook yw 'there we have the Catholic mind at work, drawing its strength from Aquinas...'[24]

Gan mai yn rheswm dyn, i raddau, y gorwedd awdurdod yn ôl Hooker, gallai'r Eglwys Anglicanaidd drefnu materion addoliad a ffurflywodraeth eglwysig yng ngoleuni'r rheswm dynol. Rheswm dyn ynghyd â'r Ysgrythur, ac nid y Beibl yn unig, a benderfynai natur lleoliad awdurdod, natur yr eglwys, ei haddoliad a'i defodaeth i'r Anglican felly. Dyma'r ffactor a barodd fodolaeth y gwahaniaethau a restrir gan New. Yn wir, datblygodd y syniad Piwritanaidd Calfinaidd am 'eglwys' i'r fath raddau fel y credid mai cynulleidfa unigol o saint gweledig a elwid drwy Ras oedd gwir aelodau'r eglwys. Dyma'r delfryd Piwritanaidd o'r cychwyn yn y cyfnod hwn. Y canlyniad oedd gwrthwynebu ffurfioldeb defodol yr Anglican a'i wrthwynebu orau y gellid gyda phwyslais ar addoliad digymell. Cadwai'r Anglican yn agos at athrawiaeth Calfin, ac Awstin o'i flaen, parthed yr 'eglwys', sef bod y wir 'eglwys' yn anweledig a bod yr eglwys ddaearol yn gymysgfa o efrau a gwenith. Ond credai'r Piwritan y deuai dydd pryd yr amlygid yr eglwys weledig o Saint.

Edrychai'r Piwritan ar aelodaeth eglwysig yn nhermau ymrwymiad personol a gwirfoddol i ymgyfamodi ag eraill er mwyn ffurfio cymuned glòs o gredinwyr a addolai gyda'i gilydd. Yn ddiweddarach nag oes Elisabeth gwnaed cyffes ffydd bersonol yn amod aelodaeth o'u heglwysi cynnull gan y Cynulleidfaolwyr.[25] Ond yn nhyb yr Anglican yr oedd pob dinesydd yn aelod awtomatig o'r Eglwys Lân Gatholig drwy fedydd dwfr, argyhoeddiad cwbl gyfeiliornus ym marn y Piwritan. Dyna pam y gadawodd cymaint o'r Piwritaniaid yr eglwys esgobol yn yr ail ganrif ar bymtheg. Arwyddocaol iawn yw galw'r credinwyr hyn a fynnai ddwyn yr eglwys ddaearol agosed ag y gellid at safonau'r Testament Newydd gydol y cyfnod hwn yn 'Biwritaniaid'.[26] Erbyn diddymu esgobyddiaeth yn 1645-46 syniad y Piwritan am 'eglwys' a orfu, er bod dau ddull ar

---

[24] Paul E. G. Cook, 'The Church', *Westminster Conference Report* (Llundain, 1977), 26.
[25] Ibid., 38.
[26] Ibid., 38-9.

Cewri'r Cyfamod

ffurflywodraeth, sef Cynulleidfaoliaeth ar batrwm Lloegr Newydd, a Phresbyteriaeth. Fel y dywed Cook:

> It is the doctrine of the church...which distinguishes the Puritan mind from the Anglican irrespective of the degree of interest shown by the Anglican in matters concerning the soul and spiritual devotion.[27]

Piwritaniaeth: ei gwreiddiau

Yn ystod yr erlid o dan Mari (1553-1558) dewisodd tua 800 o Brotestaniaid blaenllaw ffoi i'r Cyfandir gan ymsefydlu yng nghanolfannau diwygiadol y Protestaniaid yno yn hytrach na chydymffurfio â Chatholigaeth adferedig yn Lloegr. Daethant o dan ddylanwad y Diwygwyr yn Frankfurt a Strasbourg, Zürich a Genefa. Er i'r mwyafrif llethol ohonynt fynnu dilyn trefn addoli Llyfr Gweddi Gyffredin 1552, mabwysiadodd un garfan ohonynt ddull cyflawn Genefa o addoli, sef cynulleidfa John Knox, y Presbyteriad a'r Sgotyn.

Arfer haneswyr yw olrhain y pridd y gwreiddiodd Piwritaniaeth gynnar ynddo i'r helyntion yn eglwys yr alltudion yn ninas Frankfurt. Yn 1554 cynulleidfaol yn ei hanfod yn hytrach nag esgobol oedd yr eglwys yno gyda'r praidd yn apwyntio'r gweinidog a'r swyddogion eglwysig. Yr oedd yn gwbl wahanol i'r syniad hwnnw am 'eglwys' a berthynai i'r traddodiad Protestannaidd Anglicanaidd o 1559 ymlaen yn Lloegr. O dan arweiniad John Knox, dilynai eglwys Frankfurt ffurfwasanaeth Genefa hyd nes i Dr Richard Cox a'i ddilynwyr gyrraedd yno o Strasbourg gyda'r bwriad o ddwyn y gynulleidfa yn ôl i gydymffurfio â Llyfr Gweddi Gyffredin 1552 a ddefnyddid wrth addoli yn nheyrnasiad Edward VI (1547-1553) fel y gellid sicrhau cydymffurfiad rhwng gweddill eglwysi'r alltudion Seisnig. Diwedd y gân fel y'i cenir gan Patrick Collinson oedd troi'r byrddau ar Knox a phlaid Genefa a dwyn yr eglwys yn ôl i'r gorlan Anglicanaidd Edwardaidd.[28] Nid oes raid amau na throsglwyddwyd y drwgdeimlad wedi'r anghytuno sylfaenol hwn ymhlith yr alltudion ynghylch ffurflywodraeth yr eglwys yno yn ôl i Loegr ar esgyniad Elisabeth I i'r orsedd yn 1558, canys prawf twf traddodiadau Piwritaniaeth ac Anglicaniaeth yn ystod ail hanner yr unfed ganrif ar bymtheg a hanner cyntaf yr ail ganrif ar bymtheg, yn fras, mai dyna'r union beth a ddigwyddodd. Dywed Paul Cook, gan ddyfynnu G. R. Elton (*England*

---

[27] Ibid., 40.
[28] Patrick Collinson, *The Elizabethan Puritan Movement* (Llundain, 1967), penodau 3 a 4; gw. Kenneth Brownell, 'Worship and the Marian Exiles', *Westminster Conference Report* (Llundain, 1985); Chris Skidmore, *Edward VI: The Lost King of England* (Llundain, 2007).

Under the Tudors (1906) tt.265, 287) a alwai blaid Richard Cox yn 'Biwritaniaid' ac iddynt 'alw am grefydd wedi'i "phuro" o weithredoedd Rhufain', fod diffiniad Elton yn un purion am Brotestant, eithr yn un braidd yn syml am Biwritan.[29] Y Piwritaniaid mewn gwirionedd oedd dilynwyr Knox a'r Anglicaniaid oedd dilynwyr Cox, ac o blith ei gefnogwyr ef y cafwyd esgobion newydd ar gyfer eglwys esgobol a sefydledig Elisabeth. Profodd yr ymgiprys hwn yn Frankfurt i'r cenedlaethau wedi hynny fod anghydfod gwirioneddol hanfodol wedi brigo i'r wyneb yno rhwng dau draddodiad diwinyddol, rhwng dau syniad ynghylch ffurflywodraeth eglwysig yn Lloegr. Yng ngeiriau Cook: 'Here was the cauldron where the pot first boiled over and revealed the basic incompatibility between the Anglican and the Puritan'.[30]

Delfryd y Knoxiaid oedd eglwys unffurf Bresbyteraidd wedi'i phatrymu ar yr eglwys apostolaidd, a dyna hefyd oedd y delfryd yr anelai'r Piwritaniaid yn Lloegr ato drwy gydol oes Elisabeth gan gyrraedd uchafbwynt yng Nghymanfa Westminster a Chynulleidfaoliaeth Lloegr Newydd yn yr ail ganrif ar bymtheg. Y syniad am 'eglwys' yw'r llinyn mesur wrth geisio olrhain twf y traddodiad Piwritanaidd hyd ddyddiau'r Adferiad yn 1660-62.

Piwritaniaeth Esgobol
Y wedd ar Biwritaniaeth a nodweddai flynyddoedd cynnar teyrnasiad Elisabeth oedd yr hyn y gellid ei alw yn Biwritaniaeth 'esgobol', sef y galw clerigol hwnnw am ddiwygio trwyadl a charthu'r olion Pabyddol a oedd megis gwaddod chwerw yn nhrefn addoli'r llannau yn ôl Llyfr Gweddi Gyffredin newydd 1559. Nid oedd y rhaglen Bresbyteraidd wedi ymgrisialu eto yn y cyfnod hwn, er i John Knox ei chludo i'r Alban yn ddiymdroi. Gan mai cyfaddawd cyfrwys rhwng Calfiniaeth Genefa ac eglwysyddiaeth gymysg a cheidwadol Ail Lyfr Gweddi Edward (1552) oedd *via media* Elisabeth, yr oedd clerigwyr mwy penderfynol a Phiwritanaidd eu tuedd yn gadarn o blaid eu hargyhoeddiad y dylid mynd ati gydag arddeliad yn ddiymdroi i ddiwygio'r eglwys yn ôl esiampl y Beibl ac eglwysi diwygiedig y Cyfandir, a gwrthodent aros yn dawel yn wyneb y 'babyddiaeth' newydd hon a dim argoel fod diwygiad trylwyrach ar y gorwel ar ôl ymsefydlu dilynwyr Cox yn eu cadeirlannau a dechrau plygu ohonynt i gledr llaw'r *status quo* newydd. Oddi fewn i sefydliad yr Eglwys

---
[29] Cook, 'The Church', 16.
[30] Ibid., 17; cf. D. MacCulloch, *The Later Reformation in England: 1547-1603* (Llundain, 1990); John Coffey, *Persecution and Toleration in Protestant England: 1558-1689* (Harlow, 2000); John Spurr, *The Post-Reformation: 1603-1714* (Harlow, 2006).

Anglicanaidd y cychwynnodd y Piwritaniaid felly fel lefain yn y toes gan alw'n daer am ddiwygio'r Llyfr Gweddi ac am sefydlu gweinidogaeth bregethwrol, nodwedd bwysicaf y meddwl Piwritanaidd, ond odid. Eithr gweithredai'r mwyafrif o'r Esgobion fel llyffetheiriau i ddiwygio pellach, ac ar ben hynny yr oedd angen crisialu'r materion dadleuol cyn y gellid symud i unrhyw gyfeiriad yn foddhaol. Daeth cyfle yn 1570 gyda geni'r mudiad Presbyteraidd.

Y Mudiad Presbyteraidd

Ym Mhrifysgol Caer-grawnt o ddeutu 1565 yr oedd aflonyddwch ynghylch gwisgoedd offeiriadol y disgwylid i bob clerigwr eu gwisgo yng ngwasanaethau'r Eglwys Anglicanaidd, a hynny yn ôl cyfraith gwlad. Ond gwrthododd rhai o'r Piwritaniaid eu gwisgo ac ymledodd yr helynt i esgobaethau eraill ac i Lundain yn fwyaf arbennig.[31] Yr oedd peth cydymdeimlad â'r Piwritaniaid 'esgobol' hyn eithr yr oedd llawer mwy o blaid Whitgift a'r sefydliad Anglicanaidd. Ond yn 1569 penodwyd y gŵr ifanc Thomas Cartwright yn Athro'r Arglwyddes Margaret mewn Diwinyddiaeth yn y Brifysgol, ac yn ei ddarlithiau ef ar Lyfr yr Actau trawodd ar fater llawer mwy sylfaenol i'r ymystwyrian Piwritanaidd na'r helynt arwynebol braidd parthed y gwisgoedd clerigol.

Dadleuodd Cartwright nad oedd Esgobyddiaeth yn ffurflywodraeth feiblaidd ac mai'r gwir batrwm i ffurflywodraeth eglwysig a geid yn yr Actau oedd yr un Bresbyteraidd. Gellid, pe mynnid, gadw swydd yr Esgob a dim ond ei gwneud yn swyddogaeth ysbrydol yn unig, ac fe ddylid diddymu llysoedd eglwysig rhag blaen ac ymddiried disgyblaeth eglwysig i ofal gweinidogion a henuriaid ar lefel y plwyf a'r henaduriaeth. Gellid hefyd drafod materion cyffredinol mewn synodau taleithol a rhanbarthol o'r gweinidogion Presbyteraidd. Wrth gwrs, byddai'r eglwys wladol Bresbyteraidd newydd yn gweithio law yn llaw â'r wladwriaeth secwlar ond yn annibynnol arni. Rhaid fyddai wrth fraich yr ustus i orfodi'r dinasyddion i addoli yn y llannau. Darlithoedd Cartwright oedd yr ymgais gyntaf yn Lloegr i ffurfio rhaglen gyda nod iddi, sef disodli Esgobyddiaeth gan ffurflywodraeth Bresbyteraidd. Cynhyrfwyd y sefydliad Anglicanaidd yn ddirfawr gan y fath ffwlbri a sicrhaodd John

---

[31] D. Loades, *Revolution in Religion: The English Reformation, 1530-1570* (Caerdydd, 1992); M. M. Knappen, *Tudor Puritanism* (Chicago, 1970); P. M. Dawley, *John Whitgift and the Reformation* (Llundain, 1955), 65-77; Patrick Collinson, *The Elizabethan Puritan Movement*, pennod 4; H. C. Porter, *Reformation and Reaction in Tudor Cambridge* (Caer-grawnt, 1958); Roger Abbott, 'Frustrated Reform: Puritanism under Elizabeth I', *Westminster Conference Report* (Llundain, 1975).

Whitgift fod Cartwright yn colli'r gadair Athro cyn iddo brin eistedd ynddi. Gadawodd yntau am Genefa ond gan barhau'r ddadl â Whitgift oddi yno.[32]

Yr oedd Piwritaniaeth Bresbyteraidd ar gynnydd o hynny ymlaen, yn enwedig ym Mhrifysgol Caer-grawnt,[33] ac nid damwain mae'n ddiau yw'r ffaith mai yno y cyhoeddodd Cartwright yr hyn y gellid yn deg ei alw yn faniffesto'r mudiad Presbyteraidd yn Lloegr, mudiad a weithiai'n ddiflino oddi fewn i'r sefydliad Anglicanaidd yn ystod y 1570au a'r 1580au. Ond er cymaint oedd taerineb y Piwritaniaid hyn dros weld diwygio'r Eglwys Esgobol credent fod eglwys Elisabeth o hyd yn wir eglwys ac nad oedd reswm yn y byd dros wahanu oddi wrthi.

Eisoes yn 1560 cyhoeddwyd cyfrol a fyddai'n swcro Piwritaniaeth yn Lloegr, sef Beibl Genefa yn Saesneg. Yn ateb iddi dygwyd allan fersiwn yr Esgobion yn 1568, cyfieithiad y cyfrannodd yr Esgob Richard Davies ato.[34] Yn 1561 cyhoeddwyd 'Ffurf Gweddi Genefa' yn Lloegr ac argraffiad o *Fannau* John Calfin. Yn Senedd 1563 ceisiodd y Piwritaniaid hyn sicrhau llwybr diogel i fesur yn galw ar y confocasiwn i dderbyn chwe erthygl a fyddai'n diwygio'r Eglwys o rai o'r olion Catholig amlycaf. Ceisid hefyd sicrhau y byddid yn gorfodi pob gweinidog i wynebu'r gynulleidfa wrth ddarllen y gwasanaeth o'r Llyfr Gweddi a chaniatáu i bob unigolyn ddyfod i benderfyniad drosto'i hun, ac yn ôl ei gydwybod, os mynnai benlinio ai peidio wrth dderbyn y Cymun.[35] Yr oedd Elisabeth wedi gorchymyn i'r Archesgob Matthew Parker a'r Esgob Edmund Grindal o Lundain fod yn llawdrwm iawn ar anghydffurfwyr, ac yn wir, darganfuwyd cynulleidfa o Ymwahanwyr yn addoli yn y Plumber's Hall yn Llundain ar 19 Mehefin 1567.

Yn Senedd 1571 cafwyd ymgais wironeddol bwysig i basio mesurau a hyrwyddid gan y Piwritaniaid.[36] Y gobaith y tro hwn oedd ceisio sicrhau diwygio'r Eglwys a oedd wedi aros yn ei hunfan er 1559, ond drwy gydsyniad yr Esgobion. Ond gwrthwynebodd Elisabeth a'i Hesgobion unrhyw newid, a mynnid o'r newydd i'r Presbyteriaid gydymffurfio rhag blaen. Yn ystod y berw cyhoeddodd

---

[32] A. F. Scott Pearson, *Thomas Cartwright and Elizabethan Puritanism* (Caer-grawnt,1925), 22-42; Hywel R. Jones, *Thomas Cartwright, 1535-1603* (Llundain, 1970).
[33] Porter, *Reformation and Reaction in Tudor Cambridge*.
[34] Glanmor Williams, *Bywyd ac Amserau'r Esgob Richard Davies* (Caerdydd, 1953), 109-110.
[35] Patrick McGrath, *Papists and Puritans under Elizabeth I*, 84.
[36] J. E. Neale, *Elizabeth I and her Parliaments 1559-1581* (London, 1953), 191-217.

John Field a Thomas Wilcox eu *Admonition to the Parliament* ym Mehefin 1572.[37] Dadleuid yn hwn fod yr hierarchiaeth o'r brig i'r gwraidd yn wrthwyneb i batrwm y Testament Newydd, a bod ffurflywodraeth y sefydliad Anglicanaidd yn anghyson â'r cyfryw Ysgrythurau. Dylid, fe haerid, osod yn ei le ffurflywodraeth Bresbyteraidd ar batrwm eglwys ddiwygiedig Genefa.[38] Ymosodai'r *A Seconde Admonition* – a fanylai fwy ar y patrwm henaduriaethol – ar ddrwgarferion honedig y sefydliad a'i Hesgobion, a cheid ynddo amlinelliad o lywodraeth eglwysig o lefel y gynulleidfa unigol hyd at gynadleddau taleithol a synodau cenedlaethol.[39] Collfarnwyd y Presbyteriaid hyn gan eu cymrodyr mwy ceidwadol, eithr ymunodd amryw o raddedigion Prifysgol Caer-grawnt â'r mudiad ifanc. Anogai John Field y Presbyteriaid i sefydlu eglwysi diwygiedig ar batrwm Genefa o ran athrawiaeth, ffurflywodraeth a disgyblaeth a hyd yn oed sicrhau gwahanu oddi wrth y sefydliad pe bai'n dyfod i hynny.[40] Yr oedd hyn yn gam newydd.

Ymosodod John Whitgift ar Bresbyteriaeth ac aeth yn ddadl boeth rhyngddo a Cartwright a oedd yn alltud er 1573.[41] Parhaodd y ddadl rhyngddynt hyd 1577. Ynddi cyfeirir yn gyson at John Calfin, ac er tegwch â Whitgift, iawn pwysleisio nad oedd Calfin ei hun yn llwyr anghydymdeimladol â ffurflywodraeth esgobol.[42] Beirniadai Cartwright Lyfr yr Homilïau, conffirmasiwn, dyddiau'r saint, a gweddïau dros y meirw, er enghraifft. Eithr cytunai fod yna berthynas hanfodol rhwng y wladwriaeth ac eglwys unffurf genedlaethol. A phwysleisiai bwysigrwydd canolog pregethu yn ogystal. Yn 1574 cyhoeddwyd *A Full and Plain Declaration of Ecclesiastical Discipline* gan Walter Travers, 'gwddf' Presbyteriaeth (Cartwright oedd y 'pen'). Bu'r gwaith hwn yn ddylanwadol iawn yn nhwf y mudiad Presbyteraidd yn ystod y 1570au hwyr a'r 1580au. Ni fu ball ar esbonio bwriadau'r mudiad ychwaith mewn cawod o bamffledi a gweithiau meithach o bwys.

Bu arbrofi gyda chyfarfodydd beiblaidd neu gyrddau proffwydo fel y'u gelwid o dan nawdd lleygwyr mewn sawl ardal yn y deyrnas.[43]

---

[37] W. H. Frere a C. E. Douglas, *Puritan Manifestoes* (Llundain, 1907).
[38] Patrick McGrath, *Papists and Puritans under Elizabeth I*, 135-36; Collinson, *The Elizabethan Puritan Movement*.
[39] Patrick McGrath, *Papists and Puritans under Elizabeth I*, 138.
[40] Collinson, *The Elizabethan Puritan Movement*, 120-129.
[41] Pearson, *Thomas Cartwright and Elizabethan Puritanism*, 67-69, 83-103; Dawley, *John Whitgift and the Reformation*, 95-99.
[42] Hall, 'Calvin against the Calvinists', tt. 26-36.
[43] Patrick McGrath, *Papists and Puritans under Elizabeth I*, 114; Knappen, *Tudor Puritanism*, 253-57; Collinson, *The Elizabethan Puritan Movement*.

Y Traddodiad Piwritanaidd

Yr oedd Elisabeth wedi gorchymyn i Matthew Parker ddileu pob cwrdd o'r fath o fewn ei gyrraedd yn 1574. Edmund Grindal oedd yr Archesgob o 1575 hyd 1583 (dilynwyd ef gan John Whitgift yn 1584), gŵr tra dysgedig a Phiwritan o ran argyhoeddiad o bosibl, a gŵr a drafferthai i gynnal y ddysgl yn wastad rhwng deisyfiadau cryfion y Frenhines am unffurfiaeth costied a gostio, a dyheadau dyfnaf y Piwritaniaid am ddiwygiad yn ôl y Gair.[44] Yn 1577 daeth gorchymyn oddi wrth Elisabeth iddo roi tro yng ngwddf y cyrddau proffwydo, a phan fentrodd yntau wrthod dileu'r arfer am ei fod o'r farn ei fod yn llesol i feithrin twf eneidiau yn y ffydd gorchmynnodd y Frenhines ei neilltuo o'i swydd a'i garcharu yn ei balas.[45] Aeth y Presbyteriaid ati yn ddiymdroi i ffurfio synodau a chreu henaduriaethau newydd.[46]

Nid oedd John Whitgift, olynydd Grindal yng Nghaergaint yn 1583, yn gymedrol o gwbl ei agwedd at y Piwritaniaid hyn a oedd mor obeithiol y deuai diwygio pellach yn hanes yr Eglwys. Ond roedd gan y Piwritaniaid gefnogwyr yn y Llys erbyn hyn ymhlith yr ysgwïeriaid a'r corfforaethau dinesig yn y deyrnas, ac yn fwyaf arbennig yn Llundain. Nid oedd Whitgift nac Elisabeth yn fodlon goddef unrhyw dwf mewn mudiad a ystyrid ganddynt yn fygythiad peryglus i barhad y Goron hyd yn oed. Gweithiodd Whitgift yn galed o blaid unffurfiaeth gyda holl nerth cefnogaeth wleidyddol y Frenhines, a chyda'i gilydd llwyddasant yn rhyfeddol i chwalu cynllun y Presbyteriaid. Ailgyhoeddwyd yr *Admonition* yn 1578 ac yn 1580. Hyd 1590 datblygodd y 'mudiad dosbarthiadol' oddi fewn i'r Eglwys Anglicanaidd.[47] Yn 1583 cyhoeddodd Whitgift erthyglau yn galw ar bob clerigwr a swyddog eglwysig i gydymffurfio â'r cymalau a fynnai i bob un a oedd a wnelai ag ef gydnabod uchafiaeth y Goron, i gydnabod nad oedd dim naill ai yn y Llyfr Gweddi nac yn ffurflywodraeth yr Eglwys a oedd yn wrthwyneb i'r Ysgrythur, i ymrwymo i ddilyn trefn gwasanaeth y Llyfr Gweddi ac i gytuno ddarfod llunio'r Deugain Erthygl Namyn Un yn ôl Gair Duw. Gwrthododd rhwng 300 a 400 gymryd y llw, prawf o gyndynrwydd y traddodiad Presbyteraidd erbyn hyn.[48]

Derbyniodd y Presbyteriaid y sialens a oedd yn ymhlyg yn adwaith chwyrn y sefydliad gan gychwyn ymgyrch am gefnogaeth yn Nhŷ'r Cyffredin yn 1584, ac yn 1586-87 paratowyd eu dadleuon yn

---

[44] Patrick Collinson, *Archbishop Grindal 1519-1583: The Struggle for a Reformed Church* (Llundain, 1979).
[45] Ibid., pennod 13.
[46] Knappen, *Tudor Puritanism*, 263-64; Scott Pearson, *Thomas Cartwright and Elizabethan Puritanism*, 236-40; Collinson, *The Elizabethan Puritan Movement*.
[47] Collinson, *The Elizabethan Puritan Movement*.
[48] Patrick McGrath, *Papists and Puritans under Elizabeth I*, 214.

ofalus a'u cyflwyno yn effeithiol gerbron y Tŷ. Gan i'r erlid gynyddu oddi uchod, trodd y Piwritaniaid at geisio sefydlu disgyblaeth ac addoliad Bresbyteraidd ar lefel y plwyf, a hynny heb ganiatâd yr Esgobion – yr oedd hwn yn gam newydd eto.[49] Drafftiodd Dr Peter Turner yr hyn y gellid yn deg ei alw yn 'gyfansoddiad' yr eglwys wladol Bresbyteraidd ar gyfer y Senedd, cynllun a fyddai'n sefydlu peirianwaith henaduriaethol o lefel y plwyf hyd lefel y sir a'r dalaith ar draws y deyrnas ac a fyddai'n newid y Llyfr Gweddi yn ôl patrwm addoli a disgyblu eglwys ddiwygiedig Genefa.[50]

Ar 28 Chwefror 1587 cyflwynodd y Cymro, John Penry, ei *A Treatise Containing the Aequity of an Humble Supplication* i'r Senedd hon. Tipyn o gamp oedd gweithio fel hyn o blaid sicrhau undod y mudiad Piwritanaidd oddi fewn i'r sefydliad eglwysig, ac yn wir, yr oedd tuedd gref mewn rhai eisoes i sefydlu eglwysi cynnull neu *ecclesiolae in ecclesia*.[51] Ond yn y cyfnod hwn nid oedd Cynulleidfaoliaeth yn gwbl ar wahân i Bresbyteriaeth.[52] Eithr llwyddasid i sefydlu Presbyteriaeth ar lefel y plwyf mewn llannau yn nwyrain swydd Suffolk yn fwyaf arbennig, a hynny am fod y degwm eisoes yn llogell lleygwyr pwerus er cyfnod dadwaddoli'r mynachlogydd. Yr oedd ganddynt ddylanwad pellgyrhaeddol ar ba fath o fugail a benodid, neu ddarlithydd Piwritanaidd a noddid, a ffafrient Biwritan os oeddent yn wŷr duwiol eu hunain. Ar wahân i drwyddedu'r curad dyna ben ar hawl ymarferol yr Esgob i ymyrryd ymhellach yn y penodiad. Yr arfer oedd caniatáu i'r gynulleidfa a'i swyddogion apwyntio'r darlithydd.

Erbyn marw John Field, trefnydd y mudiad Presbyteraidd, ym Mawrth 1588, methiant fu bwriad y Presbyteriaid i wireddu eu hamcanion a dwysaodd ymgyrch y sefydliad Anglicanaidd i ddileu anghydffurfiaeth, boed hwnnw yn Biwritanaidd neu'n Babyddol. O Hydref 1588 ymlaen ymddangosodd ymosodiadau deifiol a mileinig yr aderyn anhysbys hwnnw, Martin Marprelate, ar yr Esgobion a'r sefydliad.[53] Gogenid yr hierarchiaeth ganddo ac roedd a wnelo John Penry yn bendant â'r wasg ddirgel a argraffai'r tractau lambastiol ac anghyfreithlon hyn. [54] Gweithiau haerllug o feirniadol oedd saith tract Martin ac anghofiwyd yn fwriadol y dull mwy boneddigaidd o eirio

---

[49] Ibid., 214-231-39; Collinson, *The Elizabethan Puritan Movement*.
[50] Collinson, *The Elizabethan Puritan Movement*.
[51] D. Martyn Lloyd-Jones, 'Ecclesiola in Ecclesia', *Westminster Conference Report* (Llundain, 1965).
[52] Collinson, *The Elizabethan Puritan Movement*.
[53] William Pierce, *The Marprelate Tracts* (Llundain,1911).
[54] William Pierce, *A Historical Introduction to the Marprelate Tracts* (Llundain, 1908), 151-91.

beirniadaeth am y tro, *etiquette* a fuasai'n gwbl nodweddiadol o'r Piwritaniaid hyd yn hyn. Cynhyrfwyd yr awdurdodau eglwysig gan gignoethni'r feirniadaeth, ac wedi ymgyrch ddwys o dan arweiniad Richard Bancroft, Esgob Llundain ar y pryd, darganfuwyd y wasg ddirgel a'i hargraffwyr yn Warrington ar 14 Awst 1589. Eithr erys yn ddirgelwch hyd y dydd hwn berchen y llaw a ysgrifennai o dan ffugenw Martin Marprelate er i rai awgrymu mai llaw Gymreig John Penry ydoedd.[55]

Mewn pregeth yn St Paul's Cross, Llundain, ar 9 Chwefror 1589, cyhoeddodd Bancroft fod y drefn Anglicanaidd i aros fel yr oedd. Aeth Whitgift a'r Canghellor, Christopher Hatton, ati i basio erthyglau yn galw ar bob clerigwr i gydymffurfio â'r drefn sefydledig. Bellach yr oedd Piwritaniaeth yn anghyfreithlon.[56] Er na ddiflannodd Presbyteriaeth na'r gobaith am weld sefydlu eglwys Bresbyteraidd unffurf a chenedlaethol yn Lloegr, hoeliwyd digonedd o lyffetheiriau ar olwynion y mudiad i'w rwystro rhag rhuthro yn ei flaen. Yn wir, bu ymron i'r achos Presbyteraidd ddiflannu yn Lloegr o tua 1590 hyd ddyddiau Cymanfa Westminster yn y 1640au.

Nid Ymwahanwyr mo'r Presbyteriaid; eu delfryd hwy oedd gweithio oddi fewn i'r sefydliad drwy ddulliau cyfansoddiadol er mwyn dwyn yr Eglwys yn nes at safonau Llyfr yr Actau. I'r amcan hwn y llafuriodd pobl fel William Perkins a'i gefnogwyr. Eithr yn hanfodol rywsut yr un oedd eu delfryd eglwysig ag eiddo'r Ymwahanwyr a ddewisodd adael y sefydliad er mwyn corffori eglwysi cynnull unigol annibynnol. Credent hwy mai cynulleidfa o saint yn cyfamodi â'i gilydd, ac a alwesid drwy Ras i ffurfio eglwys weledig o saint, oedd y wir eglwys. Ar y cychwyn pwysleisiai'r Ymwahanwyr ddisgyblaeth yn unig heb roi cymaint â hynny o sylw i brofi pob honiad o ffydd achubol gan yr aelodau, ac yn eu dadl â'r Ymwahanwyr yr oedd Cartwright a William Ames, y Cynulleidfaolwr ffordd-ganol, yn cyhoeddi mai cyffes ffydd bersonol yn hanfodol yn hytrach nag ymrwymiad i dderbyn disgyblaeth eglwysig oedd gwir farc yr eglwys Biwritanaidd.[57] Ond at ddiwedd oes Elisabeth (1603) yr oedd y cwbl o'r Piwritaniaid, yn Bresbyteriaid, Cynulleidfaolwyr ac Ymwahanwyr yn closio at syniad cwbl feiblaidd am 'eglwys'. Fel y dywed Paul Cook amdanynt: 'they were gradually edging toward the view that a true church should consist only of sincere believers gathered together in

---

[55] Glanmor Williams, 'John Penry: Marprelate and Patriot', *Welsh History Review* III (1967), 361-80; Donald J McGinn, *John Penry and the Marprelate Controversy* (New Brunswick, 1966).
[56] Collinson, *The Elizabethan Puritan Movement,* 391-408; Hywel R. Jones, 'The Death of Presbyterianism', *Westminster Conference Report* (Llundain, 1969).
[57] Cook, 'The Church', 19.

separate congregations'.[58] Ac yn 1648 dywedodd John Cotton: 'The form of church government wherein we walk doth not differ in substance from that which Mr Cartwright pleaded for'.[59]

Gwyddys, serch hynny, mai tuedd y Piwritaniaid oedd gohirio gweithredu ar y syniad hwn a'i oblygiadau a beirniadu'r Ymwahanwyr yn eu plith am fynd yn drwyadl annibynnol. Ond yr un oedd delfryd eglwysig yr Ymwahanwyr hyn â'r diffiniad a roes y Presbyteriad John Field o wir eglwys Biwritanaidd, a haerai yn 1572:

> [it is] a company or congregation of the faithful called and gathered out of the world by the preaching of the Gospel, who following and embracing true religion do in one unity of the Spirit strengthen and comfort one another, daiely growing and increasing in true faith, framing their lives, government, orders and ceremonies according to the Word of God.[60]

Ac oni ddywedodd Edmund S. Morgan fod y delfryd hwn am eglwys weledig o saint wedi'u galw allan o'r byd yr un mor gyffredin i'r Presbyteriaid a'r Cynulleidfaolwyr fel ei gilydd, boed hynny yn Lloegr neu yn Lloegr Newydd, yn 1572 neu yn 1672? Dyma'r eglwys y mynnai'r Piwritan ei gweld ar droad yr ail ganrif ar bymtheg.[61] Gohirio'r canlyniad anochel a rhesymegol i'r delfryd a wnaeth y Presbyteriaid yn y gobaith o sicrhau diwygiad oddi fewn i'r Eglwys Anglicanaidd a ystyrid ganddynt yn wir eglwys o hyd. Ond yr un oedd eu delfryd hwy ag eiddo'r Piwritaniaid a'u dilynodd.[62] Barnai'r Presbyteriaid mai gwell oedd cydymffurfio yn allanol a chanolbwyntio ar feysydd defosiwn wedi sioc dienyddio Penry, Barrow a Greenwood yn 1593.

Y Piwritaniaid Ymwahanol

Ochr yn ochr â'r mudiad Presbyteraidd yn hanner olaf yr unfed ganrif ar bymtheg gwelir twf mudiad arall a oedd yr un mor Biwritanaidd o ran meddwl eithr a oedd yn fwy radical na'r mudiad henaduriaethol a weithiai oddi fewn i'r sefydliad o ran y ffordd y gwelid sut orau oedd cyrraedd y nod o sefydlu eglwys weledig o saint. Y gwŷr hyn oedd yr

---

[58] Ibid., 19.
[59] Ibid.
[60] Ibid.
[61] Edmund S. Morgan, *Visible Saints: The History of a Puritan Idea* (Ithaca, 1975), 14.
[62] Cook, 'The Church', 14.

Ymwahanwyr,[63] cyndeidiau'r Cynulleidfaolwyr. Yr oedd traddodiad eglwysyddol y Piwritaniaid hyn yn gyfraniad aruthrol at dwf annibyniaeth wleidyddol a chrefyddol yn yr ail ganrif ar bymtheg.[64] Dywed Michael R. Watts eu bod o'r cychwyn yn cropian i gyfeiriad syniad tipyn gwahanol am eglwys nag a geid yn Lloegr yn yr un cyfnod.[65]

Gellir olrhain gwreiddiau Ymwahaniaeth i deyrnasiad Mari Tudur pryd yr arferai nifer o Biwritaniaid gyfarfod i addoli yn ddirgel mewn confentiglau.[66] Gwyddys bod eglwys gynnull o'r fath a ymhyfrydai mewn olrhain ei tharddiad i'r traddodiad hwn yn oes Mari wedi'i darganfod yn addoli yn y Plumber's Hall yn Llundain yn 1567, eglwys a ddilynai ddull Genefa a'r Alban o addoli ac a ddiarddelai'r Llyfr Gweddi Gyffredin Edwardaidd cyn hynny a Llyfr Gweddi Gyffredin Elisabeth wedi hynny. Barn R. Tudur Jones oedd y gallai fod cysylltiad rhwng yr eglwys gynnull hon a'r gynulleidfa o 77 a ganfuwyd yn addoli yng nghartref un James Tynne ym mhlwyf St Martin's-in-the-Field ar 4 Mawrth 1568. Eglwys fwy arwyddocaol wedyn oedd eglwys gynnull Richard Fitz; rhwymai'r eglwys hon y gynulleidfa mewn cyfamod a'i cadwai o dan ddisgyblaeth eglwysig.[67] Yr oedd rhyw hanner dwsin o eglwysi cynnull annibynnol yn Llundain yn y 1560au o bosibl.[68]

Un o arweinyddion cynnar yr Ymwahanwyr oedd Robert Browne, gŵr a gredai nad oedd ar weinidog angen caniatâd Esgob i bregethu'r Efengyl.[69] Ond mynnai ei fod yn deyrngar i'r Frenhines Elisabeth ar dir gwleidyddol, eithr syniad beiblaidd, fe haerai, a oedd ganddo ef a'i ddilynwyr am 'eglwys'. A'r un syniad yn ei hanfod a oedd ganddo â'r hyn a ddywedodd un o addolwyr y Plumber's Hall yn 1567:

---

[63] B. R. White, *The English Separatist Tradition: From the Marian Exiles to the Pilgrim Fathers* (Rhydychen, 1971).
[64] Michael R. Watts, *The Dissenters*, I (Rhydychen, 1978), 19, 25; Patrick Collinson, 'Separation in and out of church: the consistency of Barrow and Greenwood', *The Journal of the United Reformed Church History Society*, 5 (1994), 239-58.
[65] White, *The English Separatist Tradition*, penodau 1 a 2; A. G. Dickens, *Lollards and Protestants in the Diocese of York 1509-1558* (Llundain, 1959); Knappen, *Tudor Puritanism*, pennod 15. Am Mari Tudur. gw. bellach David Loades, *The Tragical History of the First Queen of England* (Richmond, 2006).
[66] White, *The English Separatist Tradition*, 2, 27, 29-32, 48, 55, 57; R. Tudur Jones, *Congregationalism in England, 1662-1962* (Llundain, 1967), Rhagymadrodd.
[67] R. Tudur Jones, *Congregationalism in England*.
[68] White, *The English Separatist Tradition*, pennod 3.
[69] Morgan, *Visible Saints*, 17.

there was a congregation of us in this Citie in Maries days: And a Congregation at Geneva, which used a booke and order of preaching, ministry of the Sacrament and Discipline, most agreeable to the worde of God.[70]

Anesmwythai Browne ynghylch ffurflywodraeth Eglwys Loegr, yn enwedig y syniad Anglicanaidd nodweddiadol fod pob dinesydd yn Gristion awtomatig o fynychu'r llan a chael ei fedyddio. Ef oedd y cyntaf i geisio amddiffyn y weithred o ddatgysylltu'r eglwys a'r wladwriaeth ac ymwahanu i sefydlu eglwysi cynnull annibynnol.[71]
  Ymunodd â'i gyfaill, Robert Harrison, i ffurfio eglwys gynnull yn ardal Norwich tua 1580. Eithr Browne yn hytrach na Harrison oedd 'the true progenitor of modern Dissent'.[72] Ymgyfamodai aelodau'r eglwys hon i rodio gyda'i gilydd yn ffordd y ffydd ac yn ôl Gair Duw gan ethol swyddogion a sefydlu peirianwaith disgyblu a threfnu cyfarfodydd rheolaidd i addoli. Ond oherwydd erlid o du'r awdurdodau gwladol gorfu iddynt ffoi i Middelburg yn yr Iseldiroedd. Wedi cyfnod helbulus yno dychwelodd Browne i gymundeb â'r Eglwys Anglicanaidd yn 1585, a'i ddiswyddo fel offeiriad ynddi yn 1633, blwyddyn dyrchafu William Laud yn Archesgob Caergaint. Bu farw Harrison yn Middelburg.[73]
  Cyfrannodd llyfrau Browne at dwf a phoblogrwydd y syniad am eglwys gynnull nad oedd yn rhaid iddi wrth gydsyniad a chaniatâd y wladwriaeth i'w sefydlu. Yn ei *A Treatise of Reformation without tarrying for anie,* ac yn ei *A Booke which sheweth the Life and Manners of all True Christians,* esboniodd Browne ei ddaliadau am gymundeb o gredinwyr o dan arweiniad bugail, athro, henuriaid, diaconiaid a gweddwon. Yr oedd patrwm llywodraeth ei eglwys yn ei hanfod yr un yn union â chynllun y Presbyteriad Thomas Cartwright.[74] Y gynulleidfa a drafodai faterion yn ymwneud â'i hathrawiaeth, addoliad, gweinyddiaeth a disgyblaeth. Rhoddid pwyslais cwbl ganolog a Phiwritanaidd ar bregethu hefyd. Gellid trafod a gwyntyllu problemau a chwestiynau yn cyffwrdd â mwy nag un gynulleidfa mewn synod wirfoddol o weinidogion pe gelwid am un.

---

[70] A. Peel a Leland H. Carlson (goln), *The Writings of Robert Browne and Robert Harrison* (Llundain, 1953), 404; Hywel Roberts, '"Reformation without Tarrying for anie": The English Separatists and the Non-Separating Puritans', *Westminster Conference Report* (Llundain, 1987).
[71] Michael R. Watts, *The Dissenters* I, 73-74.
[72] Ibid., 33-36.
[73] A. Peel a Leland H. Carlson, *Cartwrightiana* (Llundain, 1951), 171.
[74] White, *The English Separatist Tradition*, pennod 4.

Yr oedd cylch arall o Ymwahanwyr yn Llundain a gysylltid ag enw Henry Barrow a John Greenwood.[75] Â'r cylch hwn yr ymunodd John Penry yn niwedd 1592 wedi cyfnod ar ffo yn yr Alban. Francis Johnson oedd bugail yr eglwys gyda Greenwood yn athro. Yr oedd Barrow ac eraill o'r eglwys yng ngharchar ar y pryd. Yn ei *A Briefe Discourse of the False Church* a ysgrifennodd yng ngharchar, dadleuodd Barrow o blaid safbwynt Robert Browne, sef bod aelodaeth o eglwys gynnull yn dibynnu, nid ar ddeddf gwlad, ond yn hytrach ar dröedigaeth a thystiolaeth bersonol o ffydd achubol ac ymrwymiad i ymgyfamodi ag eraill i rodio yn ôl Gair Duw. Dadleuodd mai eglwys ffug oedd Eglwys Anglicanaidd Elisabeth a hynny am na sefydlasid mohoni ar batrwm Llyfr yr Actau. Felly dylai credinwyr a elwid o Ras ymwahanu oddi wrthi rhag blaen.

Dienyddiwyd Barrow a Greenwood yn 1593, a dyna oedd tynged John Penry yntau ym mis Mai yr un flwyddyn am ei gysylltiadau â gwasg ddirgel Martin Marprelate.[76] Erbyn 1590 nid oedd obaith mwyach i weithio dros newid oddi fewn i'r sefydliad Anglicanaidd na chario'r dydd yn erbyn Elisabeth a'i Hesgobion, yn y Senedd mwy nag yn y llysoedd eglwysig. Wrth gefn Eglwys genedlaethol Elisabeth yr oedd holl nerth peirianwaith gwleidyddol y llywodraeth.

Yn Ebrill 1593 pasiwyd 'An Act for retaining the Queen's subjects in their due obedience'. Yn ôl y ddeddf carcherid unrhyw un dros 16 oed a wrthodai fynychu gwasanaeth y plwyf am ragor na mis neu a feiddiai ddarbwyllo eraill i ymuno mewn confentiglau i addoli yn y dirgel yn groes i ddeddf gwlad. Rhoddid tri mis i'r troseddwr gydymffurfio, ac oni wnâi gallai ddewis naill ai alltudiaeth neu ddienyddiad. Alltudiaeth oedd wrth ddant y mwyafrif.[77] Eisoes erbyn 1592 yr oedd tua 50 o Ymwahanwyr yng ngharchardai Llundain.[78]

Y trydydd cylch o eglwysi Ymwahanol oedd cylch eglwysi Scrooby a Gainsborough. Yn 1600 ymsefydlodd yr olaf yn Amsterdam.[79] Daeth eglwys Scrooby i Amsterdam yn 1607 o dan arweiniad John Robinson.[80] Aeth carfan oddi yno i Loegr Newydd yn

---

[75] R. Tudur Jones, *Congregationalism in England*; Watts, *The Dissenters* I, 37, 6 Ebrill 1598.
[76] R. Tudur Jones, *Congrgationalism in England*; Watts, *The Dissenters*, 39, 29 Mai y'i dienyddiwyd.
[77] Watts, *The Dissenters* I, 39.
[78] R. Tudur Jones, *Congregationalism in England*.
[79] White, *The English Separatist Tradition*, pennod 6.
[80] Stephen Bradshaw, 'John Robinson and the Separatist Ideal', *Westminster Conference Report* (Llundain, 1976).

Cewri'r Cyfamod

1620 a sefydlu eglwys Ymwahanol yn Plymouth.[81] Mynnai Robinson y gellid caniatáu i'r aelodau ymuno â'u cymrodyr Piwritanaidd a ddewisodd aros yn y sefydliad Anglicanaidd a gweithio yn eu *ecclesiolae in ecclesia*.

Ar un olwg Esgobyddiaeth gyndyn Elisabeth, a'i holynydd Iago I, a oedd wrth wraidd ymddangosiad a phrifiant Ymwahaniaeth. Ffurf eglwysig a orfodid ar bawb gan ddeddf gwlad oedd Anglicaniaeth ac ni fynnai estyn goddefgarwch i unrhyw ffurf arall ar annibyniaeth. Gorfodwyd yr Ymwahanwyr gan hyn i ddyfod i benderfyniad ymarferol a gweithredu oblygiadau'r egwyddorion Piwritanaidd am eglwys a hynny cyn ymddangosiad Cynulleidfaoliaeth.[82] Mynnent nad oedd Eglwys Elisabeth yn wir eglwys, a'u dadl oedd y dylid ymwahanu oddi wrthi a ffurfio eglwysi cynnull annibynnol gyda'u cyfamodau eglwysig, eu swyddogion eu hunain a'u hordinhadau eu hunain.

Cludwyd syniadau'r Ymwahanwyr yn ôl i Loegr gan Thomas Helwys a'u cymedrolodd i raddau. Aeth Robinson â hwy i Amsterdam. Delfryd yr Ymwahanwyr oedd sefydlu eglwysi cynnull ar batrwm y Testament Newydd.[83] Credai John Calfin, gan ddilyn Awstin o Hippo, na ellid wrth eglwys weledig bur oherwydd bod y wir eglwys o etholedigion i raddau helaeth iawn yn guddiedig o olwg y byd. O ganlyniad, ni ddylid achosi sgism pan fethai'r eglwys â sicrhau 'purdeb' drwy gyfrwng disgyblaeth.[84] Ceisiai'r Piwritaniaid Ymwahanol sefydlu eglwysi gweledig pur, cynulleidfaoedd o saint a brofasai alwad effeithiol. Ymgyfamodi gwirfoddol oedd sail yr eglwys gynnull.[85] Arweiniodd egwyddor gwirfoddolrwydd at hawlio annibyniaeth pob cynulleidfa unigol. Nid oedd syniad yr Ymwahanwyr am eglwys mor bell â hynny oddi wrth syniad cyfatebol yr Ailfedyddwyr. Fel y dywed Edmund S. Morgan :

> Separatists in insisting on voluntary association in the first place, were only carrying an accepted Puritan principle further than other Puritans – just as they had done in the case of church discipline.[86]

Drwy adael y sefydliad Anglicanaidd daeth yr Ymwahanwyr yn warchodwyr y delfryd wedi methiant y mudiad Presbyteraidd yn y

---

[81] Morgan, *Visible Saints*, 18.
[82] Ibid., 18-19; White, *The English Separatist Tradition*, pennod 8.
[83] Morgan, *Visible Saints*, 20-21.
[84] Ibid., 21-22.
[85] Ibid., 25-26.
[86] Ibid., 28.

1590au a rhoesant y delfryd ar brawf ymarferol yn eu heglwysi cynnull annibynnol.[87] Diau nad damwain oedd y tebygrwydd eithriadol hwnnw rhwng yr eglwysi Ymwahanol cyntaf ac eglwys alltud y Protestaniaid yn Frankfurt gynt yn ystod teyrnasiad Mari Tudur. Eu nodweddion cyffredin oedd ymgyfamodi'n wirfoddol i addoli yn ôl Gair Duw yn unig a rhoi cyffes ffydd bersonol a chytuno ag athrawiaeth yr eglwys yn ogystal â bod yn barod i dderbyn gair o gerydd a rhodio yn ôl canllawiau'r ddisgyblaeth honno.[88]

Cynulleidfaoliaeth Ffordd-ganol
Yn 1604 cyhoeddodd Henry Jacob bamffled yn galw am sefydlu Cynulleidfaoliaeth ar lefel y plwyf yn llannau'r Eglwys Esgobol. Hanfod y syniad oedd hwnnw am y 'non-parochial gathered church, existing under royal supremacy and in communion with them, but it was still important that these gathered churches would exist in default of a more fundamental reformation of the parish congregation'.[89]

Safle ganol-ffordd rhwng Ymwahaniaeth digymrodedd a Phresbyteriaeth genedlaethol oedd hwnnw a ffefrid gan Henry Jacob.[90] Ond yr oedd ei syniad ef unwaith yn rhagor yn un â syniad delfrydol yr Ymwahanwyr, ond na fynnai ef a'i ddilynwyr wahanu oddi wrth y saint yn yr Eglwys Esgobol. Derbynient syniad Calfin fod yr eglwys bur yn anweledig. Ond yr oedd eu hegwyddorion yn eu gorfodi i alw am ddiwygiad pellach ar yr eglwys wladol. Yn anochel arweiniwyd hwy i goleddu delfryd o eglwys weledig bur. Ceisiodd Jacob berswadio Francis Johnson yn 1591 i beidio ag ymwahanu oddi wrth yr Eglwys Esgobol. Dyna'i ddadl yn ei *A Defense of the Churches and Ministry of England* yn 1599. Carcharwyd ef yn 1604 am wyth mis am feiddio cyhoeddi ei *Reasons taken out of God's Word...proving a necessitie for reforming our Church in England*. Ynddo cytunai Jacob â Johnson mai eglwys gynnull unigol oedd yr ymgorfforiad o'r wir eglwys yn hytrach nag unrhyw sefydliad gwladol taleithol neu esgobol. 'Only a particular ordinary constant congregaton of Christians in Christ's testament...is appointed and reckoned a visible church', meddai.[91] Cytunai hefyd â'r Ymwahanwyr mai sail gwir eglwys oedd ymgyfamodi o'r credinwyr â'i gilydd yn wirfoddol i rodio yn ôl y Gair. Eithr gofalai Jacob gydnabod y saint hynny a barhai i addoli yn eglwys gymysg Elisabeth.[92]

---

[87] Cook, 'The Church', 21-22.
[88] Ibid., 23.
[89] Murray Tolmie, *The Triumph of the Saints* (Caer-grawnt, 1977), 8.
[90] Watts, *The Dissenters* I, 51.
[91] Ibid., 52.
[92] Ibid.

Felly amharod oedd Jacob a'i ddilynwyr i roi ar waith yn ymarferol, o leiaf ar y cychwyn, y patrwm eglwysig delfrydol a nodweddai'r eglwysi Ymwahanol annibynnol. Rhai o ddilynwyr cynharaf Jacob oedd William Bradshaw, Paul Baynes, Robert Parker a William Ames.[93] Cyfarfu Jacob, Ames a Parker â John Robinson yn Leyden a dichon mai hwy ill tri a barodd i Robinson ymbwyllo a chymedroli rhywfaint ar ei ddaliadau ynghylch y Piwritaniaid hynny a ddewisodd aros mewn cymundeb â'r Eglwys Anglicanaidd.[94] Daeth Robinson i gytuno â'r Cynulleidfaolwyr ffordd-ganol hyn ei bod yn gwbl gyfreithlon i aelod o eglwys gynnull Biwritanaidd wrando ar bregethu duwiol yn llannau'r Eglwys Anglicanaidd. Pan adawodd cyfran o eglwys Robinson am Plymouth, Lloegr Newydd yn 1620, siarsodd Robinson hwy i 'ymdrechu i ymgadw â'r blaid dduwiol yn nheyrnas Lloegr'.[95]

Yn 1616 dychwelodd Jacob i Loegr a sefydlu eglwys gynnull ffordd-ganol yn Southwark. Edrychai ar yr Ymwahanwyr fel brodyr yn y ffydd, a chymunai â hwy. Ond ymosod ar y safiad a gymerasai Jacob a wnaeth y sefydliad am na fynnid llacio'r ffrwyn i anghydffurfwyr. Ond yr oedd Jacob hefyd yn amhoblogaidd yng ngolwg yr Ymwahanwyr a synhwyrai mai oedi bwriadol oedd wrth wraidd ei safiad ffordd-ganol. Yr oedd ei syniad ef am eglwys gynnull ffordd-ganol ochr-yn-ochr â'r gynulleidfa blwyf Anglicanaidd (*ecclesiola in ecclesia*) yn holl bwysig ac yn gwbl allweddol i ddeall y datblygiad eglwysig yn Lloegr Newydd canys yn ôl egwyddorion Jacob y corfforwyd yr eglwysi cynnull yn y Byd Newydd.[96]

Diau mai achos diflaniad Presbyteriaeth yn chwarter cyntaf yr ail ganrif ar bymtheg yn sylfaenol oedd arfer Jacob a'i ddilynwyr o gydymffurfio yn allanol â'r sefydliad tra'n ymroi i sefydlu eglwysi cynnull Piwritanaidd ar lefel y plwyf.[97] Dyfais gyfaddawdlyd odiaeth oedd eiddo Jacob eithr yn rhesymegol yr oedd y cytundeb hanfodol hwnnw rhyngddo a'r Ymwahanwyr parthed natur 'eglwys' a sefydlwyd ar batrwm y Testament Newydd yn rhwym o beri iddynt geisio, yn hwyr neu'n hwyrach, wireddu neu wrthrychu eu delfryd am eglwys weledig o saint. Ofer disgwyl, fodd bynnag, ganfod ymhlith dilynwyr Jacob feddwl aeddfed a chyflawn Cynulleidfaoliaeth ddiweddarach Lloegr Newydd.[98] Ond traddodiad Jacob o gyfaddawdu oedd cynsail llwyddiant Cynulleidfaoliaeth Lloegr Newydd yn ystod y

---

[93] Ibid., 53.
[94] Ibid., 54.
[95] Ibid., 55.
[96] Ibid., 56.
[97] Ibid.
[98] G. F. Nuttall, *Visible Saints: The Congregational Way* (Rhydychen, 1957).

Chwyldro Piwritanaidd ac am y traddodiad hwn y dywedodd R. Tudur Jones, sef bod Cynulleidfaoliaeth ffordd-ganol o gryn arwyddocâd yn natblygiad Cynulleidfaoliaeth gan iddo gadw cysylltiad ag Ymwahaniaeth arwrol y gorffennol tra'n agor y drws led y pen i gydweithrediad agosach â'r mudiad Piwritanaidd oddi fewn i eglwys genedlaethol yr Alban.[99]

Cynulleidfaoliaeth Lloegr Newydd
Erledigaeth oedd tynged y Piwritaniaid Ymwahanol a Chynulleidfaol ffordd-ganol yn ystod y 1630au yn enwedig a'r Archesgob William Laud â ffrewyll y sefydliad mor wisgi ag erioed yn ei law drwyadl. Dewisodd toreth o Biwritaniaid alltudiaeth yn Lloegr Newydd ac yn wir, fe ymfudodd rhyw ugain mil o eneidiau yno yn nhridegau'r ail ganrif ar bymtheg.[100] Yn y Byd Newydd nid aeth neb ati i ailsefydlu eglwys wladol esgobol gan fod yn awr gyfle dihafal ardderchog i wireddu'r delfryd Piwritanaidd er dyddiau Frankfurt yn 1554.[101] Roedd mwyafrif y Piwritaniaid a ymsefydlodd mewn eglwysi cynnull annibynnol yn Lloegr Newydd yn nhraddodiad ffordd-ganol Henry Jacob yn hytrach nag yn nhraddodiad Robert Browne a Henry Barrow, traddodiad cyflawn o annibyniaeth.[102] Ar bridd y Byd Newydd prifiodd y delfryd eglwysig Piwritanaidd yn rhyfeddol a daeth safiad damcaniaethol y Piwritaniaid ffordd-ganol yn ffaith gwbl ymarferol gan dreiglo'n ôl i Loegr yn y 1640au i benderfynu cwrs Cynulleidfaoliaeth yno.[103]

Gwyddys i garfan o gynulleidfa John Robinson yn Leyden ymsefydlu yn Plymouth yn 1620. Sylwasom eisoes fod Robinson ei hun wedi cyfaddawdu â'r Piwritaniaid ffordd-ganol ynghylch y priodoldeb o gyd-addoli â chymrodyr Piwritanaidd a ddewisodd aros yn y sefydliad Anglicanaidd yn hytrach nag ymwahanu. Eto, yr oedd un gwahaniaeth bychan, ond pwysig, a chwbl hanfodol serch hynny i dwf Cynulleidfaoliaeth rhwng eglwys Ymwahanol Plymouth a'r eglwysi cynnull eraill a gorfforwyd yn nhraddodiad ffordd-ganol Henry Jacob, sef bod yr olaf wedi gwneud aelodaeth eglwysig yn amodol: rhaid oedd wrth gyffes ffydd bersonol a diffuant, ac fe archwilid honno yn fanwl am arwyddion o waith gras achubol. Ni fu amod mor bendant â hon erioed yn perthyn i'r Ymwahanwyr; ystyrid

---
[99] R. Tudur Jones, *Congregationalism in England*, 22.
[100] Cook, 'The Church', 27.
[101] Ibid., 28.
[102] Morgan, *Visible Saints*, 64-65.
[103] Ibid., 66; Cook, 'The Church', 28.

parodrwydd i rodio o dan ddisgyblaeth eglwysig yn ddigon o brawf ganddynt hwy o alwad achubol neu etholedigaeth.[104]

Yr oedd a wnelo'r datblygiad hwn yn eglwysi cynnull ffordd-ganol Lloegr Newydd â ffigur John Cotton,[105] gweinidog *ecclesiola in ecclesia* yn Boston, swydd Lincoln, am ugain mlynedd cyn ymadael ohono am Loegr Newydd yn 1633. Ef yn anad yr un gŵr arall a fu'n gyfrifol am wneud cyffes ffydd yn rhan o amodau aelodaeth mewn eglwys gynnull.[106] Dywedodd Paul Cook am yr amodau hyn:

> [by 1640] he had become a firm advocate of the practise of examining a person's experience of saving grace before admission to membership...As early as 1636 in his famous Salem sermon, criticizing the Separatists for relying upon church covenants and good works more than upon saving faith, Cotton declared, 'let no member come in but he that knoweth God', and then urged his hearers to make a distinction between notional faith and 'true justifying faith'. A work of God in the soul became the primary requirement of church membership.[107]

Erbyn 1635 yr oedd gan Cotton nifer o weinidogion yn cytuno ag ef.[108] Ond er tegwch â Robinson a Henry Ainsworth, yr oeddynt erbyn hyn yn anesmwytho am nad oedd unrhyw brawf cadarn o alwad effeithiol drwy Ras ynglŷn ag unrhyw gais i ymaelodi yn eu cynulleidfaoedd. Felly, yr oedd peth cyfiawnder yng nghyhuddiad y Cynulleidfaolwyr ffordd-ganol fod yr Ymwahanwyr yn gwneud iachawdwriaeth fel petai'n dibynnu ar weithredoedd da.[109] Y rheswm paham y penderfynodd Cotton ddyrchafu cyffes ffydd yn amod aelodaeth oedd oherwydd y gordebygrwydd rhwng arferion eglwys Salem (ffordd-ganol) a Plymouth (Ymwahanol).

Anfonwyd ymholiadau i Loegr Newydd gan y Cynulleidfaolwyr ffordd-ganol yn Lloegr a chyhoeddwyd ateb Richard Mather gyda chydsyniad y gweinidogion eraill yn 1643, sef *Church Government and Church Covenant Discussed*. Disgrifiwyd y dulliau newydd o weithredu yn llawn yn y llyfr hwn, yn wir, mor llawn ag yng ngweithiau diweddarach Cotton, Thomas Hooker a John Norton.[110]

---

[104] Morgan, *Visible Saints*, 88-93; Cook, 'The Church', 30.
[105] Larzer Ziff, *The Career of John Cotton* (Princeton, 1962); *idem* (gol.), *John Cotton on the Churches of New England* (Cambridge, Mass., 1962).
[106] Watts, *The Dissenters* I, 62; Morgan, *Visible Saints*, 85-98.
[107] Cook, 'The Church', 30.
[108] Morgan, *Visible Saints*, 99.
[109] Cook, 'The Church', 30.
[110] Morgan, *Visible Saints*, 110.

Dull Lloegr Newydd, fel y'i gelwid, a fabwysiadwyd yn batrwm ar gyfer corffori eglwysi cynnull yn Lloegr gan y Cynulleidfaolwyr a dyma'r patrwm i'r eglwys annibynnol gyntaf oll a sefydlwyd yng Nghymru, sef yn Llanfaches, sir Fynwy, yn Nhachwedd 1639.[111]

Yn 1641 adfywiwyd y rhaglen Bresbyteraidd er nad oedd Tŷ'r Cyffredin yn unfarn yr adeg honno mai Presbyteriaeth yn unig a ddylai ddisodli Esgobyddiaeth yn Lloegr fel ffurflywodraeth wladol. Ar gychwyn y Rhyfel Cartref yn 1642 cydweithiai'r Presbyteriaid â Chynulleidfaolwyr ffordd-ganol Lloegr Newydd yng Nghymanfa Westminster am eu bod yn cytuno y dylid diorseddu Esgobyddiaeth. Fel y gellid disgwyl, cyfeiriai'r Cynulleidfaolwyr at lwyddiant Cynulleidfaoliaeth yn y Byd Newydd gan awgrymu y dylid mabwysiadu'r patrwm eglwysig hwn ar gyfer eglwys wladol newydd yn Lloegr. Ond, wrth gwrs, ofnai'r Presbyteriaid wedyn y byddai Cynulleidfaoliaeth yn agor y drws led y pen i anarchiaeth grefyddol a gwleidyddol.[112]

Yn 1642 estynnwyd gwahoddiad i Cotton, Hooker a Davenport i eistedd yn y Gymanfa yn Westminster ond gwrthodasant y cynnig. Ond cyhoeddwyd eu gweithiau yn Lloegr a derbyniwyd yn ffafriol iawn *The Keys of the Kingdom of Heaven,* 1644 o eiddo Cotton gan Thomas Goodwin a Philip Nye a ddadleuai fod yn y fan hon lwybr canol a llwyddiannus rhwng Ymwahaniaeth a Phresbyteriaeth wladol. Yr oedd llyfr Cotton heb amheuaeth yn ddylanwadol iawn gan ei fod yn rhoi sail gadarn i'r meddwl Cynulleidfaol Calfinaidd yn Lloegr yn y cyfnod hwn.[113] Cefnogai Dr John Owen y patrwm hwnnw eithr nid tan ar ôl ei farw y cyhoeddwyd ei fyfyrdodau aeddfetaf ar ffurflywodraeth eglwysig ar batrwm y Testament Newydd, sef yn ei *The True Nature of a Gospel Church and its Government,* 1687. Dyma'r gyfrol a fu'n sail mor ardderchog i arferion eglwysig yr Annibynwyr a'r Bedyddwyr, sef yr Hen Ymneilltuwyr, ar ddiwedd oes yr Adferiad.[114]

Anfonasai Cymanfa Westminster chwe chomisiynydd i'r Alban yn Awst 1643 i drafod cynghrair rhwng Senedd Lloegr a'r Sgotiaid yn yr ymdrech filwrol yn erbyn lluoedd Siarl I. Nid oedd dau o'r comisiynwyr – Henry Vane a Philip Nye – yn ffafriol o gwbl i sefydlu Presbyteriaeth wladol yn Lloegr a gwnaethant eu gorau glas i amodi termau'r cyfamod a osodwyd ar y Senedd gan y Sgotiaid fel y gellid wrth rywfaint o amwysedd parthed y cymal a oedd yn addo sefydlu Presbyteriaeth ar batrwm yr Alban yn Lloegr, amwysedd a oedd wrth

---

[111] R. Tudur Jones, *Congregationalism in England.*
[112] Watts, *The Dissenters,* 92.
[113] Cook, 'The Church', 32.
[114] Ibid., 33.

gwrs yn rhoi digon o raff i'r Cynulleidfaolwyr yn Westminster i ddadlau'n ddiddiwedd â'r Presbyteriaid.[115]

Yr oedd y Senedd wedi ymddiried y dasg o baratoi trefniant eglwysig newydd i gymryd lle Esgobyddiaeth i Gymanfa Westminster, ac ynddi eisteddai 90 o weinidogion, 10 o arglwyddi ac 20 lleygwr, wedi'u hethol gan y ddau Dŷ. O'r 120 o gynadleddwyr dim ond rhyw 20 a ffafriai Esgobyddiaeth ac am nad oedd croeso brwd iddynt gwelsant yn dda gadw draw o'r trafodaethau. Yr oedd 10 o'r gweinidogion yn bartïol i sefydlu Cynulleidfaoliaeth Lloegr Newydd yn y deyrnas, a 24 o blaid sefydlu eglwys wladol Bresbyteraidd ar batrwm yr Alban.[116] Y Gymanfa a fu'n gyfrifol am y Gyffes Ffydd a'r ddau Gatecism, ac ynddynt cyhoeddwyd y norm diwinyddol Piwritanaidd yn y cyfnod hwn, sef Calfiniaeth Ffederal neu Athrawiaeth y Cyfamodau.[117]

Y pum gŵr a fu'n gyfrifol am yr 'Apologeticall Narration', 1643-44, sef William Bridges, Jeremiah Burroughs, Thomas Goodwin, Philip Nye a Sidrach Simpson, oedd arweinwyr y Cynulleidfaolwyr yn y Gymanfa hon. Nid dyma'r saith a wrthwynebai'r Presbyteriaid yn Nhachwedd 1644, sef y 'Dissenting Bretheren'.[118] Arwyddocâd yr 'Apologeticall Narration' oedd bod ynddo ddatgan argyhoeddiad y Cynulleidfaolwyr na ddylid gwyro oddi wrth uniongrededd athrawiaethol a'u bod yn cytuno â'r Presbyteriaid ar bwysigrwydd hyn o beth; hefyd, yr oeddynt yn cadarnhau ddarfod iddynt aros yng nghymundeb yr Eglwys Anglicanaidd tra buont ar y Cyfandir, a'u gobaith, meddent, oedd gweld sefydlu 'a middle way betwixt that which is falsely charged on us, Brownism, and that which is the contention of the times the authoritative Presbyterial Government'.[119] Mynnent nad oedd unrhyw orfodaeth oddi uchod gan eglwys wladol unffurf ar i bob dinesydd gydymffurfio â hi.[120] Syniad Calfin am eglwys weledig gymysg oedd eiddo'r Presbyteriaid ond yr eglwys gynnull unigol o saint oedd delfryd y Cynulleidfaolwyr hyn.

Pan ddaeth Esgobyddiaeth i ben yn 1641 gallai'r Senedd drefnu sut i adolygu cyflwr yr eglwysi plwyf. I'r perwyl hwn sefydlwyd peirianwaith y Pwyllgorau. Disodlwyd Pwyllgor y Gweinidogion Ysbeiliedig gan Bwyllgor y Gweinidogion Gwarthus yn Rhagfyr 1642. Gwaith y Pwyllgor yn Llundain oedd gosod gweinidogion

---

[115] R. Tudur Jones, *Congregationalism in England*, 25-26.
[116] Watts, *The Dissenters*, I, 93.
[117] R. Tudur Jones, 'Athrawiaeth y Cyfamodau', yn *Grym y Gair a Fflam y Ffydd*, gol. D. Densil Morgan (Bangor, 1998), 9-16.
[118] Watts, *The Dissenters* I, 100.
[119] Ibid., 101.
[120] Ibid., 102.

Piwritanaidd ym mywoliaethau'r 'cŵn mudion'.[121] Eithr nid oedd yr ymyrraeth hon yn gwbl newydd oherwydd ceir fod noddwyr lleyg ymhell cyn 1640 wedi defnyddio'u dylanwad i noddi pregethwyr Piwritanaidd a'u hapwyntio i ddarlithyddiaethau, llawer ohonynt yn Gynulleidfaolwyr yn nhraddodiad Henry Jacob. Yr oedd felly gefnogaeth eisoes i Gynulleidfaoliaeth ar lefel y plwyf ers tro byd.

Argymhellwyd y Senedd gan Gymanfa Westminster y dylid sefydlu eglwys wladol Bresbyteraidd, ac yn wir, yn Awst 1645 pasiwyd ordinans yn gorchymyn rhoi'r gyfundrefn henaduriaethol ar waith gan gychwyn yn nhalaith Llundain. Eithr nid aeth Presbyteriaeth ymhellach na lefel y plwyf yn Lloegr. Yr oedd y Cynulleidfaolwyr eisoes wedi sicrhau goddefgarwch i'w heglwysi annibynnol, amod a fu'n achos agor y drws i oddefgarwch ehangach i annibyniaeth wleidyddol a sectyddol a oedd fwy yn nhraddodiad eglwysig yr Ymwahanwyr nag eiddo'r Cynulleidfaolwyr. Yr oedd y Cynulleidfaolwyr Calfinaidd hyn yn ofalus iawn i dynnu llinell bendant rhyngddynt hwy a'r Annibynwyr gwleidyddol a'r Ailfedyddwyr, a dywedodd un cyfoeswr yn 1649 'all sectaries are Independents...all Independents [h.y. y Cynulleidfaolwyr] be not properly sectaries'.[122]

O ran hwylustod hwyrach y dylid galw'r Piwritaniaid Calfinaidd nad oeddynt yn Bresbyteriaid yn Gynulleidfaolwyr, a rhoi'r label 'Clasurol' arnynt. Dichon mai'r enw gorau ar yr aden chwith belagaidd yw Annibyniaeth ryddfrydol neu Ailfedyddiaeth, er mwyn eu gwahanu oddi wrth sadrwydd Cynulleidfaoliaeth Galfinaidd Lloegr Newydd. Yr oedd Annibyniaeth wleidyddol ar y llaw arall, yn gymysgfa gyda Chalfiniaid ac Ailfedyddwyr yn cydweithio i amcanion gwleidyddol. Fel y dywed R. Tudur Jones:

> Concurrent with the growth of sympathy with the religious conception of the Congregationalists in the 1640s was the emergence of the Independents as a political force. The relations between Congregationalism and political Independency was not a simple one. Political Independency represented a united front which included Baptists, Fifth Monarchy Men and other sectaries and even Presbyterians as well as those like the Levellers and the protagonists of toleration who supported the Independents for reasons of their own.[123]

---

[121] R. Tudur Jones, *Congregationalism in England*, 29.
[122] Watts, *The Dissenters* I, 98.
[123] R. Tudur Jones, *Congregationalism in England*, 25.

Piwritaniaeth Radicalaidd c.1640-1660

Ym Myddin y Senedd y blodeuodd Annibyniaeth wleidyddol y Lefelwyr a'r Cloddwyr a hefyd Ailfedyddiaeth y mân sectau. Y radicaliaid hyn oedd arf y Cynulleidfaolwyr Calfinaidd yn eu hymdrech i wrthsefyll y bwriad i orfodi ffurflywodraeth Bresbyteraidd ar deyrnas Loegr. Roedd cyffes ffydd bersonol yn nodwedd ar aelodaeth o eglwysi cynnull y Calfiniaid drwy gydol cyfnod y Chwyldro, eithr dichon fod eglwysi'r Ailfedyddwyr fwy yn nhraddodiad yr Ymwahanwyr ac na phrofid ymgeisydd i aelodaeth am ffydd achubol. Erbyn 1650 gwelir bod dwy ffrwd i Biwritaniaeth, sef yr un Galfinaidd uniongred ar yr aden dde, sef y Piwritaniaid Clasurol, a'r un Ailfedyddiol, rhyddfrydol ar yr aden chwith gyda rhai unigolion megis yn pontio rhyngddynt (ac roedd graddau o wahaniaeth rhwng yr unigolion hyn a'i gilydd hefyd).

Bygythiad difrifol i uniongrededd Galfinaidd oedd athrawiaethau cymysglyd a heretigaidd y mân sectau Seisnig yn y cyfnod hwn. Adweithiodd rhai Calfiniaid yn chwyrn iawn i'r berw heresïol, rhai fel Ephraim Pagitt a Thomas 'Gangraena' Edwards.[124] Edwards oedd un o feirniaid huotlaf y goddefgarwch a estynnid i'r sectau Ailfedyddiol yn y Fyddin yn ystod y Weriniaeth a'r Ddiffynwriaeth. Yr oedd yn Bresbyteriad ac yn Galfinydd a gwireddwyd ei ofnau pan anwybyddwyd deddfwriaeth Mai 1648 a gosbai heretigiaid â dedfryd o farwolaeth.[125] Dymunai Edwards weld sefydlu eglwys wladol Bresbyteraidd, ond fel y gwyddys ni wireddwyd y gobaith hwnnw gan i'r Cynulleidfaolwyr rwystro'r Presbyteriaid yng Nghymanfa Westminster rhag dyrchafu Presbyteriaeth yn unig ffurflywodraeth eglwysig gyfreithlon yn y deyrnas. Aeth Edwards ati i lambastio Cynulleidfaoliaeth Galfinaidd hyd yn oed, yn ogystal â'r Annibynwyr gwleidyddol a chrefyddol. Argyhoeddwyd ef fod sail Ysgrythurol i ffurflywodraeth Bresbyteraidd yn unig.[126] Ond dim ond mesur cyfyngedig o oddefgarwch a fwriadai'r Cynulleidfaolwyr Calfinaidd ei estyn i'r Annibynwyr hyn ar y cychwyn er mwyn eu denu fel y gellid ennill cefnogaeth y Fyddin Seneddol yn y dasg o wrthwynebu cynlluniau'r Presbyteriaid. Yr oedd mwy o ystryw gwleidyddol yn nodweddu'r Cynulleidfaolwyr, y mae'n amlwg.[127] Beiai Edwards y Cynulleidfaolwyr hyn am dwf carlamus anuniongrededd belagaidd yn Lloegr gan ychwanegu eu bod yn goddef antinomiaeth yn gwbl agored. Ond yr oedd hwn yn gyhuddiad annheg;

---

[124] W. H. Pritchard, 'Thomas Edwards (1599-1647) and theories against religious toleration', Traethawd B Litt, Prifysgol Rhydychen, 1963.
[125] Christopher Hill, *The World Turned Upside Down* (Harmondsworth, 1976), 17.
[126] Pritchard, 'Thomas Edwards (1599-1647)', 55-59, 62-63.
[127] A. S. P. Woodhouse, *Puritanism and Liberty* (Llundain, 1938), Rhagymadrodd.

heresi oedd hon a nodweddai'r Rantwyr, er enghraifft.[128] Mynnai Edwards y dylai'r Cynulleidfaolwyr ysgymuno pob enaid na ddeuai'n rheolaidd i addoli.[129] Ond ofn pennaf Edwards fodd bynnag oedd y perygl dybryd i barhad uniongrededd Galfinaidd, ac nid oedd ymhell o'i le ychwaith.[130]

Yr oedd traddodiad answyddogol o heresi o ddyddiau John Wyclif ymlaen yn Lloegr hyd oes Elisabeth I a'i holynwyr, Iago I a'i fab Siarl I.[131] Yr oedd yn Lloegr hefyd draddodiad cyfriniol brodorol yn y Cyfnod Canol.[132] Anodd yw osgoi dyfod i'r casgliad fod cysylltiad, er breued y bo, rhwng heresi yn y bedwaredd ganrif ar ddeg a rhyddfrydiaeth belagaidd yr ail ganrif ar bymtheg yn Lloegr.[133] Ond prin bod unrhyw fudiad trefnus yn bodoli ychwaith. Anodd iawn yw olrhain edafedd brodwaith meddyliol anuniongred y rhyddfrydwyr hyn yn y 1640au a'r 1650au i ffynhonnell bendant, oherwydd cymysgwch eithriadol y syniadau cyfriniol, swyngyfareddol a hermetaidd mewn cyfnod o chwyldro.[134]

Nodweddid yr Annibynwyr gwleidyddol a chrefyddol hyn gan eu gwrthglerigaeth ffyrnig. Nid oedd angen gweinidog sefydlog arnynt wedi'i addysgu mewn Prifysgol a'i gynnal o arian y degwm eglwysig heb sôn am fodolaeth eglwys wladol yr oedd gorfodaeth ar bawb i fynd iddi i addoli. Law yn llaw â hyn âi drwgdybiaeth o bregethwyr yr Efengyl os oeddynt wedi derbyn unrhyw addysg ffurfiol.[135] Condemnid ganddynt bob seremonïaeth eglwysig a honnent nad oedd angen i neb addoli mewn adeiladau eglwysig penodol.[136] Canlyniad syniadol y pwyslais ar yr unigolyn oedd credu y dylasid rhannu meddiannau rhwng pawb a phen-llad syniad lled-gomiwnyddol fel hyn oedd ffurfio mudiad y Cloddwyr o dan arweiniad Gerrard Winstanley yn 1649.[137]

---

[128] Pritchard, 'Thomas Edwards (1599-1647)', 83-84,88-89.
[129] Ibid., 111,120,123-26.
[130] Ibid., 94-97.
[131] Keith Thomas, *Religion and the Decline of Magic* (Harmondsworth, 1978), 168-70.
[132] David Knowles, *The English Mystical Tradition* (Llundain, 1961); Marion Glasscoe, *English Medieval Mystics* (Llundain, 1993); Karen Armstrong, *The English Mystics of the Fourteenth Century* (Llundain, 1991); John Walsh, *Pre-Reformation English Spirituality* (Llundain, 1965); L. J. Leclercq, *Spiritualists of the Middle Ages* (Llundain, 1968).
[133] Christopher Hill, *Milton and The English Revolution* (Llundain, 1977), 69.
[134] Ibid.
[135] Ibid., 71.
[136] Thomas, *Religion and the Decline of Magic*, 57-59.
[137] Hill, *The World Turned Upside Down*, 115-116, 119-20.

Prif deithi meddyliol yr Ailfedyddwyr pelagaidd oedd milenariaeth (a ddigwyddai apelio at Galfinydd rhonc megis Vavasor Powell, er enghraifft), antinomiaeth a chyfriniaeth bantheistaidd a dynganolog. Priodolai Thomas Edwards ledaeniad Arminiaeth a'r gred mewn iachawdwriaeth gyffredinol i syniad y Ceiswyr am Efengyl Dragwyddol, sef cred mewn dyfodiad cyfnod eschatolegol pryd y gwelid tywalltiad llawn o'r Ysbryd ar bawb yn ddiwahân. Yr oedd credu yn yr Efengyl hon yn nodweddiadol o'r Ffamiliaid a'r Bemeniaid fel ei gilydd.[138] Dysgid perffeithrwydd crefyddol personol y tu yma i'r bedd a gwedid athrawiaeth y Drindod a dwyfoldeb y Dyn Iesu.

Syniad arall ganddynt oedd hwnnw am fewnfodaeth Crist megis hedyn dwyfol yn yr enaid. Gallai pawb ennill iachawdwriaeth drwy ildio i anogiadau mewnol y goleuni hwn yn yr enaid. Dysgid wedyn bod yr enaid ynghwsg wedi marwolaeth y corff a gwedid hyd yn oed fywyd tragwyddol i'r enaid. Roedd hwn yn hen syniad ymhlith y Lolardiaid a thebyg mai heresi frodorol ydoedd.[139] Edefyn astrus iawn ym mrodwaith meddyliol y cyfrinwyr oedd Neoblatoniaeth a Hermetiaeth; apeliai i ddeallusion a dewiniaid poblogaidd fel ei gilydd.[140] Yr oedd y syniadaeth hon wedi treiddio i lefel gweithgarwch y gŵr hysbys a'r seryddwyr poblogaidd o gyfnod y Dadeni Dysg ymlaen. Dylanwad mawr arall oedd eiddo'r cyfrinydd Lutheraidd Jakob Böhme o'r Almaen. Ychwaneger at hyn oll syniadau gwŷr fel Henry Niclaes a'i wybodaeth am gyfriniaeth glasurol y Cyfandir yn yr Oesau Canol ac wele ffynhonnell ddihysbydd i ddysgeidiaeth y sectau am y goleuni mewnol cyn ymddangos o George Fox a'r Crynwyr.[141]

Cysylltir enw Roger Brearley, curad Anglicanaidd Grindleton o tua 1615 hyd 1622 â chychwyn y sect sy'n dwyn enw'r lle hwn.[142] Mudiad ehangach oedd eiddo'r Ceiswyr neu'r Ymchwilwyr yn nhraddodiad Ffamiliaid y Cyfandir.[143] Ceir llawer o'u syniadau gan John Saltmarsh, William Dell, ac wrth gwrs, William Erbery yng

---

[138] Ibid., 147-48, 184; idem, *Milton and the English Revolution*, 72.
[139] Hill, *Milton and the English Revolution*, 74-75; Pritchard, 'Thomas Edwards (1599-1647)', 168-69.
[140] Hill, *Milton and the English Revolution*, 74-75.
[141] Rufus M. Jones, *Studies in Mystical Religion* (Llundain, 1923), pennod 18; Felicity Heal, 'The Family of Love in the Diocese of Ely', *Studies in Church History*, 9 (Caer-grawnt, 1972); J. F. C. Davies, 'Heresy and reformation in the north-east of England, 1520-1559', Traethawd D. Phil, Prifysgol Rhydychen, 1968.
[142] Hill, *The World Turned Upside Down*, 81-85; G. F. Nuttall, *The Holy Spirit in Puritan Faith and Experience* (Rhydychen, 1946), 178-80.
[143] Rufus M. Jones, *Studies in Mystical Religion*, 454.

Nghymru.[144] Bu eu hathrawiaeth am yr Efengyl Dragwyddol, y gellir ei olrhain i Joachim o Fiore yn y ddeuddegfed ganrif,[145] yn athrawiaeth boblogaidd iawn drwy'r Oesau Canol gyda'r cyfrinwyr Hans Drench, Sebastian Franck ac yn ddiweddarach, Jakob Böhme, yn ei dysgu. Gall mai Böhme yn anad neb arall a fu'n gyfrifol am ledaeniad y syniad hwn yn Lloegr.[146]

Daeth yr ymosodiad peryclaf ar uniongrededd Calfinaidd o du'r Rantwyr.[147] Pantheistiaid ac antinomiaid cwbl agored oedd y radicaliaid hyn. Daethant i'r amlwg ar ôl methiant rhaglen y Lefelwyr yn Burford ym Mai 1649. Gellir olrhain eu syniadau i Joachim o Fiore, i Amuriaid Ffrainc yn y drydedd ganrif ar ddeg (ffynhonnell eu Neoblatoniaeth bantheistaidd) ac i Frodyr yr Ysbryd Rhydd yn yr Almaen yn yr Oesau Canol a gredai fod trydedd oes Joachim wedi gwawrio a'u bod yn awr yn mwynhau perffeithrwydd moesol mewnol. Credai'r Rantwyr mai hwy oedd seintiau'r Drydedd Oes a dilornent Galfiniaeth y Presbyteriaid a'r Cynulleidfaolwyr. Credent fod Duw yn bodoli mewn gwrthrychau naturiol a throes eu cyfriniaeth yn bantheistiaeth ac yn fateroliaeth. Adwaith i Galfiniaeth sobr yn bennaf a fu'n gyfrifol am eu bodolaeth.[148] Deil McGregor mai Böhme yn hytrach na syniadau Neoblatoniaid Caer-grawnt oedd ffynhonnell debygol eu cyfriniaeth.[149] Gan eu bod yn uniaethu Duw â'r Cread nid oedd wedyn ond cam bychan tuag at gyfriniaeth yr afreswm a materoliaeth sgeptigaidd.

Daeth y Crynwyr yn ffocws i'r radicaliaid yn ystod y 1650au. Ceisient hwy barchuso'r syniad am iachawdwriaeth drwy oleuni mewnol a'i ddihatru oddi wrth anarchiaeth ysbrydol y Rantwyr drwy fynnu dyrchafu buchedd foesol ddilychwin a phasiffistiaeth a oedd yn dystiolaeth wrthrychol i'r iachawdwriaeth a brofasant.[150] Yr oedd Crynwriaeth yn gam yn ôl oddi wrth anarchiaeth ddiwinyddol, cymdeithasol a gwleidyddol.[151] Ar y cyfan, canlyniad i orbwyslais rhai

---

[144] A. L. Morton, *The World of the Ranters* (Llundain, 1970), 50-53; F. McGregor, 'The Ranters', Traethawd B Litt, Prifysgol Rhydychen, 1968; gw. hefyd Roger W. Welch, 'Quakers, Ranters and Puritan Mystics', *Westminster Conference Report* (Llundain, 1982).
[145] *The Concise Oxford Dictionary of the Christian Church* (Rhydychen, 1977), 273.
[146] Rufus M. Jones, *Mysticism and Democracy in the English Commonwealth* (Caer-grawnt, 1932), 105.
[147] McGregor, 'The Ranters'; A. L. Morton, *The World of The Ranters*; Hill, *The World Turned Upside Down*, 197-230.
[148] McGregor, 'The Ranters', pennod 2.
[149] Ibid.
[150] Hill, *The World Turned Upside Down,* pennod 10.
[151] Morton, *The World of the Ranters*.

Cewri'r Cyfamod

o'r radicaliaid Piwritanaidd ar fewnbreswyliad yr Ysbryd oedd mudiad y Crynwyr. Ni feddent ar argyhoeddiad o'r cefndeuddwr a ddigwyddodd mewn Hanes gyda Chroes Calfaria. Ac fel y dywed G. F. Nuttall amdanynt:

> It is clear that there was something in Quakerism which was genuinely contrary to the Puritans', even to the radical Puritans' beliefs, and which excited their keenest antipathy.[152]

Pobl fel Llwyd, Cradoc a Powell oedd y gwŷr hyn, a thrown yn awr i edrych ar y mudiad yr oeddynt yn rhan ohono yng Nghymru, mudiad Piwritanaidd brodorol ar ei brifiant.

---

[152] Nuttall, *The Holy Spirit in Puritan Faith and Experience*, 151. Am arweiniad cyffredinol ardderchog i'r eglwysi niferus yn Lloegr yn y cyfnod hwn gw. K. Hylson-Smith, *The Churches in England from Elizabeth I to Elizabeth II, vol. I, 1558-1688* (Llundain, 1996). Am arolwg cyffredinol o'r maes gw. Patrick Collinson, *From Cranmer to Sancroft* (Llundain, 2006); Penry Williams, *The Later Tudors: England 1547-1603* (Rhydychen, 1995); J. B. Black, *The Reign of Elizabeth 1558-1603* (Rhydychen, 1991); Godfrey Davies, *The Early Stuarts 1603-1660* (Rhydychen, 1991); John Morrill (gol.), *The Oxford Illustrated History of Tudor and Stuart Britain* (Rhydychen, 1996); Roger Lockyer, *Tudor and Stuart Britain, 1485-1714* (3ydd arg., Harlow, 2005); J. D. Mackie, *The Earlier Tudors 1485-1558* (Rhydychen, 1992).

2
Fflam y Ffydd

Ffenomen y Gororau oedd Piwritaniaeth yng Nghymru ar y cychwyn, ac nid tan dridegau a phedwardegau'r ail ganrif ar bymtheg y blodeuodd y mudiad yma.[1] Eithr, er mai mudiad Seisnig i raddau helaeth iawn oedd Piwritaniaeth bu iddo ei amlygiadau Cymreig o ddechrau wythdegau'r unfed ganrif ar bymtheg ymlaen. Er enghraifft, yn Wrecsam yn 1582 dywed cofiannydd y merthyr Catholig, Rhisiart Gwyn, fod y plwyf o dan reolaeth 'certain pedlars and tinkers...hot Puritans and full of the Gospel', a thebyg mai at ddisgyblion Christopher Goodman yn esgobaeth cyfagos Caer y cyfeirid.[2] Ond y gwaith llenyddol cyntaf yng Nghymru ac iddo nodau Piwritanaidd amlwg yw traethawd, digon trychinebus ei Gymraeg, gan ŵr o'r enw Rowland Puleston o Wrecsam, sef *Llyfr o'r Eglwys Christnogedd*, 1583.[3] Er i Puleston gael ei ddisgrifio fel ficer y plwyf, nid oedd namyn curad yn fwy na thebyg.

Ar ddiwedd yr unfed ganrif ar bymtheg gwelir bod yr Eglwys Anglicanaidd yng Nghymru yn wynebu anawsterau difrifol iawn. Er hynny, yr oedd rhai clerigwyr a lleygwyr dawnus yn ymwybodol o ddiffygion anaele'r Eglwys. Ar y cyfan aneffeithiol oedd peirianwaith yr Eglwys, a'i thlodi yn ei gwneud yn anodd gwrthsefyll dylanwad lleygwyr pwerus. Fe'i blinid gan brinder pregethwyr, pliwraliaeth ac absenoldeb o'r llannau ac wrth gwrs, methiannau'r glerigaeth. Mewn adroddiad o'r eiddo Lewis Bayly, Esgob Bangor, yng Ngorffennaf 1623, darlun digon du o gyflwr crefydd yng Nghymru a dynnir, a chondemnir yn ddifloesgni ddifrawder crefyddol y Cymry yn

---

[1] R. Geraint Gruffydd, *'In that Gentile Country'...The Beginnings of Puritan Nonconformity in Wales* (Pen-y-bont ar Ogwr, 1976); *idem*, 'William Wroth a Chychwyniadau Anghydffurfiaeth yng Nghymru', yn Noel A. Gibbard (gol.), *Ysgrifau Diwinyddol*, 2 (Pen-y-bont ar Ogwr, 1998), 123-151; Thomas Richards, *A History of the Puritan Movement in Wales* (Llundain, 1920), pennod 1; R. Tudur Jones, *Hanes Annibynwyr Cymru* (Abertawe, 1966), penodau 1-2; G. F. Nuttall, *The Welsh Saints 1640-1660* (Caerdydd, 1957); Geraint H. Jenkins, *Protestant Dissenters in Wales 1639-1689* (Caerdydd, 1992).
[2] D. Aneurin Thomas, *The Welsh Elizabethan Catholic Martyrs* (Caerdydd, 1971), 93.
[3] NLW MSS 716; Thomas Jones (gol.), *Rhyddiaith Gymraeg Yr Ail Gyfrol Detholion o Lawysgrifau a Llyfrau Printiedig 1547-1618* (Caerdydd, 1956), 53-55: 'Cwyn Crefyddwr', sef darn o ragymadrodd i'r llyfr; R Geraint Gruffydd, 'Religious Prose in Welsh from the beginning of the reign of Elizabeth to the Restoration', Traethawd DPhil Prifysgol Rhydychen (1952-53), 38-51.

Cewri'r Cyfamod

gyffredinol. Yn wir, roedd Piwritaniaid cyndyn megis Oliver Thomas, Syr William Meredith o Stansty a John Lewis, Glascrug, a hyd yn oed Anglican ffyddlon – ond o duedd Piwritanaidd – megis Rhys Prichard, yn cwyno'n huawdl am na cheid clywed cymaint ag un bregeth y flwyddyn, hyd yn oed, mewn amryw o blwyfi yng Nghymru. Barn Vavasor Powell yn 1641 oedd nad oedd 'upon enquiry, so many conscientious and constant preachers as there were of Counties in Wales'.[4] Yn wir, adleisir cwyn sylfaenol John Penry am weinidogion aneffeithiol yng ngeiriau Morgan Llwyd a daranai'n erbyn 'offeiriaid mudion'.[5] Yn 1649, hyd yn oed, mawr oedd gofid Oliver Thomas, er enghraifft, a honnai na cheid cymaint ag un copi o'r Beibl Bach ymhlith ugain o deuluoedd yng Nghymru. Aeth Vavasor Powell ymhellach pan gwynai na cheid cymaint ag un copi o'r Beibl Cymraeg ymhlith pum cant o deuluoedd yng Nghymru yn 1646. Ac mor ddiweddar â 1651 cwynai'r Cyrnol John Jones o Faesygarnedd yn hallt, mewn llythyr at Morgan Llwyd, am ddifrawder ac anwybodaeth cyffredinol y Cymry o wir grefydd ac am yr elyniaeth gwbl agored tuag at y Saint mewn siroedd megis Meirionnydd.[6] Ond rhwng 1620 a 1636, yn bennaf, yr oedd cyfundrefn y ddarlithyddiaeth Biwritanaidd wedi chwarae rhan allweddol a phwysig odiaeth yng Nghymru, fel ag yn Lloegr. Gobaith y noddwyr oedd sefydlu gwŷr anordeiniedig i ddysgu, pregethu a chateceisio, mewn plwyfi yn y trefi marchnad, yn bennaf. Cyffrowyd Iago I i'w waelodion gan y datblygiad Piwritanaidd hwn; yn wir, yn 1622 syniai am y darlithwyr hyn fel 'a new body severed from the antient clergy of England, as being neither parsons, vicars, or curates'.[7]

Erbyn y 1630au yr oedd yr amser yn awr yn aeddfed i dwf mudiad crefyddol newydd yng Nghymru. Cadarnhawyd hyn, fel y gwyddys, gan sefydlu'r eglwys gynulleidfaol gyntaf oll yng Nghymru yn Llanfaches, sir Fynwy, yn Nhachwedd 1639. Daeth y gynulleidfa hon yn ganolfan i'r mudiad Piwritanaidd ieuanc yn y Gororau yn y 1630au a'r 1640au.[8] Gellir olrhain gwreiddiau'r mudiad newydd hwn yn ôl i'r unfed ganrif ar bymtheg. Un o feirniaid huotlaf yr Eglwys Anglicanaidd yn y 1580au oedd y Piwritan a'r Cymro, John Penry

---

[4] Richards, *A History of the Puritan Movement in Wales*, 1.
[5] *Gweithiau Morgan Llwyd o Wynedd, cyfrol 1*, gol. T. E. Ellis (Bangor a Llundain, 1899), 129.
[6] *Gweithiau Morgan Llwyd o Wynedd, cyfrol 2*, gol. J. H. Davies (Bangor a Llundain, 1908), 289-290.
[7] Richards, *A History of the Puritan Movement in Wales*, 13.
[8] Iorwerth C. Peate, 'Lle'r ffiniau yn natblygiad Annibyniaeth yng Nghymru', *Y Cofiadur* (1929), 3-21; cf. T. Shankland, 'Anghydffurfwyr ac Ymneilltuwyr Cyntaf Cymru', *Y Cofiadur* (1923), 32-44.

Fflam y Ffydd

(1563-93),[9] ac, yn wir, yr oedd ymhlith beirniaid mwyaf arwyddocaol Anglicaniaeth yn y cyfnod hwnnw.

Gobeithiai Penry weld gwella cyflwr ysbrydol ei gyd-Gymry drwy estyn iddynt yr hyn a elwid ganddo yn 'wybodaeth gadwedigol'. Felly, yn 1587 a 1588 apeliodd yn uniongyrchol at y Senedd i wella cyflwr ysbrydol tywyll Cymru a dileu yr hyn a elwid ganddo yn 'anwybodaeth', 'ofergoeliaeth', ac 'anfoesoldeb' honedig. Eithr, troi clust fyddar i'w apêl a wnaeth y Senedd. Y canlyniad anorfod oedd i Penry droi min y cledd at yr esgobion. Ond methiant oedd y feirniadaeth honno hefyd, ac ni ddiwygiwyd cyflwr ysbrydol ei famwlad. Yn ychwanegol at hyn oll ni ddaeth iddo gefnogaeth o gyfeiriad ei gyd-Gymry. Pan orfodwyd ef i adael yr eglwys sefydledig gan nerth ei argyhoeddiadau ac ymuno â'r Ymwahanwyr, rhoes sialens i'r rhai a oedd mewn awdurdod, gan gynnwys neb llai na'r frenhines Elisabeth I ei hun, ynghylch hawl honno i benderfynu credoau crefyddol yr unigolyn. Am ei hyfdra yn hyn o beth fe'i dienyddiwyd yn 1593 ar ôl achos cyfreithiol gwarthus o annheg.

Er gwaethaf mygu llais beirniadol John Penry mewn dull mor greulon daeth lleisiau eraill i fynegi gofid ynghylch methiannau'r Eglwys Anglicanaidd. Mwy dewisol ganddynt hwy oedd gweithio o blaid sicrhau rhai gwelliannau mewn dull llai uniongyrchol nag a nodweddai John Penry. Clerigwyr Anglicanaidd a lleygwyr duwiol oedd y rhain, gwŷr a drigai yng Nghymru ei hun ac fel alltudion yn Llundain. Yr oedd nifer ohonynt yn adleisio cwynion ac apeliadau taerion Penry parthed lles ysbrydol eu cyd-Gymry. Yn wir, yr oedd mudiad bychan ar droed o fewn rhwymau'r eglwys sefydledig i wella cyflwr ysbrydol y Cymry, a hynny drwy gyfrwng y gair printiedig.

Ymddengys felly bod rhaglen ymhlith y gwŷr hyn oddi fewn i'r Eglwys Anglicanaidd, yn enwedig yn dilyn pasio Deddf 1563 yn gorchymyn cyfieithu Gair Duw i'r Gymraeg er mwyn darparu adnoddau defosiwn ac addoli yn Gymraeg, rhaglen a fwriedid i atgyfnerthu y dylanwad digon cyfyngedig a gawsai Protestaniaeth yng Nghymru hyd y flwyddyn honno. Cafwyd cychwyn yn 1546-47 gyda

---

[9] Glanmor Williams, 'John Penry a'i Genedl', yn *idem*, *Grym Tafodau Tân* (Llandysul, 1984), 118-140; *idem*, 'John Penry – Marprelate and Patriot', *Welsh History Review* (1967), 361-80; *idem*, *John Penry 1563-1593* (Caerdydd, 1956); R. Tudur Jones, *Hanes Annibynwyr Cymru*, 32; *idem*, 'John Penry 1563-1593', yn Geraint H. Jenkins (gol.), *Cof Cenedl* VIII (Llandysul, 1993), 37-68; W. T. Pennar Davies, *John Penry* (Llundain, 1961); David Williams (gol.), *John Penry: Three Treatises Concerning Wales* (Caerdydd, 1960); D. J. McGinn, *John Penry and the Marprelate Controversy* (New Brunswick, 1966); William Pierce, *John Penry: His Life, Times and Writings* (Llundain, 1923); G. Thomas, 'John Penry and the Marprelate Controversy', yn *Westminster Conference Report* (Llundain, 1993), 45-71; J. Gwynfor Jones, 'John Penri: Piwritan a Chymro', *Llên Cymru* (1996), 41-69.

chyhoeddi'r llyfr print cyntaf oll yn Gymraeg, sef *Yny lhyvyr hwnn* gan Syr John Price, a'i ddilyn yn 1551 gan *Kynniver llith a ban*, sef cyfieithiad i'r Gymraeg o'r efengylau a'r epistolau a ddefnyddid yn y plwyfi yng Nghymru ar y Suliau a gwyliau'r Saint. William Salesbury oedd yn gyfrifol am y llyfr hwn.[10] Yn 1567 cafwyd cyhoeddi'r *Testament Newydd*[11] a'r *Llyfr Gweddi Gyffredin*[12] o law William Salesbury, y dyneiddiwr, a'i gydweithwyr, sef yr Esgob Richard Davies, Tyddewi, a Thomas Huet, cantor yr Eglwys Gadeiriol. Cyfieithodd Salesbury a'i gydgyfieithwyr y Testament Newydd i Gymraeg idiomatig cryf, eithr oherwydd hoffter Salesbury – y dyneiddiwr Protestannaidd ag ydoedd – o hynodion orgraffyddol hynafol a lladinaidd, gwerth tra amheus oedd i'r cyfieithiad o safbwynt orgraff a llenyddiaeth, ond yr oedd y trosiad yn un campus o safbwynt cyfieithu'r Roeg i'r Gymraeg. Yn 1588 cyhoeddwyd cyfieithiad cyflawn o'r Beibl gan yr Esgob William Morgan.[13] Yr oedd Morgan yn dra dyledus i'w ragflaenwyr galluog, ond sylfaenodd ei gyfieithiad cyflawn o'r ddau Destament ar iaith ddyrchafedig a chlasurol beirdd Cymraeg yr Oesau Canol. Dileodd hynodion orgraffyddol mympwyol Salesbury a chysoni'r iaith yn ôl pren mesur iaith y beirdd. Gyda chyfieithu'r Beibl gwnaed yr iaith ar amrantiad, megis, yn un o ieithoedd dysgedig Ewrop ddyneiddiol. Wedi hynny daeth y Beibl Cymraeg yn benconglfaen i ysgol o ryddieithwyr Anglicanaidd a

---

[10] J. H. Davies (gol.), *Yny Lhyvyr hwnn* (Llundain, 1902); Ceri Davies, 'Polidor Vergil, Syr John Price ac Urddas y Cymry', yn Geraint H. Jenkins (gol.), *Cof Cenedl* XX (Llandysul, 2005), 33-64; R. Geraint Gruffydd, 'Yny lhyvyr hwnn (1546): the earliest Welsh printed book', *BBCS,* 23 (1968-70), 105-16; Ifor Williams, 'Blwyddyn Cyhoeddi "Yn y lhyvyr hwnn"', *JWBS* (1932), 33-39; John Fisher (gol.), *Kynniver llith a ban* (Caerdydd,1931).
[11] Isaac Thomas, *William Salesbury a'i Destament* (Caerdydd, 1967); idem, *Y Testament Newydd Cymraeg, 1551-1620* (Caerdydd, 1976); R. Brinley Jones, *William Salesbury* (Caerdydd, 1994); W. Alun Mathias, 'William Salesbury – ei fywyd a'i weithiau', yn Geraint Bowen (gol.), *Y Traddodiad Rhyddiaith* (Llandysul, 1970), 27-53; idem, 'William Salesbury – ei ryddiaith', yn idem, 54-78; idem, 'William Salesbury a'r Testament Newydd', *Llên Cymru* (1989), 40-68.
[12] Melville Richards a Glanmor Williams (goln), *Llyfr Gweddi Gyffredin 1567* (Caerdydd, 1965).
[13] Isaac Thomas, *William Morgan a'i Feibl* (Caerdydd, 1988); idem, *Yr Hen Destament Cymraeg, 1551-1620* (Aberystwyth, 1988); R. Geraint Gruffydd, *'Y Beibl a droes i'w bobl draw': William Morgan yn 1588* (Llundain, 1988); idem, *William Morgan: Dyneiddiwr* (Abertawe, 1989); idem, 'William Morgan, Cyfieithydd yr Ysgrythurau: Rhai Agweddau ar ei Yrfa', *Llên Cymru* (1989), 97-113; Prys Morgan, *Beibl i Gymru* (Aberystwyth, 1988); Richard Tudor Edwards, *William Morgan* (Ruthin, 1968); R. Geraint Gruffydd (gol.), *Y Gair ar Waith: Ysgrifau ar yr Etifeddiaeth Feiblaidd yng Nghymru* (Caerdydd, 1988).

barhaodd hyd tua 1730.[14] Gwnaed yr ymgais gyntaf i osod y Salmau ar fydr gan y lleygwr Wiliam Midleton yn 1603.[15] Eithr mydryddiad Edmwnd Prys, o Faentwrog, Ardudwy, oedd yr ymgais fwyaf llwyddiannus i osod y Salmau ar gân, a'u cyhoeddi fel y *Salmau Cân* yn atodiad i *Lyfr Gweddi Gyffredin*, 1621.[16] Cyhoeddwyd fersiwn terfynol o'r Beibl Cymraeg yn 1621 gan yr Esgob Richard Parry, o Lanelwy, a Dr John Davies, o Fallwyd.[17] Hwyrach mai John Davies oedd yr ysgolhaig mwyaf a welodd y Dadeni yng Nghymru, ac ef, y mae'n fwy na thebyg, a ysgwyddodd y rhan fwyaf o'r baich o ddarparu fersiwn awdurdodedig o'r Beibl yn Gymraeg. Yr hyn a wnaeth John Davies oedd cysoni'r iaith ymhellach yn ôl safonau cadarnaf y Cywyddwyr. Cafwyd argraffiadau newydd o'r Llyfr Gweddi yn 1599, 1621 a 1634.

Yn y cyfamser yr oedd clerigwyr Anglicanaidd eraill wedi cyfarfod â'r angen i ddarparu gweithiau defosiynol yn Gymraeg er mwyn gwella ansawdd safonau ysbrydol a moesol y genedl. Yn 1595 cyhoeddodd clerigwr o sir Gaernarfon, sef Huw Lewys, person Llanddeiniolen, ei gyfieithiad o fersiwn Saesneg o *Kleinot* gan y Swisiad Otto Werdmüller, sef *Perl mewn Adfyd*.[18] Yn y llythyr annerch ceir grwgnach am brinder pregethu yn y Gymraeg a chyfeiria'r awdur yn wawdlyd at glerigwyr na allent bregethu yn yr iaith gan eu galw yn 'gŵn mudion', adlais bendant o un o gwynion sylfaenol John Penry gynt. Yn yr un flwyddyn cyhoeddwyd cyfieithiad Morus Cyffin o *Apologia Ecclesiae Anglicanae* yr Esgob John Jewel o dan y teitl *Deffyniad Ffydd Eglwys Loegr*.[19] Wedyn cafwyd cyfieithiad o'r *Llyfr Plygain* gan David Powel.[20] Caed ailargraffiad ohono yn 1599, y

---

[14] D. Gwenallt Jones, 'Cymraeg Cyfieithiadau'r Beibl', *Y Drysorfa* (1938), 216-20.
[15] Gruffydd Aled Williams, 'Mydryddu'r Salmau yn Gymraeg', *Llên Cymru* (1989), 114-132; idem, 'Wiliam Midleton, Bonheddwr, Anturiwr a Bardd', *Trafodion Cymdeithas Hanes Sir Ddinbych* (1975), 98-104; idem, 'Psalmae Wiliam Midleton', yn J. E. Caerwyn Williams (gol.), *Ysgrifau Beirniadol* XVII (Dinbych, 1990), 93-113; J. Ballinger (gol.), *Rhan o Psalmae Dafydd Brophwyd* (Caerdydd, 1930).
[16] Isaac Thomas, 'Salmau Cân Edmwnd Prys: Eu perthynas â'r testun Hebraeg ac â'r Fersiynau blaenorol', yn Eryl Wynn Davies (gol.), *Efrydiau Beiblaidd Bangor* 4 (Dinbych, 1988), 191-215; Gruffydd Aled Williams, 'Edmwnd Prys (1543/4-1623): Dyneiddiwr Protestannaidd', yn *Cylchgrawn Cymdeithas Hanes a Chofnodion Sir Feirionnydd* (1980), 361-63; T. Gwynn Jones, 'Edmwnd Prys', *Y Llenor* (1924), 21-31.
[17] Ceri Davies (gol.), *Dr John Davies of Mallwyd: Welsh Renaissance Scholar* (Caerdydd, 2004); idem, *John Davies o Fallwyd* (Caernarfon, 2001).
[18] W. J. Gruffydd (gol.), *Perl mewn Adfyd* (Caerdydd, 1929).
[19] W. Prichard Williams (gol.), *Deffyniad Ffydd Eglwys Loegr* (Bangor, 1908).
[20] David Powel, *Y Llyfr Plygain 1612* (Caerdydd, 1931); gw. adolygiad G. J. Williams, yn *Y Llenor* (1932), 61-2.

trydydd yn 1601, a'r pedwerydd yn 1612. Cyfieithodd Edward James y *Book of Homilies* o dan y teitl *Pregethau a osodwyd allan trwy awdurdod* yn 1606.[21]

Noddid y rhaglen gyfieithu hon yn rhannol drwy haelioni ariannol cylch o Gymry a drigai yn Llundain. Thomas Myddleton a Rowland Heylin oedd prif noddwyr y mudiad hwn a gyhoeddai weithiau defosiynol yn Gymraeg.[22] Hwy a barodd gyhoeddi'r Beibl Bach, neu'r Beibl Coron yn 1630, a fwriedid ar gyfer addoliad teuluaidd. O gryn arwyddocâd hefyd, hwyrach, yw'r ffaith bod y cylch elusennol hwn yn meddu ar gysylltiadau pendant â Phiwritaniaeth: yr oedd Rowland Heylin ynghyd â John White, yn aelodau o gylch o wŷr duwiol yn Llundain a geisiai brynu bywoliaethau eglwysig gyda'r bwriad o osod gweinidogion duwiol, neu ddarlithwyr Piwritanaidd, ynddynt.[23]

Cyhoeddwyd sypyn bychan arall i'r Gymraeg yn 1630. Dyna *Carwr y Cymry* gan y Piwritan Oliver Thomas, o West Felton ger Croesoswallt.[24] Wedyn caed *Yr Ymarfer o Dduwioldeb*, trosiad gan y Cafalîr Rowland Vaughan o Gaer-gai, sir Feirionnydd, o *The Practice of Piety* gan Lewis Bayly.[25] Cyfieithodd Robert Llwyd, ficer y Waun, lyfr gan Arthur Dent, sef *Plain Man's Pathway to Heaven* o dan y teitl *Y Llwybr Hyffordd i'r Nefoedd* a'i gyhoeddi yn 1630. Mewn llawysgrif (NLW 731) erys cyfieithiad David Rowlands o *Disce Mori* Christopher Sutton o dan y teitl *Addysg i Farw*. Yr oedd Rowlands yn ficer Llangybi a Llanarmon yn sir Gaernarfon, ardal dra nodedig am ei chydymdeimlad cynnes â Phiwritaniaeth.[26]

Ffrwythau'r cylch a ganolid yn Llundain oedd y gweithiau uchod a fwriedid i hyrwyddo lles ysbrydol y Cymry. Ond coron digamsyniol y traddodiad rhyddiaith Anglicanaidd yn hanner cyntaf yr ail ganrif ar bymtheg (ar wahân i gyfieithu'r Beibl, wrth gwrs) oedd *Llyfr y Resolusion*, 1632, sef cyfieithiad Dr John Davies, Mallwyd, o *A Booke of Christian Exercise appertaining to Resolution* gan Edmund

---

[21] Glanmor Williams, 'Edward James a Llyfr yr Homilïau', yn *idem*, *Grym Tafodau Tân: Ysgrifau Hanesyddol ar Grefydd a Diwylliant* (Llandysul, 1984), 180-98.
[22] R. Geraint Gruffydd, 'Religious Prose in Welsh...'
[23] Paul S. Seaver, *The Puritan Lectureships* (Stanford, CA.,1970).
[24] Merfyn Morgan (gol.), *Gweithiau Oliver Thomas ac Evan Roberts: Dau Biwritan Cynnar* (Caerdydd, 1981).
[25] John Ballinger (gol.), *Yr Ymarfer o Dduwioldeb* (Caerdydd, 1930); gw. adolygiad G. J. Williams, yn *Y Llenor* (1930), 250-53.
[26] Garfield H. Hughes, 'Dau Gyfieithiad', *Y Llenor* (1948), 69-71. Am arwyddocâd llenyddol y cyfieithwyr hyn, gw. Thomas Parry, *Hanes Llenyddiaeth Gymraeg hyd 1900* (Caerdydd, 1964), 154-55, 187-91.

Bunny, sef cyfaddasiad Protestannaidd o lyfr gan yr Iesuwr Robert Persons.[27]

Heb amheuaeth, felly, yr oedd dyrnaid o'r clerigwyr Anglicanaidd ac ambell leygwr ar derfyn yr unfed ganrif ar bymtheg a dechrau'r ail ganrif ar bymtheg yn gwneud cyfraniadau teilwng iawn i'r perwyl o wella safonau deallusol ac ysbrydol eu cydwladwyr. Yr enwocaf o'r gwŷr hyn, hwyrach, oedd Rhys Prichard (1579-1644),[28] ficer Llanymddyfri yn sir Gaerfyrddin. A barnu ar sail ei Galfiniaeth gadarn, ei feirniadaeth ddifloesgni o wendidau a drygau cymdeithasol a phechodau unigol, ynghyd â'i ymdrechion i wneud Cristnogaeth yn rhywbeth byw ym mywydau'r werin bobl yn ogystal â'r bonedd, ochrai gyda'r Piwritaniaid. Yr oedd yn enwog am ei bregethau bychain ar ffurf penillion, ac ynddynt y mae'n annog ei wrandawyr i feithrin addoliad teuluaidd, darllen y Beibl yn gyson, a chadw'r Saboth yn sanctaidd. Byddai nodweddion duwiol fel hyn wedi ennill ffafr barod gyda'r Piwritaniaid. Cyhoeddwyd casgliad o'i benillion gyntaf oll gan y Piwritan Stephen Hughes o dan y teitl *Canwyll y Cymry*, a hynny ar ôl yr Adferiad yn 1660-62.[29] Ond er gwaethaf tueddiadau Piwritanaidd cryf yr Hen Ficer arhosodd yn driw i'r Eglwys Anglicanaidd, a gwnaed ef yn Ganghellor Eglwys Gadeiriol Tyddewi yn 1626 gan neb llai na'r Esgob William Laud (Archesgob Caergaint wedi hynny). Pan gyrhaeddodd y gwrthdaro rhwng y Brenin Siarl I a'r Senedd uchafbwynt dangosodd Prichard ei ffyddlondeb diwyro i'r *status quo* gan iddo estyn cymorth ariannol i achos y Brenin.

Y mudiad Piwritanaidd cynnar yng Nghymru

Erbyn 1635 rhaid oedd i'r Archesgob William Laud ymgodymu â gwŷr llawer iawn mwy penderfynol na rhagredegwyr Piwritaniaeth yng Nghymru, gwŷr na fynnent gyfaddawdu iod â pholisïau'r Archesgob Arminaidd hwn. Arweinwyr y mudiad ifanc yng Nghymru oedd William Wroth (1576-1641),[30] William Erbery (1604-54),[31] Walter

---

[27] R. Geraint Gruffydd, '*Llyfr y Resolusion* and other Pastoral Literature', yn Ceri Davies (gol), *Dr John Davies of Mallwyd*, 226-238.

[28] *Cydymaith i Lenyddiaeth Cymru* (ail argraffiad, Caerdydd, 1997), d.e.

[29] D. Gwenallt Jones, *Y Ficer Prichard a 'Canwyll y Cymry'* (Caernarfon, d.d.); Nesta Lloyd (gol.), *Cerddi'r Ficer* (Llandybïe, 1994); Siwan Non Richards, *Y Ficer Prichard* (Caernarfon, 1994).

[30] R. Geraint Gruffydd, *'In that Gentile country ... '*; *Y Bywgraffiadur Cymreig*, d.e.; Thomas Richards, *Cymru a'r Uchel Gomisiwn, 1633-1640* (Lerpwl, 1930), 38-39; idem, 'Eglwys Llanfaches', *Trafodion Cymdeithas Anrhydeddus y Cymmrodorion* (1941), 157-68, 182-84; Trevor Watts, 'William Wroth (1570-1641): Piwritan ac Apostol Cymru', *Y Cofiadur* (1979), 5-15.

[31] *Bywgraffiadur Cymreig*, d.e.; Brian Ll. James, 'William Erbery (1604-54): Ceisiwr Cymreig', yn J. Gwynfor Jones (gol.), *Agweddau ar dwf Piwritaniaeth yng*

Cradoc (1610?-59),[32] ac Oliver Thomas (*c*.1598-1652), ynghyd ag Evan Roberts, Llanbadarn Fawr, o bosibl.[33] Gwŷr eraill ymhlith yr arweinwyr hyn oedd Henry Walter a ddeuai o gyffiniau Casnewydd, a Richard Symonds a hanfyddai o Abergafenni. Yr oedd y tri cyntaf yn gweinidogaethu yn Ne Cymru a'r Gororau tra ysgwyddid cyfrifoldeb dros ledaeniad y mudiad yng Ngogledd Cymru gan Oliver Thomas, o bosibl; rhaid bod cysylltiad agos a chydweithio rhwng yr arweinwyr yn ystod twf cynnar Piwritaniaeth yng Nghymru, canys daeth Cradoc i weinidogaethu yn Wrecsam yn fuan ar ôl iddo golli'i swydd fel curad i Erbery yng Nghaerdydd. Perthynai Wroth i genhedlaeth hŷn na'r gwŷr eraill.

Brodor o sir Fynwy oedd William Wroth, a gallai fod wedi bod yn aelod o gangen Llanelen o deulu'r Wrothiaid o Abergafenni. Addysgwyd ef mewn ysgol ramadeg leol, ac aeth i Rydychen yn 1590 gan ymaelodi yng Ngholeg New Inn Hall. Graddiodd yn BA o Goleg Crist yn 1596, ac yn MA o Goleg Iesu yn 1605. Er mai mab i ŵr bonheddig ydoedd gallai fod wedi mynd i Rydychen yn was i Edward Lewis o'r Fan yn sir Forgannwg, canys daliodd mewn cysylltiad â'r teulu hwnnw ar ôl gadael y Brifysgol; yn wir, y mae lle i gredu iddo breswylio yn y Fan am ysbaid. Addawyd rheithoriaeth Llanfaches iddo yn 1610 gan Edward Lewis. Ond yn 1613 derbyniodd rheithoriaeth Llanfihangel Rhosied, a daliai'r fywoliaeth honno hyd 1626 pan ymddiswyddodd. Ond yn 1617 daeth i ofalu am Llanfaches. Felly daliai'r ddwy reithoriaeth rhwng 1617 a 1626. Dywedir iddo weithredu fel caplan i Syr Edward Lewis a'i ferch-yng-nghyfraith, Anne Beauchamp (gwraig yr ail Syr Edward Lewis). Ymddengys iddo fod yn glerigwr ysgafala am beth amser ond erbyn *c*.1630 yr oedd wedi bwrw'i goelbren o blaid y Piwritaniaid. Gwrthododd ddarllen y Llyfr Chwaraeon ar y Saboth, a gwysiwyd ef gerbron Llys yr Uchel Gomisiwn yn Hydref 1635.[34] Ymddiswyddodd o reithoriaeth Llanfaches yn 1638, a bu wrthi wedyn yn pregethu ar draws De Cymru a'r Gororau.

Tua'r un adeg gwysiwyd William Erbery o flaen y Llys hwn. Mab i fasnachwr o'r Rhâth ger Caerdydd oedd Erbery. Enillodd BA o Goleg y Trwyn Prês, Rhydychen yn 1623. Yn 1626 graddiodd yn MA o Goleg y Breninesau, Caer-grawnt. Tanysgrifiodd am urddau diacon ym Mryste yn Rhagfyr 1626. Ar ôl bod yn gurad yng Nghasnewydd

---

Nghymru yn yr ail ganrif ar bymtheg (Llanbedr Pont Steffan, 1992); *idem*, 'The Evolution of a Radical: The Life and Career of William Erbery (1604-54)', *Journal of Welsh Ecclesiastical History* (1986), 31-48.
[32] *Bywgraffiadur Cymreig*, d.e.
[33] Merfyn Morgan (gol.), *Gweithiau...*; *Bywgraffiadur Cymreig*, d.e.
[34] Richards, *Cymru a'r Uchel Gomisiwn*, 39.

am ysbaid apwyntiwyd ef yn ficer Eglwys Fair ac Eglwys Ioan, Caerdydd. Gweinidogaethai yno o 7 Awst 1633 hyd Orffennaf 1638. O fewn blwyddyn i wysio Erbery o flaen Llys yr Uchel Gomisiwn, ceryddwyd ef gan Esgob Llandaf am bregethu'n sgismataidd i'r bobl, ac fe'i cyfeiriwyd drachefn at y Llys.[35] Blwyddyn yn ddiweddarach cysylltid ef â Wroth yng nghwynion yr Esgob a alwodd y ddau yn 'two noted schismatics' a chyfeiriwyd hwy unwaith yn rhagor at y Llys.[36] Bu'r achos yn eu herbyn yn llusgo'i draed am flynyddoedd ond y mae'n gwbl bosibl fod Wroth wedi ildio i'r pwysedd a roddwyd arno oddi uchod ac iddo gydymffurfio o ganlyniad. Eithr dewisodd Erbery ymddiswyddo o'i fywoliaeth.[37] Ond parhaodd y ddau glerigwr i ledaenu eu syniadau anghydffurfiol Piwritanaidd er mawr ofid i'r Esgob.[38]

Yn 1634 ymwelodd Esgob Llandaf â Chaerdydd a chanfu fod curad Erbery, sef Walter Cradoc, yn parhau i ledaenu syniadau Piwritanaidd peryglus fel y gwnâi Erbery ei hun. Dyma'r sylw arwyddocaol cyntaf sydd gennym am Cradoc, ac fe'i disgrifiwyd gan yr Esgob fel 'a bold ignorant young fellow'.[39] Hanfyddai Cradoc o Drefela ym mhlwyf Llangwm, sir Fynwy. Yr oedd wedi etifeddu ystad fechan. Treuliodd beth amser mewn Prifysgol, Rhydychen o bosibl, yn ôl tystiolaeth ei bregeth 'The Saints' Fullnesse of Joy' 1646.[40] Gwrthwynebai'n eofn y sefydliad crefyddol a gynrychiolid gan yr Archesgob William Laud, y Brenin a'r Llyfr Gweddi Gyffredin. Yn 1633 gorchmynnai'r Llyfr Chwaraeon y dylid ei gwneud yn orfodol i bawb gynnal chwaraeon ar y Saboth, ond ni allai Erbery na Cradoc dderbyn hyn, a dewis yn hytrach wrthod ei ddarllen i'r plwyfolion. Yn awr, yr oeddynt yn rhengoedd y Piwritaniaid ac ymunodd un Mr Roberts a Marmaduke Matthews â hwy o esgobaeth cyfagos Tyddewi.[41] Gan i'r Esgob ddiddymu trwydded bregethu Cradoc yn esgobaeth Llandaf, dewisodd hwnnw droi ei olygon at Wrecsam yn y gogledd-ddwyrain. Gwnaeth enw iddo'i hun yn y dref honno a thu hwnt cyn belled â siroedd Meirionnydd a Threfaldwyn. Yn wir, cafodd ei bregethu ddylanwad nerthol ar ei wrandawyr i'r fath raddau nes y

---

[35] W. Scott a J. Bliss (goln.), *The Works of William Laud*, 7 cyfrol (Rhydychen, 1847-60), V (1853), rhan iii, 329.
[36] Ibid., 335, o dan 1638.
[37] Ibid., 358, o dan 1638.
[38] Ibid., 345.
[39] Ibid., 329.
[40] Walter Cradock, *Saints Fullnesse of Joy* (Llundain, 1646), 30.
[41] Ibid., rhan ii, 329, 335. Am yr awgrym mai Evan Roberts, Llanbadarn Fawr, oedd y pregethwr hwn, gw. Thomas Shankland, *Y Cofiadur* (1923), 34-40; cf. *The Works of William Laud* V, rhan ii, 334.

cyfeirid at Anghydffurfwyr yn ddiweddar yn yr ail ganrif ar bymtheg fel 'Cradociaid' gan eu gwrthwynebwyr. O dan ddylanwad Wroth, ac o ddilyn esiampl Erbery, y ffodd Cradoc i Wrecsam i gychwyn. Oddi yno aeth i'r Amwythig, Llundain, Brampton Bryan a Llanfair Dyffryn Tefeidiad. Yr oedd yn un o arloeswyr y gwaith cenhadol mawr ysbrydol yn Wrecsam, ond cafodd ei hel oddi yno gan fragwyr y dref am eu bod yn colli masnach yn sgil ei bregethu nerthol.

Ar ôl gadael Wrecsam cysylltodd Cradoc â Richard Symonds[42] a oedd yn ysgolfeistr yn yr Amwythig, ac ymhlith ei ddisgyblion oedd Richard Baxter, y diwinydd Piwritanaidd pwysig yn ddiweddarach.[43] Y mae'n bosibl fod Cradoc wedi mynd i Lundain wedyn ac ymuno ag eglwys Henry Jessey, sef yr eglwys gynnull ffordd-ganol a sefydlwyd gan Henry Jacob yn 1616. Yr oedd Jessey yn aelod o'r eglwys hon er 1637. Cafwyd hyd i Cradoc, ymhlith eraill, yn addoli yn nhŷ Mrs Delamer yn Brunsby Street ym Mai 1638. Gwysiwyd ef gerbron Llys yr Uchel Gomisiwn yn Nhachwedd 1639, ond nid aeth o'i flaen a dychwelodd i'r Gororau i Lanfair Dyffryn Tefeidiad, lle'r oedd Richard Symonds yn ysgolfeistr er Chwefror 1639. Cychwynnodd Cradoc bregethu o ddifrif tua'r adeg hon.

Noddfa Brampton Bryan
Yn Brampton Bryan estynnwyd nawdd i Cradoc a'i gyd-biwritaniaid gan Syr Robert Harley a'i wraig Brilliana. Yr oedd Cradoc yn cael ei amddiffyn gan Humphrey Walcot. Trawyd Richard Symonds gan salwch a daeth Richard Blinman, brodor o Went a chyfaill agos i William Wroth, i'r adwy a gofalu am yr ysgol yno. Ficer Brampton Bryan yr adeg hon oedd Stanley Gower a oedd yn ddwfn ei gydymdeimlad â'r achos Piwritanaidd.[44] Dau Biwritan ifanc pwysig a dderbyniodd nawdd yn Brampton Bryan oedd Vavasor Powell[45] a Morgan Llwyd;[46] Cradoc oedd eu 'tad yn y ffydd'.[47] Ganed Powell yn 1617 yn y Cnwclas, sir Faesyfed, yn fab i Richard Powell a'i wraig Penelope. Aeth yn ddisgybl i ysgol Aberhonddu yn 1629 ac yntau'n 12 oed. Treuliodd beth amser yn y Clun fel ysgolfeistr ac efallai fel curad gyda'i or-ewythr Erasmus Powell. Er y dywedir iddo fod yn fyfyriwr

---

[42] *Bywgraffiadur Cymreig*, d.e..
[43] Ymestynnai'r cyfnod hwn o Dachwedd 1635 i Dachwedd 1636; gw. R. Tudur Jones, *Hanes Annibynwyr Cymru*, 38, nodyn 1.
[44] G. F. Nuttall, *The Welsh Saints, 1640-1660* (Caerdydd, 1957), 3-17; Jacqueline Eales, *Puritans and Roundheads: The Harleys of Brampton Bryan and the outbreak of the English Civil War* (Caer-grawnt, 2002).
[45] *Cydymaith...*, d.e.; *Bywgraffiadur Cymreig*, d.e.
[46] Ibid.
[47] *Gweithiau Morgan Llwyd* II, xxiii.

yng Ngholeg yr Iesu, Rhydychen, o 1634 ymlaen ymddengys na chymerodd radd, ac ni ddigwydd ei enw yng nghofnodion y Coleg. Cafodd dröedigaeth wrth ddarllen *The Bruised Reed* gan y Piwritan mawr, Richard Sibbes, a thrwy bregethu Cradoc yn y 1630au. Ymdaflodd i'r gwaith o efengylu yn siroedd Maesyfed a Brycheiniog, a hynny i'r fath raddau nes ennyn gwrthwynebiad chwyrn i'w weinidogaeth a'i bregethu nerthol.[48]

Er mai yn sir Feirionnydd, ym Maentwrog, y ganed Morgan Llwyd yn 1619, yn Wrecsam y daeth o dan ddylanwad Cradoc pan oedd yn ddisgybl yn ysgol ramadeg y dref. Ymddengys iddo ddilyn Cradoc oddi yno i Lanfair Dyffryn Tefeidiad ac i Brampton Bryan.[49] Yr oedd Huw Llwyd, perthynas agos i Forgan Llwyd, yn fardd amatur pur dda ac wedi hyfforddi'r bachgen yn hanfodion y grefft farddol.[50] Pan fu farw yn 1629 anfonwyd Morgan gan ei fam, Mari Wynn, Hendre'r Mur, i ysgol ramadeg Wrecsam. Yn ôl Thomas Charles o'r Bala (NLW MSS 128C) mam Llwyd a'i hanfonodd yno am y gwyddai fod tref Wrecsam yn nythle i'r Piwritaniaid. Ond y mae'r un mor debygol fod cangen o'r teulu yn byw yno.[51] Yn 1635 profasai Llwyd dröedigaeth Galfinaidd o dan bregethu nerthol Walter Cradoc.[52] Gadawodd Wrecsam yn fuan yng nghwmni ei athro a symud i Lanfair Dyffryn Tefeidiad yn swydd Amwythig lle y cyfarfu â Vavasor Powell a oedd i gyd-lafurio ag ef yn y winllan Biwritanaidd yng Nghymru yn ddiweddarach.

Eglwys Llanfaches 1639

Yn fuan wedyn aeth Llwyd i Lanfaches yn sir Fynwy lle y bu'n cynorthwyo William Wroth, Walter Cradoc a Henry Jessey, ymhlith eraill, i sefydlu'r eglwys annibynnol neu gynulleidfaol gyntaf oll yng Nghymru yn Nhachwedd 1639.[53] Tystiai William Erbery fod yr eglwys wedi'i sefydlu 'according to the New England pattern'.[54] Cadarnheir hynny gan Henry Maurice yn 1675, a dywed ef 'according to the New

---

[48] E. Bagshaw (gol.), *The Life and Death of Mr Vavasor Powell* (Llundain, 1671), 4, 116; Mark E. Dever, *Richard Sibbes: Puritanism and Calvinism in Late Elizabethan and Early Stuart England* (Macon, GA, 2000).
[49] E. Lewis Evans, *Morgan Llwyd* (Lerpwl, 1939), 2; gw. J. W. Jones (gol.), *Coffa Morgan Llwyd* (Llandysul, 1952).
[50] Gwyn Thomas, 'Dau Lwyd o Gynfal', yn J. E. Caerwyn Williams (gol.), *Ysgrifau Beirniadol* V (Dinbych, 1970), 71-98.
[51] E. Lewis Evans, *Morgan Llwyd*.
[52] Noel A. Gibbard, *Walter Cradock 'A New Testament Saint'* (Pen-y-Bont ar Ogwr, 1977).
[53] Richards, 'Eglwys Llanfaches'.
[54] William Erbery, *Apocrypha* (Llundain, 1652), 8.

England Way'.[55] Flynyddoedd yn ddiweddarach hiraethai Erbery ynghylch y Gras a daenwyd dros bobl cyn belled â Chaerwrangon, Gwlad yr Haf, swydd Henffordd a sir Fynwy gan yr eglwys hon.[56] Yn ôl Cradoc, mewn pregeth a draddodwyd ganddo gerbron Tŷ'r Cyffredin, yr oedd William Wroth, 'Apostol Cymru',[57] wedi'i orfodi i bregethu yn y fynwent oherwydd cymaint oedd y tyrfaoedd a ddeuai i wrando arno.[58] Hiraethai Llwyd yng nghanol argyfwng ac adfyd y Rhyfel Cartref am y

> ... canu Psalmau, a gofyn Qwestiwnau
> a son am resymmau ysbrydol,

pryd y gallai ef a'i gyfoedion

> rodio'n gyssurus,
> tra fu gair y bywyd, yn cadw mewn iechyd
> yr enaid gwan nychlyd galarus.[59]

Troes y deffroad ysbrydol hwn yn sêl efengylu tanbaid. Eglwys Llanfaches oedd pencadlys a phrif ganolfan y Piwritaniaid yng Nghymru a hyhi oedd 'Antioch' Cymru. Cydnebydd Llwyd ac Erbery pa mor ganolog mewn gwirionedd oedd yr eglwys hon i dwf Piwritaniaeth yng Nghymru.[60]

Sefydlwyd yr ail eglwys gynulleidfaol yng Nghaerdydd o dan arweiniad William Erbery.[61] Pregethai Wroth cyn belled â Bryste.[62] Rhwng 5 Tachwedd a 6 Rhagfyr 1639 yr oedd Cradoc wedi bod yn helpu gyda'r gwaith o sefydlu'r achos yn Llanfaches a gwnaeth enw iddo'i hun fel gweinidog effeithiol. Yr oedd eglwys gynnull Llanfaches yn cyfarfod yn eglwys y plwyf a chyd-addolent â'r Bedyddwyr. Eglwys gynnull oedd eglwys Llanfaches yn ôl patrwm Lloegr Newydd fel y'i hesbonid gan Jessey, John Robinson a John Cotton. Math o gymrodedd rhwng Presbyteriaeth ar y naill law a Chynulleidfaoliaeth

---

[55] E. B. Underhill (gol.), *The Records of the Church of Christ Meeting in Broadmead Bristol 1640-1687* (Llundain, 1847), 515.
[56] *Apocrypha*, 8-9.
[57] Cradock, *The Saints' Fulnesse of Joy*, 12.
[58] Ibid., 5.
[59] Richards, *A History of the Puritan Movement in Wales, 1639-1653*; *Gweithiau Morgan Llwyd* I, t.4 .
[60] *Gweithiau Morgan Llwyd* I, i penillion 5-9, t. 4; cf. *Gweithiau Morgan Llwyd* II xxiv-lxxv.
[61] *The Testimony of William Erbery*, 162.
[62] Underhill (gol.), *The Records of the Church of Christ Meeting in Broadmead Bristol*, 7, 8, 27.

Fflam y Ffydd

ar y llall ydoedd, a phwysleisid ganddi bwysigrwydd yr eglwys gynnull unigol. Ond mynnai gadw mewn cyswllt ag eglwysi eraill. Yr oedd Piwritaniaid Llanfaches yn ddigon parod i ddefnyddio eglwys y plwyf ac addoli mewn 'cynulleidfaoedd cymysg' os cyhoeddid yr Efengyl ynddynt. Nid oedd Cradoc yn gwrthod cynhaliaeth gan y Wladwriaeth, er bod anghytundeb rhwng yr arweinwyr a'i gilydd parthed hyn yn ddiweddarach. Bu farw Wroth yn 1641 a phrofwyd ei ewyllys yn Llandaf yn Ebrill yr un flwyddyn a chafodd gysgu cyn deffro tabyrddau'r Rhyfel Cartref yn 1642.

Yr ymdaith yn Lloegr
Pan dorrodd y Rhyfel Cartref dros y deyrnas yn 1642 bu'n rhaid i eglwys Llanfaches ffoi i Fryste, ac oddi yno wedyn i Lundain. Ar 26 Gorffennaf 1643 ymunodd yr addolwyr ag eglwys Allhallows the Great yn Llundain, ond gan gadw eu swyddogion eu hunain. Caniatawyd i'r Bedyddwyr yn eu plith i ymuno â chynulleidfa William Kiffin.[63] Anfonasai Llwyd ei wraig, Ann Herbert, a'i blant adref at ei fam yng Nghynfal, ac ymunodd yntau ym Myddin y Senedd a gwasanaethu ynddi fel caplan. Gwelodd ysgarmesoedd lawer ar draws de Lloegr.[64]

Yn 1640 yr oedd y Senedd wedi bod yn trafod achos Cymru ac ar y Pwyllgor hwnnw eisteddai Syr Robert Harley, noddwr Cradoc gynt. Mae'n gwbl bosibl bod Cradoc a'i gydweithwyr wedi'u hawdurdodi gan y Senedd i bregethu yng Nghymru, oherwydd yn 1641 y mae'n cwyno wrth y Senedd fod rhai pobl yng Nghymru yn amharu ar y pregethu Piwritanaidd. Ond yn 1646 daeth Cradoc, Richard Symonds ac Ambrose Mostyn i Gymru fel pregethwyr crwydrol. Gallent bregethu yn Gymraeg, a thelid cyflog iddynt o incwm Llandaf a Thyddewi. Fel y dywed yr awdurdod Thomas Richards:

> It [y Senedd] had diverted the revenues of the sinecure livings to the maintenance of a preaching ministry; it had provided suitable spheres of labour to the Puritans of the Llanfaches school; it had acknowledged the claims of the Welsh language, and through it the Church had been completely disestablished and partially disendowed.[65]

---

[63] *Testimony of William Erbery*, 162.
[64] *Gweithiau Morgan Llwyd* II, 'Hanes Rhyw Gymro'; cf. *Gweithiau Morgan Llwyd o Wynedd*, III, goln. J. Graham Jones a Goronwy Wyn Owen (Caerdydd, 1994), 36-37.
[65] Richards, *A History of the Puritan Movement in Wales*, 71.

Yn 1646 anfonwyd Llwyd gyda lluoedd Thomas Myddleton i ogledd Cymru lle'r oedd i arfer ei ddawn fawr fel pregethwr teithiol. Yr oedd Erbery hefyd yn ystod y Rhyfel Cartref yn gwasanaethu fel caplan yng nghatrawd Skippon. Ac yn 1646-47 bu'n dadlau gyda'r Presbyteriaid; yn wir, yn 1648 cymerasai ran amlwg yn y ddadl parthed 'Cytundeb y Bobl'.[66] Mae'n bosibl hefyd fod Oliver Thomas yntau wedi gwasanaethu fel caplan ym Myddin y Senedd, a bu'n bregethwr teithiol yn ogystal.

Erbyn 1642 yr oedd Vavasor Powell yn ficer Dartford yn swydd Caint ond ymddiswyddodd o'r fywoliaeth honno yn 1646. Ar 11 Medi 1646 rhoddwyd iddo dystysgrif teilyngdod gan Gymanfa Westminster ar ôl ei enwi fel pregethwr teilwng yng Nghymru gan Bwyllgor y Gweinidogion Llwm. Yr oedd Powell, ynghyd â Morgan Llwyd, ym myddin Thomas Myddleton pan ymosododd ar Fiwmares, Môn, yn Hydref 1648. Pregethodd Powell gerbron Tŷ'r Cyffredin ar derfyn y Rhyfel ar 25 Chwefror 1650. Bu Cradoc yntau rhwng 1641 a 1645 yn dadlau'n daer gyda'r Senedd a Chymanfa Westminster dros gael gweinidogaeth effeithiol yng Nghymru. Ar 19 Hydref 1646 rhoddwyd iddo drwydded i bregethu lle y mynnai yng Nghymru.

Yr oedd y Piwritaniaid Cymreig hyn yn gobeithio gweld pethau mawrion ar ddigwydd yn eu mamwlad ar ôl y Rhyfel Cartref a chanodd Llwyd yn orfoleddus:

> Er bod y tywyllwch, y gauaf ar tristwch,
>   y nos ar anialwch ynghymru
> Yr haul a fyn godi, y wawr a fyn dorri,
>   a Christ fyn reoli heb pallu.[67]

Yn Llundain daeth y Cymry alltud hyn i adnabod pobl o'r un argyhoeddiad crefyddol â hwy, a chredent i gyd bod dyddiau amgenach ar wawrio. Nid oes amheuaeth nad oedd yr encilio hwn i Loegr yn bwysig odiaeth o safbwynt datblygiad Piwritaniaeth yng Nghymru.

Gwŷr cymharol ifanc oeddynt i gyd a deuent i gysylltiad â ffrwd o syniadau newydd a gyhoeddid yn Llundain, a chawsant ddylanwad pellgyrhaeddol ar y Saint Cymreig. Cefnodd Erbery yn drwyadl ar ei Galfiniaeth wreiddiol a dysgu iachawdwriaeth gyffredinol yr Arminiaid erbyn 1645. Cyhuddwyd Cradoc gan y Presbyteriad Thomas 'Gangraena' Edwards o fod yn antinomydd.[68] Credai Symonds mewn

---

[66] H. N. Brailsford, *The Levellers and the English Revolution*, ed. C. Hill (Nottingham, 1976), pennod xii.
[67] *Gweithiau Morgan Llwyd* I, '1643', 5.
[68] J. I. Morgans, 'The Life and Work of William Erbery', Traethawd BLitt, Prifysgol Rhydychen, 1968.

rhyddid cydwybod,[69] a rhyddid mynegiant i bawb. Yr oedd rhai o'r Cymry hyn yn cymryd rhan mewn dadleuon megis y ddadl gyhoeddus honno rhwng Erbery a Francis Cheynell ynghylch lle'r weinidogaeth a hynny yn Eglwys Fair, Rhydychen. Does ryfedd bod Cradoc, Llwyd a Powell wedi gwneud enw iddynt eu hunain fel pregethwyr yng nghyfnod y Rhyfel Cartref. Dyma'r cyfnod, wrth gwrs, pan syrthiodd Llwyd a Powell o dan ddylanwad y syniadau milflwyddol a gylchredai yn Llundain, yn enwedig ar ôl cyhoeddi *The Personall Reign of Christ upon Earth*, 1642, gan John Archer. Hefyd drachtiodd Llwyd o ffynnon metaffiseg Jakob Böhme y cyfieithid ei weithiau i'r Saesneg o'r Almaeneg a'r Isalmaeneg yn y 1640au hwyr a'u cyhoeddi gan y llyfrwerthwr Giles Calvert, a oedd hefyd yn cyhoeddi llyfrau a phamffledau'r Crynwyr ar ôl 1653.[70] Syrthiodd Erbery i hafflau'r Ceiswyr ond ymgadwodd Cradoc, yn ddoeth iawn, rhag cael ei sugno i ferddwr syniadau'r Bemeniaid a'u tebyg; yn hytrach glynodd fel gelen wrth efengyl syml ond cadarn William Wroth.

Darlithydd Piwritanaidd yn Andover oedd Richard Symonds, yn ddiweddarach y daliai fywoliaeth Sandwich yng Nghaint. Yng Nghaint yr oedd Powell hefyd ond ymddiswyddodd o'i fywoliaeth yn Dartford ar 7 Ionawr 1646 ar ôl gweinidogaethu yno am 30 mis. Yn Llundain yr oedd Cradoc ac Erbery, a sonnir am Morgan Llwyd yn pregethu yn Rhydychen ac yn aros yn nhŷ'r llyfrwerthwr Giles Calvert.[71] Yr oedd gan Powell gysylltiad agos â Byddin y Senedd a gadawodd Dartford i gynorthwyo gyda'r gwarchae ar Rydychen.

Bu Symonds a Cradoc yn gaplaniaid yng nghatrawd Syr Thomas Fairfax tra gwasanaethai Erbery fel caplan i Skippon ac mae lle cryf i gredu bod Morgan Llwyd yntau yn gaplan yn y Fyddin a'i fod yn bresennol yn ystod Brwydr Maidstone yng Nghaint.[72] Fel hyn y daeth y Piwritaniaid Cymreig i adnabod eu cyd-biwritaniaid yn Lloegr ac i'w hadnabod yn bur dda hefyd. Bu'r cysylltiad ysbrydol ac ideolegol hwn o bosibl, yn achos pwerus dros estyn gwahoddiad i Cradoc a Powell i bregethu gerbron Tŷ'r Cyffredin. Ymhellach bu'n gyfrwng dwyn pwysau ar y llywodraeth i roi sylw neilltuol i anghenion gwleidyddol a chrefyddol Cymru.

Y weinidogaeth grwydrol
Gyda llwyddiant y Senedd yn y Rhyfel Cartref daeth yr alltudion hyn o Gymru yn ôl i'w mamwlad. Yn ei bregeth gerbron Tŷ'r Cyffredin ar 21

---

[69] L. John Van Til, *Liberty of Conscience: The History of a Puritan Idea* (The Craig Press, 1972), adran iv, 85-104.
[70] William Hobley, 'Jacob Boehme', *Y Traethodydd* (1900), 170.
[71] E. Lewis Evans, *Morgan Llwyd*, 3.
[72] Ibid., 3; cf. *Gweithiau Morgan Llwyd* III, 36-37.

Orffennaf 1646 yr oedd Cradoc o'r farn nad oedd cymaint â 13 o weinidogion cymwys i bregethu'r Efengyl ddwywaith ar y Sul yn Gymraeg yn holl 13 sir Cymru.[73] Yr oedd hyn wrth gwrs yn dipyn o ormodiaith, ond serch hynny, yr oedd prinder dybryd yn nifer y rhai a allai bregethu yn y famiaith. Ymhyfrydai Llwyd yn y posibiliadau a wynebai'r Saint yng Nghymru a chanodd yn orfoleddus:

> Mae'r blodau yn tyfu, ar ddayar yn glasu
> a'r Adar yn canu yn ddibaid.[74]

Cyfrifoldeb y Senedd oedd cyfarfod â'r angen am bregethwyr teilwng i weinidogaethu yng Nghymru er mwyn goleuo 'conglau tywyll y deyrnas'. Drwy waith Pwyllgor y Gweinidogion Llwm wedi'i leoli yn Llundain, apwyntiwyd nifer go dda o bregethwyr i fywoliaethau yng Nghymru, ac roedd Cymanfa Westminster yn archwilio cymwysterau ymgeiswyr i'r weinidogaeth. Erbyn 1650 yr oedd 123 o weinidogion yr Efengyl yng Nghymru, llawer iawn mwy nag a nodwyd gan Cradoc yn 1646.[75] O 1646 ymlaen pregethid i'r Cymry ar raddfa fwy nag a welsid ers yr Oesau Canol. Erbyn y flwyddyn honno dychwelasai Cradoc, Henry Walter a Richard Symonds i Dde Cymru i weinidogaethu yno ar gyflog o £300 y flwyddyn.[76] Yn 1648 barnai Cradoc fod y mudiad Piwritanaidd yn tyfu fel goddaith yn siroedd Mynwy a Brycheiniog.[77] Yr oeddid wedi rhoi'r cyfrifodeb am efengylu yng Ngogledd Cymru ar ysgwyddau Morgan Llwyd, Vavasor Powell ac Ambrose Mostyn. Ac y mae lle i gredu mai Llwyd oedd y pregethwr mwyaf yn eu plith, yn y Gymraeg o leiaf, a gwelir bod hyn yn esbonio i raddau helaeth iawn pam y telid £156 iddo y flwyddyn tra câi'r ddau arall gyflog blynyddol o £100 yr un. Cydnabyddiaeth oedd y cyflogau hyn am eu llwyddiant yn cenhadu ymhlith y Cymry a'r dasg anferth a'u hwynebai wrth esbonio ac amddiffyn achos y Senedd yn eu mamwlad.[78]

Yr oedd felly gynllun gan y llywodraeth i ledaenu'r ffydd Biwritanaidd yng Nghymru drwy gyfrwng pregethwyr crwydrol a deithiai'r wlad i gyhoeddi neges yr Efengyl fel y'i hesbonid gan y Piwritaniaid. Ac y mae'n gwbl bosibl, wrth gwrs, mai dylanwad Powell a Cradoc i raddau helaeth iawn a oedd i gyfrif am basio Deddf Taenu'r Efengyl yn 1650. Ymestyniad ar y cynllun i anfon pregethwyr Cymraeg eu hiaith i Gymru yn y 1640au oedd cynllun y pregethwyr

---

[73] *The Saints' Fulnesse of Joy*, 34.
[74] *Gweithiau Morgan Llwyd* I, t.83.
[75] Richards, *A History of the Puritan Movement in Wales*, 63-70.
[76] Ibid., 60-61.
[77] Walter Cradock, *Glad Tydings* (Llundain, 1648), 50.
[78] *Gweithiau Morgan Llwyd* I, 57, xxvii, pennill 5, llinell 2.

crwydrol ond dichon mai carfan fechan o'r 100 a throsodd o bregethwyr oedd yn gwbl driw i achos y Senedd ac mai bychan mewn gwirionedd oedd y Piwritaniaid hynny a oedd wedi ymroi feddwl ac ysbryd i achos y Senedd.

Deddf Taenu'r Efengyl 1650-53

Ar 22 Chwefror 1650 pasiwyd deddf yn y Senedd, sef yr 'Act for the better Propagation and Preaching of the Gospel in Wales'. Am y tair mlynedd nesaf y Ddeddf hon oedd y fframwaith y llafuriai arweinwyr y mudiad Piwritanaidd yng Nghymru o'i mewn. A dyna'r unig wir gyfle a dderbyniodd yr Annibynwyr i ffurfio eglwys sefydledig yn ôl eu dyheadau dyfnaf. Canlyniad ymdrechion y Piwritaniaid Cymreig yn eu mamwlad a thu hwnt dros achos y Senedd oedd palmantu'r ffordd i'r Ddeddf hon. Yr oedd pasio'r Ddeddf yn anochel rywsut a'r Senedd eisoes wedi anfon pregethwyr crwydrol i Gymru a gorchymyn esbonio'r achos i bobl Cymru ar ôl Brwydr Naseby. Yn wir, ar ôl penodi'r Cadfridog Thomas Harrison yn rhaglaw dros dde Cymru yn 1649, ynghyd â chydymdeimlad cynnes Tŷ'r Cyffredin ag achos neilltuol Cymru, daeth tymor y Ddeddf i rym yn ddiwrthwynebiad.

O dan amodau'r Ddeddf rhoddwyd y cyfrifoldeb am weinyddu'r eglwys yng Nghymru yng ngofal dau Bwyllgor. Y Pwyllgor cyntaf, a'r mwyaf, oedd hwnnw o 71 o Gomisiynwyr o dan arweiniad Thomas Harrison. Gallai unrhyw 5 aelod o'r corff hwn wrando ar gwynion yn erbyn clerigwyr Anglicanaidd, ac os ceid hwy yn euog o unrhyw drosedd gallai'r 5 aelod eu diswyddo o'u plwyfi. Ond gallai'r clerigwyr hynny apelio at Bwyllgor y Gweinidogion Gwarthus yn Llundain. Yn wir, yr oedd pob clerigwr a gollai ei fywoliaeth i dderbyn un rhan o bump o'r incwm yn y fywoliaeth o dan sylw er mwyn rhoi cefn i wraig a phlant y clerigwr. Ond yr oedd holl gyllid yr Eglwys Anglicanaidd yng Nghymru o dan reolaeth y Comisiynwyr a allai dalu cyflog hyd at £100 y flwyddyn i bregethwyr a apwyntid ganddynt i fywoliaethau gwag yng Nghymru. Telid hyd at £40 y flwyddyn i ysgolfeistri. Pe digwyddai i glerigwr Anglicanaidd a ddiswyddid farw yn y cyfamser rhoddid incwm o £30 y flwyddyn i gynnal ei weddw a'i blant.[79]

Saeson oedd llawer o'r Comisiynwyr ac ychydig iawn o'r bonedd brodorol a gafodd le ar y pwyllgor oherwydd iddynt fwy neu lai sefyll fel un dyn a chefnogi plaid y Brenin yn ystod y Rhyfel Cartref. Dynion 'newydd godi' oedd llawer o'r Comisiynwyr hyn ac ni welai Llwyd, er enghraifft, ddim o'i le yn hynny o beth gan fod storïau Gideon, Saul a Dafydd yn ddigon o brawf fod Duw wedi dyrchafu

---

[79] Richards, *A History of the Puritan Movement in Wales*, 99,105.

Cewri'r Cyfamod

dynion dinod i fawredd cymharol, ac fe wnâi hynny eto yn ei ddydd Ef.[80] Ond roedd llawer o'r Comisiynwyr yn Biwritaniaid digymrodedd, gwŷr a ddioddefodd lawer yn bersonol gyda dyfodiad yr Adferiad yn 1660-62, a hynny oherwydd eu sêl a'u brwdfrydedd heintus o blaid y Chwyldro Piwritanaidd.

Yr ail Bwyllgor oedd Pwyllgor y Profwyr: 25 ohonynt i gyd. Eu gwaith hwy oedd ymchwilio i gymwysterau darpar weinidogion a'u 'profi' ar gyfer y gwaith o efengylu yng Nghymru. Gallai unrhyw 5 ohonynt hwythau 'brofi' gweinidogion a'u hapwyntio i fywoliaethau yng Nghymru. Yr oedd Vavasor Powell, Walter Cradoc (a ymsefydlodd ym Mrynbuga yn 1652-53) a Morgan Llwyd yn ogystal ag Oliver Thomas, a weithredai fel curad i Rowland Nevett ym mywoliaeth Croesoswallt – gŵr y dywedir ei fod yn 'able and godly Welsh minister preaching to the Welsh there'[81] – ar y Pwyllgor hwn. Addysgwyd y rhan fwyaf o'r Profwyr i safon uchel. Yr oedd 17 ohonynt yn wŷr graddedig o Rydychen ac er bod rhai ohonynt yn wŷr cymharol ddi-addysg y mae lle i gredu eu bod wedi ymroi i'w haddysgu eu hunain: fel Llwyd, er enghraifft, ar ôl gadael ysgol ramadeg Wrecsam, a mynd yng nghwmni Walter Cradoc i Brampton Bryan, a oedd wedi derbyn hyfforddiant pellach wrth draed Stanley Gower, periglor y plwyf, gŵr a oedd wedi bod ar un cyfnod yn gaplan i'r Archesgob James Ussher o Armagh.[82] Y mae'n arwyddocaol hefyd fod Gower yn ddiweddarach yn un o aelodau Cymanfa Westminster. Annibynwyr oedd y rhan fwyaf o'r Profwyr a'u nod, yn ôl Cradoc, oedd 'to make union and communion with God their main works...to Love, Honour, Receive Saints qua Saints'.[83] Yr oedd Powell o'r farn mai eu nod fel Piwritaniaid oedd osgoi fel y pla 'corrupt or damnable opinions'.[84]

Canodd Llwyd gân orfoleddus am ei waith yn disodli gweinidogion anghymwys o'u plwyfi a gosod yn eu lle weinidogion mwy addawol. Dychwelasai William Erbery yntau i Gymru i lafurio o blaid yr achos ym Morgannwg a derbyn £225 yn gyflog am ei lafur, ond yn 1651 gwrthododd dderbyn yr un ddimai o gyflog o goffrau'r llywodraeth. Newidiodd ei ddaliadau diwinyddol hefyd, ac ar 8 Chwefror 1652 gwysiwyd ef i ymddangos gerbron Pwyllgor y Gweinidogion Llwm yn Llundain i roi cyfrif am ei heresïau. Ond serch hynny, yr oedd cysylltiad agos rhyngddo ac arweinwyr eraill y mudiad

---

[80] *Gweithiau Morgan Llwyd* I, 169.
[81] Richards, *A History of the Puritan Movement in Wales*, 100.
[82] R. Buick Knox, *James Ussher Archbishop of Armagh* (Caerdydd, 1967); cf. *Gweithiau Morgan Llwyd* II, xxiv.
[83] *The Saints' Fulnesse of Joy*, 3.
[84] Richards, *A History of the Puritan Movement in Wales*, 102.

yng Nghymru, a chyfrifid ef yn athro arno gan Llwyd.[85] Beirniadai Erbery ei gyd-grefyddwyr yn eofn a daeth i wrthwynebu unrhyw fath o addysg ffurfiol mewn Prifysgol fel rhan o arfogaeth pregethwr yr Efengyl. Bu farw yn Llundain yn 1654 ond ni wyddys man ei gladdu.[86]

O dan amodau'r Ddeddf methwyd â chael digon o wŷr cymwys i lenwi'r plwyfi a rhaid oedd i'r pregethwyr crwydrol ailafael yn eu gwaith o efengylu yng Nghymru. Collodd 278 o glerigwyr Anglicanaidd eu bywoliaethau yn ystod tymor y Ddeddf.[87] Llawer iawn haws oedd diswyddo clerigwyr na chael gweinidogion i lenwi'r plwyfi gweigion, a cheid hyd yn oed fwy o brinder gweinidogion a fedrai bregethu yn effeithiol yn Gymraeg. Felly rhaid oedd i'r pregethwyr crwydrol ysgwyddo'r rhan fwyaf o'r baich o efengylu. Gwŷr di-ddysg oedd llawer o'r pregethwyr hyn, ac ystyrid hwy'n ffanatigiaid gan eu gelynion.[88] Ofnid a drwgdybid hwy gan lawer o'r Calfiniaid Clasurol. Ond roedd Llwyd, er enghraifft,[89] yn ogystal â Cradoc a Powell yn edmygu'r pregethwyr newydd hyn. Sefydlid rhai o'r pregethwyr crwydrol mewn eglwysi a chynhelid hwy o goffrau'r Wladwriaeth ac roedd Cradoc a Llwyd o blaid hyn.[90] Ond cymysglyd oedd cymeriad y weinidogaeth yng Nghymru yn ystod tymor y Ddeddf. Yn eu plith ceid y rheini a 'brofwyd' gan y Profwyr, ac yna clerigwyr o dan yr hen drefn a ddaliodd rywsut neu'i gilydd yn eu swyddi, ynghyd wedyn â Phrofwyr a wasanaethai fel pregethwyr crwydrol. Hwn yw'r darlun swyddogol wrth gwrs. Yn answyddogol roedd pobl fel Erbery (y Ceiswyr) a'i gyfeillion yn pregethu ac yn gwrthod cymryd cynhaliaeth gan y llywodraeth. Ar wahân i'r Profwyr eu hunain yr oedd tua 60 o weinidogion crwydrol yn llafurio yn y winllan yng Nghymru. Galwyd Vavasor Powell yn 'the metropolitan of the itinerants' gan ei archelyn Alexander Griffith, beirniad halltaf y Piwritaniaid Cymreig.

Diben y Ddeddf, wrth gwrs, oedd sicrhau darpariaeth ddigonol o bregethwyr i daenu'r Efengyl yng Nghymru. Caent ddarpariaeth ddigonol o ran cynhaliaeth ariannol. Nid y bwriad o dan y Ddeddf oedd sefydlu eglwys wladol unffurf. Yr Ysbryd Glân a gynullai'r eglwysi ac nid dyn, ac felly gobeithid y byddai'r Ysbryd yn bendithio'r pregethu a phob eglwys unigol yn prifio o dan Ei ddylanwad. Ond rhaid oedd i'r

---

[85] M. Wynn Thomas, *Morgan Llwyd: Ei Gyfeillion a'i Gyfnod* (Caerdydd, 1991), 103-119.
[86] Richards, *A History of the Puritan Movement in Wales*, 90-99.
[87] Ibid., 101-102.
[88] Er enghraifft, Huw Morys o Bontymeibion (1622-1769), gw. *Cydymaith*, d.e.
[89] *Gweithiau Morgan Llwyd* I, 165.
[90] *Saints' Fulnesse of Joy*, 34; *Divine Drops Distilled*, 205; *Gweithiau Morgan Llwyd* I, xvii, 41; xxvii, 6, 57.

Wladwriaeth chwalu'r hen eglwys sefydledig Anglicanaidd a'i roi o dan awdurdod y Comisiynwyr. Hwy a benderfynai sut oedd yr arian i gael ei ddefnyddio. Nod y Ddeddf yn bennaf oedd darparu cyflenwad digonol o bregethwyr a sefydlu ysgolion yn ychwanegol at hynny. Gwelir felly bod y Ddeddf i ddarparu cyfundrefn addysg genedlaethol. Ac yn wir, sefydlwyd tua 60 o ysgolion yng Nghymru yn y trefi gan mwyaf o dan amodau'r Ddeddf i addysgu plant yn athrawiaethau'r ffydd Biwritanaidd.[91] A hwn oedd y cyfle cyntaf i weithredu polisi o addysgu cyffredinol yng Nghymru ar raddfa fawr.

Gwendidau'r Ddeddf
Er mai aflwyddiannus i raddau helaeth iawn fu amcanion y Ddeddf, nid oes amheuaeth na roes gyfle i'r werin bobl glywed pregethu'r Efengyl ar raddfa fawr. Ond roedd beirniaid y Ddeddf yn barod i restru nifer y plwyfi gweigion lle na chlywid pregethu'r Efengyl o Sul i Sul o ben un mis i'r llall. Roedd prinder pregethwyr yn ddiau yn gosod straen ar ysgwyddau'r pregethwyr crwydrol. Prin y gallent feithrin duwioldeb y Cymry ar raddfa eang. Yr oedd rhai o'r pregethwyr yn brin o sêl a gwrthwynebid hwy gan y bobl a ystyriai Biwritaniaeth fel rhywbeth Seisnig ac estron. Yn ôl Thomas Richards, milwyr oedd y Piwritaniaid hyn, gwŷr bonedd a chyfreithwyr ac roedd y bwlch rhyngddynt a'r werin bobl gyffredin yn rhy fawr i'w gau.[92] Wrth gwrs, yr oedd yn fater rhwydd i'r Comisiynwyr ddiswyddo'r hen offeiriaid Anglicanaidd am ba reswm bynnag y ceid hwy'n brin o ddawn a sêl. Ond nid mater rhwydd oedd dyfod o hyd i weinidogion i lenwi'r plwyfi gweigion. Prin oedd nifer y pregethwyr mewn gwirionedd a gwelir Piwritan fel Vavasor Powell yn ddigon parod i fabwysiadu pregethu teithiol i ledaenu'r Efengyl. Ond nid syniad chwyldroadol gan Powell oedd pregethu teithiol gan fod cynulleidfaoedd Llanfaches a Mynyddislwyn wedi anfon cenhadon ar deithiau pregethu cyn hyn. Yn wir, yr oedd Pwyllgor y Gweinidogion Llwm yn Llundain wedi anfon pregethwyr i Gymru i bregethu a theithio o fan i fan. Galwyd Powell gan Rowland Vaughan y Cafalîr o Gaer-gai yn 'archangel y seintiau newydd'.

Gwnaeth y Comisiynwyr o dan y Ddeddf ddefnydd helaeth o bregethwyr teithiol ac erbyn 1653 yr oedd cynifer â 63 ohonynt yn gweithio yng Nghymru.[93] Roedd rhai o'r Taenwyr yn agored i gyhuddiadau o gamddefnyddio arian i lenwi'u pocedi eu hunain. Cyhuddid hwy o droi personiaid o'u plwyfi yn ddiangen, ac ymhellach,

---
[91] Richards, *A History of the Puritan Movement in Wales*, pennod xv; cf. G. H. Jenkins (gol.), *Y Gymraeg yn ei Disgleirdeb* (Caerdydd, 1997), 315-338.
[92] Richards, *A History of the Puritan Movement in Wales*, 101-102
[93] Ibid., 148-150 am eu henwau.

cyhuddid hwy o gamddefnyddio'u pŵer i fygwth eu gwrthwynebwyr. Ond y mae'n annhebygol iawn fod y Taenwyr wedi pocedu'r arian a atafaelwyd gan y Comisiynwyr fel y cyhuddwyd hwy yn neisebau eu gwrthwynebwyr.[94] Ni ellid penodi pregethwr i bob plwyf ond fe geid 75 o bregethwyr a allai bregethu yn Saesneg a dim ond 60 a allai bregethu yn Gymraeg. Yn ychwanegol at hynny yr oedd 63 o bregethwyr teithiol. Nid oes amheuaeth fod yr awdurdodau wedi bod yn rhy chwyrn gyda'r diswyddo, a hynny am eu bod yn ofni y byddai'r hen glerigwyr Anglicanaidd, pe gadewid hwy yn y plwyfi, yn rhwym o fagu gwrthwynebiad a gwrthryfela yn erbyn y Piwritaniaid.

Er gwaethaf gwendidau'r Ddeddf y mae'n deg dal ei bod wedi bod yn gyfle euraid i'r Piwritaniaid i sefydlu eglwysi cynnull yng Nghymru a fu'n sail i dwf Anghydffurfiaeth Gymreig ar ôl 1660; dyna eu nod ers dyddiau John Penry. Yr oedd Deddf y Taenu i'r Pumed Breniniaethwyr yn eu plith yn arbrawf gwleidyddol a chrefyddol a oedd i balmantu'r ffordd i Ailddyfodiad Crist. Ond beirniedid hwy'n llym iawn, ac efallai'n annheg. Eithr saif y Ddeddf yn dystiolaeth ddiymwad fod y Llywodraeth wedi deffro i anghenion Cymru a'u bod wedi gweithio yn ddiflino i ddwyn iachawdwriaeth i'r Cymry.

Cyfundrefn y Profwyr 1654-59

Ym Mawrth 1653 daeth tymor Deddf y Taenu i ben ac nid adnewyddwyd mohoni. Ond parhaodd awdurdod y Comisiynwyr hyd ddyfodiad y gyfundrefn eglwysig newydd yng ngwanwyn 1654. Erbyn hynny roedd Oliver Cromwell wedi cael awenau llywodraeth i'w ddwylo, ac wedi'i ddyrchafu'n Arglwydd Amddiffynnydd yn Rhagfyr 1653. Creodd awdurdod newydd i oruchwylio'r plwyfi yng Nghymru. Y corff newydd hwn oedd Pwyllgor y Profwyr. Collodd Cymru ei hymreolaeth eglwysig a daeth Llundain unwaith eto yn ganolfan i lywodraeth eglwysig yng Nghymru. Dim ond dau Gymro oedd ar y Pwyllgor hwn o 38 aelod. Un ohonynt oedd Walter Cradoc a'r llall oedd George Griffith, Annibynnwr selog. Gorweddai'r cyfrifoldeb am efengylu yng Nghymru yn awr ar ysgwyddau'r Profwyr yn Llundain. Rhaid oedd i bob ymgeisydd ar gyfer y weinidogaeth gael tysteb gan dri gŵr a allai dystiolaethu i'w duwioldeb a'u gwybodaeth ysbrydol a'u galluoedd.[95] Cynhelid y gweinidogion o goffrau'r 'Trustees for Maintenance'. Dyma oedd y sefyllfa yng Nghymru hyd ganol 1659. Y Profwyr a osododd Morgan Llwyd yn weinidog plwyf Wrecsam yn 1656 ac Ambrose Mostyn yn Holt. Gosodwyd Stephen Hughes ym

---

[94] Ibid., pennod xvii.
[95] Thomas Richards, *Religious Developments in Wales: 1654-1662* (Llundain, 1923), 10.

Meidrym yn 1656 a Marmaduke Matthews yn Abertawe yn 1658. Gosodwyd David Jones yn Llanbadarn Fawr yn 1658.[96] Adferwyd y pregethwyr crwydrol yn 1656. Disgwylid i Morgan Llwyd bregethu yn Wrecsam a'r 'lleoedd cyfagos'.[97] Gwnaed Walter Cradoc yn ficer Llangwm yn 1655 er ei fod yn teithio nôl ac ymlaen i Lundain ar fusnes swyddogol. Mwynhâi gyfeillgarwch gwŷr blaenaf y llywodraeth megis Dr John Owen a William Bridges. A phan fu farw Cromwell yn 1658 rhoddwyd gwahoddiad i Cradoc i fynychu ei angladd.

O gymharu Deddf y Taenu â chyfundrefn y Profwyr y mae'n bosibl fod yr ail yn llawer mwy trugarog na'r cyntaf. Gwŷr cymedrol oedd y Profwyr ac ni roddid lle yn eu cyfundrefn i eithafwyr megis Vavasor Powell a Thomas Harrison. Ond methiant fu cyfundrefn y Profwyr hefyd i raddau helaeth oherwydd prinder ymgeiswyr ar gyfer y weinidogaeth, a hynny, cofier, er gwaethaf y cyflogau da a digonol a delid iddynt. Y canlyniad oedd bod gwŷr llai eu sêl a'u dawn wedi'u hanfon i Gymru i efengylu a chyda marw Cromwell anweddodd eu Piwritaniaeth dros nos fel petai.

Bu'r Chwyldro Piwritanaidd yn gyfle dihafal i bobl Cymru glywed esbonio'r gyfundrefn eglwysig Gynulleidfaol am y tro cyntaf. Dyma'r drefn eglwysig a anwesid gan y rhelyw o'r Profwyr o dan Ddeddf y Taenu a chan y gweinidogion a apwyntiwyd i fywoliaethau yng Nghymru o dan amodau'r Ddeddf.[98] Erbyn 1650 yr oedd Cynulleidfaoliaeth yn fudiad eang a oedd yn cynnwys amrywiol dueddiadau a syniadau gwleidyddol a chrefyddol. Ar y cychwyn cydweithiai eglwys Llanfaches â'r plwyfolion Anglicanaidd, ond yn awr troes y cydweithio yn wrthwynebiad pengaled. Yn 1657 roedd rhyddid i Annibynwyr gymysgu ag eglwysi anuniongred. Nid bwriad y Ddeddf oedd ffurfio eglwys sefydledig. Y bwriad yn syml oedd cyhoeddi'r Efengyl i bawb a galluogi pobl i gyfarfod mewn eglwys o dan arweiniad yr Ysbryd Glân. Ond caniateid defnyddio cyllid yr hen eglwys wladol Anglicanaidd i gynnal y gweinidogion. Yn y 1650au sefydlwyd nifer o eglwysi cynulleidfaol yng Nghymru a fu'n sail i dwf Anghydffurfiaeth yng Nghymru yn ail hanner yr ail ganrif ar bymtheg.

Cynulleidfaoedd Piwritanaidd yn y 1650au

Digon annigonol yw'r dystiolaeth parthed bywyd defosiynol yr eglwysi hyn.[99] Ni wyddys fawr ddim am eu ffurflywodraeth. Ni pherthynent i unrhyw 'enwad' fel y cyfryw. Nid 'eglwysi' mo'r cyfan o'r cynulleidfaoedd hyn. Yn wir, ymestynnai'r 'eglwys' dros nifer o

---

[96] Ibid., 20-31.
[97] Ibid., 136.
[98] Richards, *A History of the Puritan Movement in Wales,* 102, 194.
[99] *Y Cofiadur* (1923), 24.

Fflam y Ffydd

blwyfi ac fe'i cedwid ynghyd gan arweinydd a weinidogaethai i'r bobl pan ddeuent ynghyd i ddathlu'r Swper. Ceid elfen o Bresbyteriaeth yn aml yn eu nodweddu.

Mae'n ddiau bod llawer o gredinwyr wedi gwrthod addoli yn yr eglwysi plwyf, ac onid oedd Colomen Morgan Llwyd wedi cynghori'r Eryr i ffoi o'r 'palasau plwyfol'?[100] Gwrthodai Powell briodoli'r rhithyn lleiaf o gysegredigrwydd i'r adeiladau hyn. Mynnai Llwyd bod rhyddid i addoli yn rhywle y tu allan i'r adeiladau hyn.[101] Ond anodd oedd i ymlynwyr selocaf Piwritaniaeth hyd yn oed anwybyddu'n llwyr y lleoedd hyn oherwydd eu cysylltiad â thraddodiad hir o addoli. Er bod Powell yn pregethu mewn eglwysi plwyf yn ogystal ag yn yr awyr agored nid ymddengys bod Llwyd wedi cynnal yr un cyfarfod i addoli yn eglwys blwyf Wrecsam.[102]

Sefydlwyd trefn addoli'r Wladwriaeth yn y *Cyfarwyddwr* ac roedd gwrthod derbyn hwn wedi peri i lawer o glerigwyr o dan yr hen drefn golli eu bywoliaethau. Ond go brin y ceid unffurfiaeth lwyr ynghylch y drefn newydd o addoli. Roedd hyn yn arbennig wir am yr eglwysi cynnull a addolai y tu allan i furiau'r eglwysi plwyf. Pwysleisid ganddynt weddïo byrfyfyr ac addoliad teuluaidd yn ogystal â chopïo pregethau a chyfansoddi emynau ar y pryd. Cateceisid plant ar y Suliau a chynhelid amrywiaeth o gyfarfodydd gweddi.[103] Yn y cyfarfodydd hyn y ceid gwreiddiau confentiglau'r Anghydffurfwyr yn ystod yr Adferiad yn ogystal â'r ysgolion Sul a oedd mor nodweddiadol o'r Sentars Sychion. Yn y cyfnod hwn hefyd y tarddai arfer y Methodistiaid cynnar yn y ddeunawfed ganrif o weddïo yn yr awyr agored.

Er i'r Comisiynwyr gynt fethu yn eu hamcanion o osod pregethwyr ym mhob plwyf yng Nghymru, credai Powell yn y 1650au na chafwyd ers dyddiau'r Apostolion gynt gymaint o bregethwyr nerthol a digonedd o bregethau nag a geid yn yr oes bresennol. Gwgai Llwyd ar y rheini a ddarllenai eu pregethau.[104] Adweithid yn erbyn pregethu dysgedig a gwell oedd gan y pregethwyr newydd apelio at galonnau gwrandawyr.[105] Yn ôl Llwyd di-fudd hollol oedd gwrando ar wŷr dysgedig yn pregethu onid oeddynt wedi derbyn neges oddi wrth

---

[100] *Gweithiau Morgan Llwyd* I, 207.
[101] Ibid., 170.
[102] *Gweithiau Morgan Llwyd* II, li.
[103] *Gweithiau Morgan Llwyd* I, xlvii, 90; cf. Ian Green, *The Christians's ABC: Catechisms and Catechizing in England c.1530-1740* (Rhydychen, 2004).
[104] *Gweithiau Morgan Llwyd* I, 190; cf. 253.
[105] *Divine Drops Distilled*, 12.

Dduw ac awdurdod ganddo Ef i'w draddodi.[106] Credai mai arfau Lwsiffer oedd dibynnu ar reswm a doethineb bydol wrth bregethu.[107]

Nodweddid pregethu'r gwŷr newydd gan ddefnydd pwrpasol a bwriadol o gymariaethau a throsiadau, damhegion a storïau o fyd natur ac wrth gwrs, deialogau fel a nodweddai Llwyd. Cadw pethau'n syml oedd rheol euraid Walter Cradoc.[108] Cyhuddiad parod yn erbyn y pregethwyr newydd hyn gan eu gelynion oedd eu bod yn crwydro oddi wrth y testun fel gwiwerod yn sboncio o gangen i gangen.[109] Honnai Erbery fod y pregethwyr yn esgeuluso'r tlodion ond fel arall yr oedd pethau mewn gwirionedd, a Llwyd yn amlinellu ei raglen wleidyddol i'r Eryr yn *Llyfr y Tri Aderyn*.[110] Pwysleisir cydraddoldeb pawb yng ngolwg Duw. Ond y gwir plaen amdani yw bod drws cartref Powell yn y Goetre yn agored led y pen bob amser i bawb. Ac aeth y cyfan o gyflog Cradoc yn 1650-51 at gynnal tlodion duwiol yn ei sir enedigol.

Cynulleidfaoliaeth oedd y ffurflywodraeth eglwysig a ffafriai'r Piwritaniaid yng Nghymru. Gwrthodid pob clerigwr a syrthiai'n ôl ar yr olyniaeth Apostolaidd. Ac ar y cyfan gwrthodid Presbyteriaeth hithau a'i dysgeidiaeth am gyfamod rhwng Duw a'r genedl. Cynulleidfaolwyr oedd y 'Five Dissenting Brethren' (1643-4) yng Nghymanfa Westminster a dyma'r drefn eglwysig hefyd a ffefrid gan Ddatganiad Ffydd y Safói yn 1658. Dyma'r delfryd eglwysig a dducpwyd yn ôl i Gymru gan y Piwritaniaid Cymreig ar ôl eu hymdaith yn Lloegr yn y 1640au. Fel y nodwyd eisoes, Cynulleidfaolwyr oedd y rhan fwyaf o'r Profwyr a'r pregethwyr crwydrol a gynullai eu dilynwyr weithiau yn yr eglwysi plwyf neu dro arall ar wahân iddynt.

Caniateid cryn amrywiaeth yn syniadau'r eglwysi megis yn eglwysi Powell a Llwyd.[111] Addolai Bedyddwyr a Chynulleidfaolwyr gyda'i gilydd yn eglwys Llanfaches cyn iddi ffoi i Fryste pan dorrodd y Rhyfel Cartref dros y deyrnas. Cymuno yn yr Ysbryd â'i gilydd a bwysleisid ganddynt ac nid oedd gan Cradoc, er enghraifft, ddim gwrthwynebiad i fedydd drwy drochiad.

Rhaid bod gweithgarwch Cradoc a'r pregethwyr eraill wedi arwain at greu mesur helaeth o gydlynedd ymhlith eglwysi cynnull Cymru. Yn nhraddodiad John Penry yn hytrach na Thomas Cartwright y sefydlwyd yr eglwysi hyn. Yr oedd gwrthwynebiad Llwyd i dyngu llwon, gwrthwynebu Pabyddiaeth, a chondemnio 'rhagrith' yr

---

[106] *Gweithiau Morgan Llwyd* I, 152.
[107] Ibid., 190.
[108] *Divine Drops Distilled*, 23.
[109] *Gweithiau Morgan Llwyd* I, 186.
[110] Ibid., 262-65.
[111] Ibid., xlvii, 1, 89.

Albanwyr Presbyteraidd[112] yn nodweddiadol ohonynt. Yn ychwanegol mynnai Llwyd weld mesur o 'ecwmeniaeth' neu undeb eglwysig a siaradai'n eofn o blaid goddefgarwch llydan.[113] Cynnwys *Llyfr y Tri Aderyn* ddigon o dystiolaeth ynghylch yr anhrefn moesol a'r rhagrith a'r hunanoldeb a oedd wedi gafael mewn rhai eglwysi yn y 1650au. Cymherid hwy â phreiddiau Laban gan Llwyd.[114] Yr oedd secwlariaeth hefyd wedi codi'i ben ymhlith rhai o'r pregethwyr ac nid rhyfedd bod y Crynwyr cynnar wedi apelio at lawer a siomwyd gan ddatblygiad ysbryd bydol o'r fath.

Erbyn cyfnod Diffynwriaeth Cromwell o 1653 ymlaen yr oedd Cynulleidfaoliaeth yn deffro yn sir Drefaldwyn. Gellir olrhain gwreiddiau'r Gynulleidfaoliaeth hon hefyd yn sir Gaerfyrddin cyn cyfnod y Gymanwlad. Y mae'n bosibl olrhain cychwyniadau'r mudiad yno i waith y Comisiynwyr a'r Profwyr. Ceid Annibynwyr yn sir Geredigion cyn yr Adferiad. Yr oedd tair eglwys yno a oedd yn 'eglwysi cynnull' fel yn achos Llanfaches, o dan arweiniad y pregethwr Rhys Powel. Perthyn Annibynwyr sir Frycheiniog i'r 1650au er y gellir olrhain eu dechreuadau i gyfnod cynharach. Yr oeddynt yn cyfarfod yn Llanigon er 1650 ac erbyn 1657 sonnir am rhyw Jenkin Jones, fel pregethwr a arweiniai'r 'eglwys gynnull'. Fel yn achos yr eglwys yng Ngheredigion, yr oedd gan yr eglwys hon lawer o ganghennau.

Lled Bresbyteraidd yr olwg arni oedd yr eglwys a ymledodd o Lanigon ac mor bell â Merthyr Tudful ym Morgannwg a Chefnarthen yn sir Gaerfyrddin.[115] Sonia Henry Maurice am eglwys Merthyr fel un o'r rhai cyntaf i'w sefydlu ym Morgannwg. Yr eglwys arall ym Morgannwg oedd yr un yn Abertawe. Yn ôl Maurice, Ambrose Mostyn a sefydlodd yr eglwys gynnull yno. Ond y mae'n amlwg fod cylch cryf o Gynulleidfaolwyr yng ngorllewin Morgannwg bryd hwn.

Chwaraeodd tref Wrecsam ran allweddol yn nhwf Piwritaniaeth yng Nghymru. Gadawodd Cradoc ei ôl ar yr eglwys yno hyd ddyddiau gweinidogaeth Morgan Llwyd a benodwyd yn weinidog yr eglwys blwyf yn 1658. Ond cyn hyn bu'n gwasanaethu ers 9 mlynedd i eglwys gynnull bwerus y dref ('a select order of new lights'). O dan ei arweinyddiaeth ef, a hynny er 1646, datblygodd yr eglwys yn ganolfan nodedig am ei hadnoddau a'i grasusau ysbrydol.[116] Yn wir, hanfyddai 13 o'r Comisiynwyr o dan Ddeddf y Taenu o ardal Wrecsam,[117] ac yn

---

[112] Ibid., i, pennill 10, 5; vi, 16, pennill 10; xxiv pennill 12, 50.
[113] Ibid., 182.
[114] Ibid., 206.
[115] Idris Davies, *Y Cofiadur* (1946), 17-18.
[116] *Gweithiau Morgan Llwyd* I, 299.
[117] Richards, *A History of the Puritan Movement in Wales*, 93.

Cewri'r Cyfamod

y dref hon y cynhaliai pwyllgor y Gogledd ei gyfarfodydd yn bennaf.[118] Eglwys Wrecsam oedd y ganolfan fwyaf gweithgar i'r mudiad Piwritanaidd yng Nghymru yn y 1650au.

Yr oedd gan Biwritaniaeth droedle hefyd yn Llŷn ac Eifionydd lle bu Llwyd yn pregethu o bryd i'w gilydd. Cefnogwr selog i'r mudiad oedd Thomas Madryn o Blas Madrun, a hefyd Richard Edwards, Nanhoron a Griffith Jones, Castellmarch, a gyfranogai yn y llywodraeth er 1648. Piwritan brwdfrydig arall oedd Sieffre Parry, Rhydolion a oedd yn gyfaill agos a chefnogwr brwd i Vavasor Powell.[119]

Ond, Llanfaches oedd y fam eglwys yng Nghymru. Ymhlith grasusau'r 'Antioch' hon a'i changen ym Mynyddislwyn oedd y symiau mawr o arian a roes i'w phregethwyr o dan amodau Deddf y Taenu er mwyn iddynt efengylu yn y rhanbarth hon o Gymru. Y gynulleidfa hon, o dan arweiniad Cradoc a Henry Walter, a wnaeth Deddwyrain Cymru yn bencadlys Annibyniaeth yn y wlad hon yn y blynyddoedd hyd 1662.

Vavasor Powell oedd 'apostol' mawr canolbarth Cymru, yn arbennig sir Drefaldwyn, sir Faesyfed a rhan o sir Frycheiniog. Llwyddodd i gymhwyso'r drefn Gynulleidfaol at ei eglwysi yn y blynyddoedd 1650-53. Yn y cyfnod 1650-1660 yr oedd gweithgarwch mawr ar droed yn y wlad a'r dystiolaeth ddiymwad i hyn yw egni rhyfeddol yr arweinwyr Piwritanaidd a'r cynnydd mewn eglwysi a ddisodlodd yr hen drefn Anglicanaidd.

Gwelir felly fod mudiad Piwritanaidd cyndyn wedi gafael yng Nghymru yn y cyfnod *c*.1630-1660, a'i fod yn fudiad trefnus a gweithgar, ac fel y dywedodd R. Geraint Gruffydd amdano:

> Y mae'n ymddangos i mi y gellir canfod yma, yn nhridegau'r ail ganrif ar bymtheg, amlinell mudiad Piwritanaidd Cymreig. Buasai unigolion o Biwritaniaid yng Nghymru o'r blaen, fel y gwelwyd, ond yn awr canfyddwn fudiad ar waith, a hwnnw'n fudiad a chanddo raglen ar gyfer Cymru'n benodol. Gellir dadlau ei fod yn fudiad pwysig iawn. Dan arweiniad William Wroth yn y De ac Oliver Thomas, o bosibl, yn y Gogledd fe ddaliodd y prawf yn wyneb erledigaeth o du brenin ac archesgob a magu cenhedlaeth o arweinwyr a allodd i raddau fanteisio ar y cyfle i efengyleiddio Cymru a ddaeth yn sgil y Rhyfeloedd Cartref – anodd cyfrif am Ddeddf Taenu'r Efengyl ond fel

---
[118] Ibid., 99.
[119] Bob Owen, 'Rhai Agweddau ar Hanes Annibynwyr sir Gaernarfon', *Y Cofiadur* (1950), 3-18.

Fflam y Ffydd

ffrwyth cynllunio mudiad fel hwn. Drwy ei weithgarwch fe sefydlwyd tystiolaeth Biwritanaidd yng Nghymru a ddiogelwyd – i raddau mwy neu lai – gan yr eglwysi Anghydffurfiol a safodd eu tir wedi Troi Allan Mawr 1662 ac a fu'n gefndir anhepgor i lafur y Diwygwyr Methodistaidd a'u holynwyr yn y ddeunawfed ganrif a'r ganrif ddiwethaf.[120]

Yr oedd yn bendifaddau gysylltiad agos rhwng Piwritaniaid Gogledd Cymru a rhai'r De yn y cyfnod *c*.1630-60. Rhaid bod rhyw fath o gydlynedd cynnar rhwng William Wroth ac Evan Roberts a hefyd Oliver Thomas. Treuliasai o leiaf dri o ddisgyblion Wroth amser yn y gogledd a rhaid eu bod yn adnabod Oliver Thomas a drigai yn West Felton ar y Gororau. Dyna Walter Cradoc i gychwyn a ganfyddir yn gurad yn Wrecsam ar ôl iddo gael ei ddiswyddo o Gaerdydd yn 1634. Un o dröedigion Cradoc oedd Morgan Llwyd. Yn yr Amwythig cyfarfu Cradoc â Richard Symonds, un arall o ddisgyblion Wroth. Yn Llanfair Dyffryn Tefeidiad wedyn, o dan nawdd Syr Robert Harley o Brampton Bryan, cyfarfu Cradoc â Vavasor Powell a gwblhaodd ei dröedigaeth o dan arweiniad Cradoc. Aeth cylch Brampton Bryan wedyn i Lanfaches yn Nhachwedd 1639. Bu Oliver Thomas yn pregethu yn Wrecsam a derbyniodd swm o £50 o bosibl gan yr Arglwyddes Jane Barnardiston o Norfolk.

Fel y nodwyd eisoes, y mae'n bosibl fod Oliver Thomas yn adnabod Richard Symonds yn dda, un arall o ddisgyblion Wroth. Cadwai hwn ysgol yn yr Amwythig yn y 1630au, ac ymhlith ei ddisgyblion yr oedd Richard Baxter a fu'n gohebu â Llwyd yn y 1650au. Cwta 12 milltir yw West Felton o'r Amwythig. Yn 1638-39 gwyddys bod Symonds wedi bod yn Llanfair Dyffryn Tefeidiad. Yn un o gopïau'r Llyfrgell Genedlaethol o *Carwr y Cymry* 1631, y mae llofnod un 'R. Symons' sy'n dangos y gwyddai hwnnw yn iawn am Oliver Thomas, awdur y llyfr. Un o dystion i ewyllys Wroth ym Medi 1638 oedd Richard Blinman. Yr oedd hwn hefyd yn Llanfair Dyffryn Tefeidiad ar 29 Mawrth 1639 ac erbyn 1 Medi 1639 yr oedd yn Holt ynghyd ag Oliver Thomas. Yr oedd felly gysylltiad agos iawn a byw rhwng yr arweinwyr bore, rhwng Oliver Thomas, 'apostol' y gogledd a Phiwritaniaid De-ddwyrain Cymru.[121]

---

[120] R. Geraint Gruffydd, 'William Wroth a Chychwyniadau Anghydffurfiaeth yng Nghymru', yn Noel A. Gibbard (gol.), *Ysgrifau Diwinyddol* 2 (Pen-y-bont ar Ogwr, 1988), 145.
[121] Ibid., 143-44.

Cewri'r Cyfamod

Gyda marw Cromwell yn 1658 ac adfer y Frenhiniaeth yn 1660-62 machludodd dylanwad gwleidyddol y Piwritaniaid.[122] Daeth yn ddydd o brawf llym ar y Piwritaniaid. Yr oedd confentiglau ym Merthyr Tudful yn tystiolaethu i lafur Jenkin Jones, a sgismatwyr Wrecsam yn dangos gymaint fu dylanwad Ambrose Mostyn a Morgan Llwyd arnynt. Ceisiwyd cael 20 trwydded gan y Bedyddwyr ym Morgannwg, Caerfyrddin a Mynwy yn ddiweddar yn yr ail ganrif ar bymtheg. Tystiolaetha hyn i lafur mawr John Miles. Yr oedd 8 confentigl Trefaldwyn yn tystio i ddylanwad pwerus Powell a'r 26 confentigl a ddarganfuwyd ym Mynwy yn 1669 ynghyd â'r 30 trwydded a ganiatawyd yn 1672 yn tystiolaethu i barhad efengyl syml Wroth a'i ddisgyblion yn Llanfaches a Mynyddislwyn a thu hwnt. Pan drowyd allan o'u bywoliaethau y Piwritaniaid ar Ddydd Sant Bartholomeus 1662 daethant yn Anghydffurfwyr o ddifrif a barhaodd gyda'r dystiolaeth efengylaidd yng Nghymru fel yr amlinellir uchod.[123]

---

[122] R. S. Bosher, *The Making of the Restoration Settlement: The Influence of the Laudians 1649-1662* (Westminster, 1951); I. M. Green, *The Re-establishment of the Church of England 1660-1663* (Rhydychen, 1978); J. Spurr, *The Restoration Church of England 1646-1689* (New Haven, 1991).

[123] R. Tudur Jones, 'Anghydffurfwyr Cymru, 1660-1662', *Y Cofiadur* (1962); G. F. Nuttall, et al, *The Beginnings of Nonconformity* (Bedford, 1964); Peter Beale, '1662 and the Foundation of Non Conformity', *Westminster Conference Report* (Llundain, 1987).

3
Gwres y Gobaith

Yr oedd ffydd y Piwritaniaid Cymreig yn un amlochrog, ac un agwedd bwysig arni oedd y mynegiant gwleidyddol a roddid i'r argyhoeddiad crefyddol chwyldroadol hwnnw fod Ailddyfodiad Crist yn agos a'r milflwyddiant llythrennol wrth y drws yn eu hoes hwy. Plaid y Bumed Frenhiniaeth oedd y ffocws i'r gwŷr a goleddai'r gred hon, ac roedd ganddi ei chefnogwyr ymhlith y Piwritaniaid Cymreig hefyd, yn arbennig Morgan Llwyd a Vavasor Powell, fel y ceir gweld yn awr.

Yn ei astudiaeth oludog *The Welsh Saints, 1640-1660*, a gyhoeddwyd yn 1957,[1] dywed G F Nuttall beth fel hyn : 'It would in fact be hard to find among Englishmen a pair [Vavasor Powell a Morgan Llwyd] so rewarding to study in the endeavour to understand the millenarian impulse in radical Puritanism generally known as Fifth-Monarchism'.[2] Gan gofio'r awgrym teg hwn, ein bwriad yn y bennod hon yw olrhain a thrafod y syniadau apocalyptaidd radicalaidd a fu'n gymaint ysbrydoliaeth i ymdrechion gwleidyddol a diwinyddol Morgan Llwyd a Vavasor Powell ar ran y Bumed Frenhiniaeth yng Nghymru. Ond cyn dyfod yn union at hynny, da o beth fuasai edrych yn gyntaf ar wreiddiau hytrach yn niwlog Senedd Barebones, 1653.

Methiant alaethus fu'r arbrawf Piwritanaidd a adwaenir yn gyffredin fel Senedd Barebones, neu'r Senedd Enwebedig. Dadrithiwyd Oliver Cromwell yn llwyr gan y Pumed Breniniaethwyr a eisteddai yn y Senedd hon, ac yn y diwedd penderfynodd ddirwyn y Senedd i ben, cam a fyddai'n palmantu'r ffordd i'w ddyrchafiad fel Arglwydd Amddiffynnydd ar 16 Rhagfyr 1653.[3] Fel y gwyddys, etholwyd y Senedd hon drwy enwebiadau a gynigiwyd gan y Saint, a dewisiwyd yr ASau, yn bennaf, ar sail eu duwioldeb yn hytrach na'u galluoedd fel gwleidyddion. Yn fuan wedi chwalu'r Senedd Hir ar 20 Ebrill 1653, anfonodd eglwys gynnull Morgan Llwyd yn Wrecsam lythyr at Cromwell a phenaethiaid y Fyddin, sef 'A voice out of the hearts of divers that waite for the Lord Jesus in Denbighshire in North Wales'.[4] Arwyddwyd y llythyr hwn gan Llwyd a rhai o'i gyfeillion nad

---

[1] G. F. Nuttall, *The Welsh Saints, 1640-1660* (Caerdydd, 1957).
[2] Ibid., 40.
[3] Roy Sherwood, *Oliver Cromwell: King in all but Name, 1653-1658* (Stroud, 1997).
[4] *Gweithiau Morgan Llwyd*, II, gol. J. H. Davies (Bangor a Llundain, 1908), 264 ymlaen; mae cyfeiriadau gan Llwyd yn *Gweithiau Morgan Llwyd* I, gol. T. E. Ellis

oeddynt i gyd yn aelodau o'i eglwys yn Wrecsam.[5] Nid oes ddyddiad wrth y llythyr, ond awgryma Nuttall mai'r llythyr hwn a fu'n foddion i ysbrydoli Cromwell i dderbyn enwebiadau gan y Saint i'r Senedd hon. Mae Nuttall yn ymhelaethu ar yr awgrym pan ddywed, 'the precise origin which found expression in the Nominated Parliament of 1653 has never been established; and the method of appointment to that Parliament was in fact the one formulated in this letter'.[6] Awgrymodd ymhellach fod y gŵr pwerus hwnnw, sef y Cadfridog Thomas Harrison – a oedd eisoes wedi datgan ei gefnogaeth 'for a nominated assembly'[7] – o bosibl wedi ysbrydoli'r llythyr hwn a anfonwyd o sir Ddinbych. Yn wir, yr oedd Harrison – a osodwyd yn ben milwrol ar Dde Cymru yn 1649 am ychydig fisoedd cyn y cyfnod a dreuliodd fel pennaeth Comisiwn Deddf Taenu'r Efengyl yng Nghymru, 1650-53 – mewn cysylltiad clòs â Saint dylanwadol megis Walter Cradoc, Vavasor Powell a Morgan Llwyd. Ar 17 Mai 1653, gohebodd Harrison â'r Cyrnol John Jones o Faesygarnedd ynghylch gwerth yr enwebiadau ar gyfer Gogledd a De Cymru, a gwelir bod Vavasor Powell wedi chwarae rhan flaenllaw a chwbl allweddol yn y gwaith o ddewis aelodau:

> I presume Brother Powell acquainted you our thoughts as to the persons most in them, to serve on behalfe the Saints in North Wales; that we propounded three for the North, three for South Wales.[8]

Ac meddai R. Tudur Jones, ein prif awdurdod ar fywyd a gwaith Vavasor Powell, parthed dylanwad a grym gwleidyddol Powell yng Nghymru: 'Dyma benllanw dylanwad gwleidyddol Powell. Ei enwebiadau ef, i bob pwrpas, oedd y cynrychiolwyr Cymreig ac nid rhyfedd o ganlyniad darganfod fod 4 o'r 6 yn pleidio syniadau'r Bumed Frenhiniaeth.'[9]

Wrth gwrs, cyfeillion Llwyd a Powell oedd y gwŷr a enwebwyd o Gymru, ac nid rhyfedd gweld iddynt bleidleisio gydag aelodau radical y Senedd gan mai'r un syniadau milflwyddol a goleddid gan eu cynghorwyr yng Nghymru. Yn wir, ym marn Thomas Richards, 'it is with Powell that the new doctrine [am y Bumed Frenhiniaeth] finds its

---

(Bangor a Llundain, 1899), 198 a *Gweithiau Morgan Llwyd* II, 255 yn awgrymu mai ef a ysgrifennodd y llythyr.
[5] Nuttall, *The Welsh Saints, 1640-1660*, 84, nodyn 3.
[6] Ibid., 38.
[7] Ibid., 38, gw. t.84 nodyn 9.
[8] Ibid., 39, gw. t.84, nodyn 14; cf *Gweithiau Morgan Llwyd* II, lxiii nodyn.
[9] R. Tudur Jones, *Vavasor Powell* (Abertawe, 1971), 103.

Gwres y Gobaith

most fierce and persistent defender in Wales', gan ychwanegu mai yng ngweithiau Morgan Llwyd 'it receives its fullest expression'.[10] Trafod y farn hon a wneir yn yr hyn sy'n dilyn. Ond cyn troi at argyhoeddiadau crefyddol a gwleidyddol milwriaethus Powell a Llwyd ynghylch y Bumed Frenhiniaeth, gwell, efallai, fyddai dweud gair neu ddau parthed tarddiad yr athrawiaeth chwyldroadol hon a ysbrydolodd y ddau Gymro hwn gyda syniadau radical mor ddwys.

Ymhle, felly, y tarddodd y syniadau milflwyddol a oedd yn cyniwair yn Lloegr yn ddiweddar yn yr unfed ganrif ar bymtheg a hanner cyntaf yr ail ganrif ar bymtheg? Y tri gŵr dysg a wnaeth lawer i hyrwyddo'r syniadau peryglus hyn oedd Thomas Brightman (1557-1607), Johann Heinrich Alsted (1588-1638) a Joseph Meade (1586-1638).[11] Yn eu llyfrau nid yn unig taenasant syniadau a disgwyliadau milflwyddol, ond fe'u parchuswyd hwy ganddynt hefyd. Digwyddodd hyn, wrth gwrs, yn erbyn cefndir chwalfa'r Rhyfel Cartref (1642-48), cwymp y Frenhiniaeth yn 1649, a sefydlu unbennaeth Cromwell yn Rhagfyr 1653. Ar ben hynny, bu cwymp economaidd a arweiniodd at ddioddefaint cymdeithasol, a cheid cymysgwch mawr mewn ymholiad crefyddol yn dilyn yr erlid dwys ar y Piwritaniaid dan Iago I a'i fab Siarl I. Nid yw'n rhyfedd felly bod y syniad chwyldroadol am deyrnasiad y Saint ar y ddaear am fil o flynyddoedd wedi cael derbyniad gwresog gan rai cylchoedd o'r cyhoedd a oedd yn gwbl barod i weithredu yn wleidyddol, cymdeithasol a chrefyddol ar sail disgwyliadau eschatolegol anghyffredin nad oedd iddynt yr un wir sylfaen yn yr Ysgrythur. Ymysg y Piwritaniaid radicalaidd hyn y ceid Morgan Llwyd a Vavasor Powell; yn eu dwylo hwy dechreuodd milflwyddiaeth lythrennol fod yn gwbl dderbyniol a pharchus mewn rhai cylchoedd yng Nghymru.

Dangosodd Brian G. Cooper yn feistraidd iawn[12] fod y 1630au wedi bod yn dyst i ailddarganfod y milflwyddiant fel cysyniad diwinyddol esboniadol parchus. Y tri gŵr y cyfeiriwyd atynt uchod yw'r ffigurau allweddol yn y broses hon. Amsugnwyd eu syniadau gan

---

[10] Thomas Richards, *A History of the Puritan Movement in Wales* (London, 1920), 186.

[11] Brian G. Cooper, 'The Academic re-discovery of Apocalyptic Ideas in the Seventeenth Century', *Baptist Quarterly*, xviii (1960), xix (1961-62); Robert Clouse, 'Johann Heinrich Alsted and English millennialism', *Harvard Theological Review* 68 (1969); idem, 'The Apocalyptic interpretation of Thomas Brightman and Joseph Mede', *Journal of the Evangelical Society* 12 (1969).

[12] Crawford Gribben, *Puritan Millennialism: Literature and Theology, 1550-1682* (Milton Keynes, 2000); Robert Godfrey, 'Millennial Views of the Seventeenth Century and Beyond', *Westminster Conference Report* (Llundain, 1999); cf. Peter Toon (gol.), *Puritans The Millennium and the Future of Israel: Puritan Eschatology, 1600-1660* (Caer-grawnt, 1970).

y radicaliaid Piwritanaidd ac fe'u cymhwyswyd ganddynt hwy at ddibenion datblygiadau gwleidyddol a chrefyddol nes dyfod o'r syniadau hyn yn faeth i'r cyhoedd darllengar yn gyffredinol. Yr oedd y cynnydd yn y disgwyl am yr Ailddyfodiad yn y 1640au yn cyfarfod â dyheadau dyfnaf llawer, a buont hwy yn ddigon parod i ymuniaethu â'r hyn a ystyrid ganddynt fel proses hanes beiblaidd a oedd yn arwain yn anochel rywsut at ymyrraeth uniongyrchol Duw mewn materion dynol. A chredent hefyd y gallasai fod angen paratoi gogyfer â'r digwyddiad cataclysmig hwnnw drwy i wŷr gymeryd camre chwyldroadol i hyrwyddo'i ddyfodiad, a dyna a roes fod i Blaid y Bumed Frenhiniaeth. Rhaid deall arwyddocâd dwfn gwreiddiau'r meddwl apocalyptaidd ym mlynyddoedd canol yr ail ganrif ar bymtheg er mwyn medru dirnad safbwyntiau chwyldroadol radicaliaid fel Powell a Llwyd.

Y cyfnod allweddol i ddylanwad Thomas Brightman oedd y 1640au gan mai yn Llundain yn 1641 y cyhoeddwyd ei broffwydoliaethau rhyfedd; yn 1644 cyhoeddwyd ei esboniadau beiblaidd poblogaidd, yn enwedig ei weithiau ar y Datguddiad a Llyfr Daniel. Gan hynny, digon tenau oedd ei ddylanwad ar filenariaeth cyn y 1640au, ond o 1641-45 ymlaen gellir canfod ei ddylanwad yn blodeuo. Er ei fod yn Galfinydd ac yn Bresbyteriad cyndyn, cyfrannodd syniadau Brightman at gyfiawnhau, neu hyd yn oed ysgogi, radicaliaeth gymdeithasol. Ef a roes gychwyn i'r gred am deyrnasiad daearol agos y Saint ac roedd i'w broffwydoliaethau gyhoedd darllengar yn y blynyddoedd 1641-45. Bu ei eschatoleg lythrennol yn sylfaen gadarn y codwyd arni'n ddiweddarach y filflwyddiaeth gwbl lythrennol a gysylltir â'r Pumed Breniniaethwyr. Yr oedd ei gyfundrefn ddiwinyddol a chronolegol boblogaidd yn un y gellid yn hawdd ei thrawsffurfio mewn cyfnod o ansefydlogrwydd gwleidyddol a chymdeithasol i gyfarfod â dibenion radicaliaeth grefyddol. Felly, yr oedd ei ddylanwad yn y blynyddoedd hyn o bwysigrwydd mawr i iawn-ddeall y cynnydd diweddarach yn rhengoedd a syniadau y Bumed Frenhiniaeth.

Yr oedd yr Almaenwr Johann Heinrich Alsted yn ŵr dysg o statws Ewropeaidd cyn belled yr oedd a wnelo â'r broses hanesyddol o ailddarganfod y syniad am y milflwyddiant Cristnogol yn ystod y 1620au a'r 1630au. Astudid ei weithiau a'u taenu yn Lloegr gan gylch o glerigwyr, gwŷr dysg a lleygwyr addysgedig. Yn fuan daeth Joseph Meade yn ffocws i'r cylch hwn cyn belled ag yr oedd a wnelo â'r diddordeb cynyddol mewn apocalyptiaeth. Fel yn achos Brightman, ni chredai neb mai ynfytyn oedd Alsted. Erbyn dechrau'r Rhyfel Cartref yr oedd cronoleg feiblaidd Alsted yn hysbys yn Lloegr ac erbyn 1645

Gwres y Gobaith

yr oedd ei ddehongliad o'r milflwyddiant llythrennol yn syniad cyffredin iawn ar aden chwith y mudiad Piwritanaidd.

Rhoddwyd hwb sylweddol ymlaen i astudiaethau apocalyptaidd gan y mathemategydd Joseph Meade. Cyhoeddodd ei brif weithiau yn 1641-43, ond fe'u hadargraffwyd yn ddiweddarach na hynny. Yr oedd llawer o gefnogwyr a beirniaid y safbwynt milflwyddol yn barod iawn i gydnabod bod y gred hon yn un anuniongred a'i bod yn athrawiaeth beryglus a ddefnyddiwyd yn y gorffennol – ac y gellid ei defnyddio eto – i ddibenion chwyldroadol ac anarchaidd. Mae'n dra thebygol fod Meade wedi dylanwadu ar y pregethwyr radicalaidd a chefnogwyr y Pumed Breniniaethwyr yn ystod y cyfnod hwn. Yr oedd ei syniad am filflwyddiant llythrennol i'r Saint ar y ddaear wedi datblygu yn gysyniad esboniadol academaidd a chymdeithasol parchus yn ystod cyfnod y Rhyfel Cartref. Yn wir, yn y 1640au cyfrannodd ei gronoleg feiblaidd yn fawr at yr hinsawdd milflwyddol yn Lloegr.

Yr oedd y syniadau apocalyptaidd yn agwedd bwysig iawn ar y meddwl crefyddol a deallusol ym mlynyddoedd canol yr ail ganrif ar bymtheg. Ofnai'r dosbarth llywodraethol fod hyrwyddo'r syniad o baradwys milflwyddol daearol llythrennol yn peryglu parhad sylfeini cymdeithas y cyfnod hwnnw. Y mae'n ddiau ddarfod dylanwadu ar y radicaliaid a'r sectau Piwritanaidd, a Morgan Llwyd a Vavasor Powell yn eu plith, gan y cynnydd mawr yn y syniad apocalyptaidd am filflwyddiant a ailddarganfuwyd gan y gwŷr dysg uchod.

Ysbrydolid y Pumed Breniniaethwyr yn bennaf gan broffwydoliaethau Llyfr Daniel a gweledigaethau'r Datguddiad. Credent fod y pedwar bwystfil y cyfeirir atynt yn Llyfr Daniel yn cynrychioli pedair ymerodraeth, sef Asyria, Persia, Groeg a Rhufain. Cyfatebai deg corn y pedwerydd bwystfil i'r ymerawdwyr uchod. Ar sail y proffwydoliaethau credid bod cwymp y Pab, sef y Gwrthgrist, yn agos ac y deuai'r Pumed Brenin (Crist) yn fuan i sefydlu'r deyrnas baradwysaidd ddaearol. Yn ei weledigaeth gwelodd Ioan yr Angel yn disgyn i'r ddaear a thaflu'r ddraig i'r pwll diwaelod. Yna, disgynnodd Crist i deyrnasu gyda'r Saint ar y ddaear am y mil blynyddoedd. Yr unig fater dadleuol oedd union ddyddiad cwymp y pedwerydd bwystfil a dyfodiad teyrnas Crist. Ond credid, yn gyffredinol, y cwympai'r Gwrthgrist rywbryd yn ystod yr ail ganrif ar bymtheg.[13] Roedd y gred

---

[13] Christopher Hill, *Antichrist in Seventeenth Century England* (Rhydychen, 1971), 27; Peter Toon, 'Puritan Eschatology, 1600-1648', *The Evangelical Magazine* (1969), 6; G. H. Jenkins, *The Foundations of Modern Wales: Wales 1642-1780* (Caerdydd, 1987), 3-43; David Brady, 'The number of the Beast in seventeenth and eighteenth-century England', *The Evangelical Quarterly* (1973); olrheinir dylanwad y weledigaeth yn y pulpud gan John F. Wilson, *Pulpit and Parliament: Puritanism during the English Civil Wars, 1640-1648* (Princeton, 1969); Bryan W.

hon yr un mor gyffredin i Joseph Meade, John Archer yn ei *Personall Reign of Christ upon Earth,* 1642, ac Alsted yn ei *The Beloved City Or The Saints Reign on Earth a Thousand Years,* 1643, ag ydoedd i'r deallusion John Milton ac Isaac Newton.[14] Credai'r Lefelwyr John Lilburne a Richard Overton yn yr athrawiaeth. A disgwyliai'r Calfinydd John Cotton a'r Arminydd John Goodwin a hyd yn oed y Crynwr George Fox a'r Bedyddiwr John Bunyan weld cwymp y Gwrthgrist.[15]

Credai rhai o'r Piwritaniaid fod gan yr eglwys esgobol ei chyfran yn y Gwrthgrist.[16] Erbyn y 1640au ystyrid gan rai fod Cymanfa Westminster a'r Presbyteriaid a'r Cynulleidfaolwyr a eisteddai ynddi yn rhan o lywodraeth y Bwystfil,[17] honiad a wedid yn llwyr gan Thomas Edwards.[18] Yn ei bregeth *Tryall of Spirits,* 1653 (roedd copi ohoni ym meddiant Morgan Llwyd) daliai William Dell fod gwadu mewnfodaeth Crist yn nodweddiadol o'r Gwrthgrist.[19] Pan ddyrchafwyd Cromwell yn Arglwydd Amddiffynnydd ar 16 Rhagfyr 1653, edrychid arno ef a'i eglwys wladol eang gan y radicaliaid, a'r Pumed Breniniaethwyr yn eu plith, fel braich y Gwrthgrist. Yn 1657 ystyriai Christopher Feake fod eglwys Cromwell yn 'fyddin y Gwrthgrist', a bod ei lywodraeth mor wrthgristnogol ag y bu eiddo Siarl I.[20] Fel y dywedodd Christopher Hill, 'On the extremist fringes of the sects Antichrist's name seems to have degenerated into a universal term of abuse'.[21] Datblygodd William Erbery syniad mai cyflwr eneidiol mewnol oedd y Gwrthgrist ac mae'r syniad hwn yn ystod y cyfnod dan sylw yn rhedeg yn gyfochrog â'r athrawiaeth a ystyriai mai unigolyn neu gorfforaeth oedd y Gwrthgrist. Honnai'r Crynwr, James Naylor, yn 1656, 'Antichrist is in every man until he be revealed by the light of Christ within'.[22] A gwelir yr un duedd yn digwydd ym meddwl

---

Ball, *A Great Expectation:Eschatological Thought in English Protestantism to 1660* (Leiden, 1975).
[14] Christopher Hill, *Antichrist in Seventeenth Century England*, 27.
[15] Ibid., 31.
[16] G. F. Nuttall, *Visible Saints* (Rhydychen, 1957), 55-61.
[17] Christopher Hill, *Antichrist in Seventeenth Century England*, 89; William Lamont, *Godly Rule: Politics and Religion* (Llundain, 1969), 110-12, 125-26.
[18] Thomas Edwards, *Gangraena* I (1646), 32, 97; III, 24, 241-42.
[19] *Gweithiau Morgan Llwyd o Wynedd* III, gol. J. Graham Jones a Goronwy Wyn Owen (Caerdydd, 1994), 164-65; Christopher Hill, *Antichrist in Seventeenth Century England*, 98.
[20] Thurloe, *State Papers,* I, 621; V, 756-59.
[21] Christopher Hill, *Antichrist in Seventeenth Century England*, 132.
[22] Ibid., 143; cf. Leo Damrosch, *The Sorrows of the Quaker Jesus: James Nayler and the Puritan Crackdown on the Free Spirit* (Llundain, 1996); T. L. Underwood,

Morgan Llwyd yntau a ymestynnai o awyrgylch angerddol ei gerddi apocalyptaidd cynnar hyd at dawelyddiaeth ei fyfyrdod aeddfetaf ar y dyn mewnol yn ei weithiau diweddarach. Tenau iawn oedd y pared rhwng milflwyddiaeth pobl fel Powell a chyfriniaeth gwŷr fel Erbery a Llwyd. Siglai Llwyd ar un cyfnod rhwng rhaglen wleidyddol ymosodol Powell a'r gwaith a oedd ganddo yn ei lyfrau o bortreadu cyfnewidiadau eneidiol ym myd yr Ysbryd a'r ddwy duedd yn defnyddio'r un iaith Ysgrythurol a'r un delweddau apocalyptaidd i'w darlunio.

Ymhlith y gweithiau tebygol a gawsai ddylanwad posibl ar Llwyd oedd llyfr John Archer, sef *The Personall Reign of Christ upon Earth,* 1642. Cyrhaeddodd y llyfr hwn ei chweched argraffiad yn 1661, arwydd o'i boblogrwydd yn y cyfnod hwnnw. Cafodd y llyfr ddylanwad trydanol ar y Fyddin Seneddol a chyhoeddai'r llyfr syniadau a disgwyliadau chwyldroadol y Pumed Breniniaethwyr. Cychwynnodd Llwyd mor gynnar â 1647 i hyrwyddo'r syniadau milflwyddol, a chanodd

> lord, shall we live to meet the Judge?
>   yea, sons come all ashore:
> A child that lives shall wonders see
>   A saint that sleeps much more.[23]

Argyhoeddwyd ef yn llwyr mor anochel oedd yr ailddyfodiad:

> Our Lord is coming once again
>   as all the scriptures say.[24]

Credai fod y rhyfeddodau a fyddai'n rhagflaenu ymddangosiad Crist yn y broses o gael eu cyflawni:

> Mae'r holl ysgrythurau, ar taerion weddiau
>   ar Dayargrynfaâu yn dangos
> fod cwymp y penaethiaid, a Gwae yr offeiriaid
>   a Haf y ffyddloniaid yn agos.[25]

Credai Llwyd o lwyrfryd calon fod yr Ysgrythur yn profi yn ddigamsyniol y byddai daeargrynfeydd, rhyfeloedd, newyn a

---

'Early Quaker Eschatology', in Peter Toon (gol.), *Puritans The Millennium and the Future of Israel,* 91-103.
[23] *Gweithiau Morgan Llwyd o Wynedd* I, 22.
[24] Ibid., 9.
[25] Ibid., 83, cf. 197.

rhyfeddodau wybrennol (Mth. 24:29-30; Mc. 13:24-25; Lc. 21:25-26 e.e.) oll yn rhagymadrodd i'r Ailddyfodiad. Pregethid yr Efengyl i'r cenhedloedd yn y cyfamser (Mth. 26:14; Mc. 13:10; Rhuf. 11:25) a byddai'r etholedigion o blith yr Iddewon yn derbyn Crist yn Waredwr (2 Cor. 3:15; Rhuf. 11:25). Roedd tröedigaeth Israel yn anochel cyn Ailddyfodiad Crist a byddid yn gweld y newid hwn.[26] Yna byddai'r Gwrthgrist yn codi'i ben (2 Thes. 2:3-4) a chredid yn nyddiau Llwyd fod y babaeth yn ymgorfforiad ohono, a hefyd yr arlliw Pabyddol a oedd o hyd yn ffurfwasanaeth yr eglwys Anglicanaidd yn Lloegr.[27] Ond cwestiynid yr uniaethu hwn, gyda llaw, yn ystod yr adwaith Arminaidd o dan yr Archesgob William Laud.

Yr oedd Llwyd yn credu felly fod cwymp y Babaeth,[28] concro'r Twrc yn y Dwyrain,[29] a llwyddiant y rhyfel yn erbyn yr Iseldiroedd yn y 1650au cynnar[30] yn angenrheidiol cyn dyfod Crist. Yn gyfrodedd yn y cerddi cynnar gwelir athrawiaeth heintus y Pumed Breniniaethwyr am lywodraeth lythrennol Crist ar y ddaear am y mil blynyddoedd. A gwelir felly fod Thomas Richards yn llygad ei le pan ddywed fod gweithiau cynnar Llwyd yn mynegi'r syniad hwn yng Nghymru.

Yn 1648 eddyf Llwyd ei fod yn filenarydd llythrennol eithafol, ac meddai: 'Call mee a chiliast if you please'.[31] Ac yr oedd cwestiwn dyrys (ac anysgrythurol) milflwyddiant daearol llythrennol yn bwnc pwysig yn oes Llwyd. Petaem yn cymharu safbwynt milenaraidd gynnar Llwyd â dysgeidiaeth Cyffes Ffydd Westminster[32] gwelwn ei fod yn heretig ac yn gwadu athrawiaeth Awstinaidd, Galfinaidd a Diwygiedig y Gymanfa honno. Y ddysgeidiaeth eglwysig arferol o Gyngor Effesus yn 430 OC ymlaen hyd ddyddiau Llwyd a wedyn oedd yr un a ystyriai'r mileniwm y cyfeirir ato yn Datguddiad 20 mewn termau alegorïaidd, a'i fod yn sefyll am nifer y blynyddoedd rhwng Dyrchafiad Crist a'r Pentecost ar y naill law a'i Ailddyfodiad i farnu'r byd ar y llall. Dehonglai Awstin Fawr, Esgob Hippo, yr atgyfodiad cyntaf (Dat. 20:4) yn nhermau ailenedigaeth y sant tra ystyriai'r atgyfodiad y cyfeirir ato yn Datguddiad 20:12-13 fel cyfeiriad at atgyfodiad corfforol y Saint ar y Dydd Olaf. Erlidid yr Eglwys Gristnogol wedyn yn y cyfnod 'alegorïaidd' hwn a byddai'r

---

[26] Ibid., 83, 44, 9, 54; cf. Iain Murray, *The Puritan Hope: A Study in the Revival and Interpretation of Prophecy* (Caeredin, 1975), 43-45.
[27] Christopher Hill, *Antichrist in Seventeenth Century England*, 62-77.
[28] *Gweithiau Morgan Llwyd* I, 22-23, 60.
[29] Ibid., 83.
[30] Ibid., 77.
[31] Ibid., 27.
[32] A. A. Hodge, *The Westminster Confession of Faith* (Caeredin, 1978).

rhyfeddodau a'r arwyddion y cyfeirir atynt yn adrannau'r Ysgrythur sy'n trafod apocalyptiaeth yn cael eu cyflawni cyn ymddangos o Grist.

Ond er gwaethaf y dehongli Awstinaidd cymedrol hwn cafwyd rhai mudiadau milenaraidd yn yr Oesau Canol,[33] ac nid oedd milenariaeth Brotestannaidd yr unfed ganrif ar bymtheg ac wedyn mor wahanol â hynny i'r syniad am filflwyddiant llythrennol.[34] Rhwng 1550 a 1650 digwyddodd cynnydd arwyddocaol ym mhoblogrwydd y syniad am filflwyddiant llythrennol ar y ddaear o ganlyniad i'r gronoleg a weithiwyd allan gan y gwŷr dysg a hyrwyddai'r proffwydoliaethau am Ddydd Barn ac Ailddyfodiad Crist y soniwyd amdanynt eisoes. Bu twf apocalyptiaeth yn rhengoedd y deallusion yn gyfrifol am arwain at y gred mewn milflwyddiant llythrennol yn hytrach na'i ddehongli mewn termau alegorïaidd. Yn wir, yr oedd Calfiniaid digon sobr fel John Cotton a Dr John Owen yn credu mewn milflwyddiant llythrennol a dysgent ei bod eisoes wedi digwydd rhwng 300oc a 1300oc. Ar ôl hyn rhyddhawyd Satan a haerid y byddai Crist yn ymddangos yn fuan yn eu cyfnod hwy. Piwritaniaid 'ôl-filflwyddol' oedd y rhain[35] a dylanwadwyd arnynt gan gronoleg y Presbyteriad Thomas Brightman.[36] Yn hytrach na disgwyl am deyrnas wtopaidd lythrennol disgwylient am Ailddyfodiad Crist a Dydd Barn. Yr oedd mwyafrif y Cynulleidfaolwyr megis John Owen a John Cotton yn 'ôl-filflwyddwyr', er i rai Presbyteriaid aros yn ffyddlon i'r safbwynt Awstinaidd alegorïaidd.

Er gwaethaf hyn yr oedd rhai Cynulleidfaolwyr yn 'gyn-filflwyddwyr'; rhai ceidwadol fel Thomas Goodwin a Jeremiah Burroughs a eisteddai yng Nghymanfa Westminster. Credai'r gwŷr hyn mewn milflwyddiant daearol llythrennol ond ymgroesent rhag syniad y Pumed Breniniaethwyr am baradwys ddaearol theocrataidd. Mileniwm ysbrydol oedd ganddynt o dan sylw a deuai Crist yn ôl i'w sefydlu. Dyddient gychwyn yr heddwch ysbrydol i 1696 a dilyn cronoleg John Henry Alsted a wnaent yn hyn o beth.[37] Ond lleiafrif yn oes Llwyd oedd y milflwyddwyr ceidwadol hyn.[38]

Cyd-destun cynharaf Llwyd oedd milflwyddiaeth eithafol llythrennol y 'chiliasts', ond y mae'n gwbl bosibl ei fod wedi cefnu ar

---

[33] N. Cohn, *The Pursuit of the Millennium* (Paladin, 1978).
[34] Ernest Lee Tuveson, *Millennium and Utopia* (Llundain, 1964), 20.
[35] Toon, 'Puritan Eschatology, 1600-1648', 50-51.
[36] Ibid., 51-54; Murray, *The Puritan Hope*, 45-46.
[37] Toon, 'Puritan Eschatology, 1600-1648', 57-58.
[38] Murray, *The Puritan Hope*, 27 nodyn 21; gw. hefyd pennod III; Dywed Peter Toon (nodyn 37 uchod) fod y mwyafrif o'r gweinidogion Cynulleidfaol a rhai Presbyteriaid yn filenariaid ceidwadol h.y. cyn-filflwyddwyr yn y cyfnod 1648-1660.

y gred hon yn y 1650au, yn enwedig ar ôl cwymp Senedd Barebones, a symud mwy at safbwynt ysbrydol y 'cyn-filflwyddwyr', a chan hynny osgoi eithafiaeth credoau'r Pumed Breniniaethwyr.[39] Credai'r 'chiliasts'[40] fod yr Ailddyfodiad yn agos ac y deuai Crist yn ôl i'r ddaear i deyrnasu gyda'r Saint am fil o flynyddoedd. Ysbrydolid y milflwyddwyr eithafol hyn yn bennaf gan lyfr John Archer.[41] Cloddfa cronoleg yr awdur hwn oedd Daniel 2:31-46. Credai yr ymddangosai Crist ddwywaith. Y tro cyntaf deuai'n ôl i sefydlu'r milflwyddiant ac i atgyfodi'r merthyron fel y gallent gyd-reoli ag Ef a thrwy hynny gyflawni Datguddiad 20:4. Arweinwyr y Saint yn ystod y mileniwm – y Bumed Frenhiniaeth – fyddai'r Apostolion a'r Cristnogion Iddewig, a'r Cenhedloedd ris yn is wedi'u graddio yn ôl eu cyflawniadau ysbrydol. Jerwsalem fyddai prifddinas y deyrnas. Ar waelod y gymdeithas Theocrataidd ceid yr anghredinwyr, caethweision i'r Saint. Yna, ar ddiwedd yr heddwch daearol deuai Crist yr eildro, yn rhyfedd iawn, i ddinistrio Gog a Magog ac i atgyfodi cyrff yr anghyfiawn yn barod ar gyfer Dydd y Farn. Credai Archer y byddai'r Babaeth yn cwympo yn 1660 ac yn y cyfamser byddai'r etholedigion ymhlith yr Iddewon yn derbyn Crist yn Feseia o 1650 ymlaen. Erbyn 1700 cyflawnid yr holl ryfeddodau a'r arwyddion y ceid sôn amdanynt yn yr Ysgrythur a sefydlid yr wtopia ddaearol yn y flwyddyn honno.

Cyfeiriodd Llwyd ato'i hun fel 'chiliast'[42] yn 1648 ac yn y flwyddyn honno cynigiodd dri dyddiad posibl i'r Ailddyfodiad, sef 1650, 1656 neu 1665:

[16] fifty goes big, or [16] fifty six
or [16] sixty five some say
But within man's age, hope to see
all old things flung away.[43]

Y mae'n amlwg ei fod yn ymwybodol o'r gronoleg am y mileniwm a baratowyd ar ei gyfer gan y gwŷr dysg. Yr oedd y gwŷr hyn wedi dehongli rhannau apocalyptaidd yr Ysgrythur yn llythrennol, ac wedi dyfod i gasgliadau rhyfeddol a di-sail parthed milflwyddiant daearol. Un ffordd o ddyddio cychwyn y milflwyddiant oedd cymryd dyddiad gwrthgiliad yr Ymerawdr Julian yn 360oc neu 366oc ac ychwanegu

---

[39] Tai Liu, *Discord in Zion: The Puritan Divines and the Puritan Revolution 1640-1660* (The Hague, 1973).
[40] B. S. Capp, *The Fifth Monarchy Men* (Llundain, 1972); P. G. Rogers, *The Fifth Monarchy Men* (Llundain, 1966).
[41] E. Lewis Evans, *Morgan Llwyd* (Lerpwl, 1931), pennod 3.
[42] *Gweithiau Morgan Llwyd* I, 27.
[43] Ibid., 22.

ato 1290 o ddyddiau Daniel 12:1. Yn gyson wedyn â'r egwyddor ddehongli llythrennol, edrychid arnynt fel blynyddoedd ac o'u hychwanegu at 360 neu 366 digwyddai'r Ailddyfodiad fe haerid naill ai yn 1650 neu 1656:

(i) 360+1290 = 1650; 366+1290 =1656

Ffordd arall o ddyddio cychwyn y milflwyddiant oedd cymryd dyddiad teyrnasiad agoriadol y Pab yn 400oc neu 406oc yn fan cychwyn ac ychwanegu 1260 o ddyddiau Datguddiad 11:3 ato a'u dehongli yn nhermau blynyddoedd. O'u hychwanegu wedyn at 400 neu 406 ceid fod y milflwyddiant yn cychwyn yn 1660 neu 1666:

(ii) 400+1260=1660; 406+ 1260=1666

Er i Llwyd gynnig 1650, 1656 a 1665 yn y gerdd uchod fel dyddiad dechrau'r deyrnas wtopaidd ddaearol awgrymodd hefyd fod y flwyddyn 1660 yn gyforiog o arwyddocâd:[44]

> Cyn mil chwechant a chwe deg [1660]
> mae blwyddyn deg yn dyfod.[45]

Ond roedd dull arall eto o ddyddio dyfodiad y milflwyddiant a hynny trwy ddyblu rhif y Bwystfil yn Datguddiad 13:8, sef 666. Y tro hwn cychwynnid â Chyngor Nicaea yn 325oc ac ychwanegu ato 666 ddwywaith, a cheir fod yr Ailddyfodiad yn digwydd yn 1657:

(iii) 666+666+325 = 1657

Yn 1653 roedd Llwyd wedi rhybuddio ei wrandawyr i ymbaratoi yn fewnol ar gyfer y milflwyddiant, sef 'cyn dyfod 666'.[46] Ac roedd yn hoff iawn o chwarae â'r rhif 6 mewn cerdd fel hyn :

> In number sixe if Christ comes not
> hee will kisse mee before
> Hee will untye my natures knott
> I shall bee seene no more.[47]

---

[44] Ibid., 60.
[45] Ibid., 87.
[46] Ibid., 153.
[47] Ibid., 80.

Credid yn gyffredinol yn y cyfnod hwn y byddai Crist yn ymddangos i farnu'r byd, ac i atgyfodi'r meirw yn ôl y Presbyteriaid, neu i sefydlu milflwyddiant ysbrydol yn ôl y milflwyddwyr ceidwadol ('cynfilflwyddwyr') neu i sefydlu ei wtopia theocrataidd llythrennol yn ôl y Pumed Breniniaethwyr. Ond yn y cyfamser rhaid oedd cyflawni'r arwyddion a'r rhyfeddodau. Un o'r arwyddion ystyrlon hyn, fe gredid, oedd dienyddio Siarl I yn 1649 a chanodd Llwyd gân orfoleddus i ddathlu'r achlysur.[48] Credai fod y Saint yn dioddef er mwyn Crist o dan law Satan a'r Gwrthgrist, ond yr oedd dydd dyfodiad yr Arglwydd yn agosáu ac fe ddeuai i'w gwaredu o'u dioddefiadau.[49] Yn wir, fe ddeuai o fewn 'oes gŵr',[50] i sefydlu'r milflwyddiant heddychlon ac ar ôl hyn digwyddai'r Farn Fawr, canys

> Christs coming, and end of the world
> are two distinctive times.[51]

Yna, fe ymleddir yr Armagedon yn y dyddiau olaf.[52]

Yr oedd Llwyd yn filenarydd eithafol, neu'n 'chiliast' yn y 1640au a'r 1650au cynnar felly, ond fe gefnodd rhag y safbwynt hwn fel y ceir gweld[53] a dychwelyd at safbwynt mwy ysbrydol ceidwadwyr fel Thomas Goodwin. Ond ni chollodd erioed mo'i argyhoeddiad y ceid Ailddyfodiad Crist yn y dyfodol.

Prif nodweddion diwethafiaeth y Piwritaniaid cyn belled ag y mae a wnelo â'r Ailddyfodiad a'r milflwyddiant yw:

i   digwyddai cwymp y Pab a'r Twrc yn fuan
ii   troid yr etholedigion yn Israel at Grist
iii   ceid cyfnod byr o heddwch ysbrydol, neu filflwyddiant
iv   yna deuai'r Ailddyfodiad, atgyfodiad y meirw a'r Farn Fawr

Roedd disgwyliadau milflwyddol Llwyd yn rhychwantu Lloegr yn ogystal â Chymru, ac wrth gwrs ei fro enedigol; ysgrifennodd yn 1652:

---

[48] Ibid., 22.
[49] Ibid., 4-5.
[50] Ibid., 22, 121, 198, 194.
[51] Ibid., 30.
[52] Ibid., 26, 198, 196-67.
[53] Goronwy Wyn Owen, 'Morgan Llwyd a Milenariaeth', *Y Traethodydd* (1990).

You would enquire of present affairs in all Europe, then heare ye newes out of *Revd* 11.13 15. 17.18...(as seen in Jesus the King) the good beginning in Merion will quietly conquer.[54]

Byddai'r Ailddyfodiad yn dwyn bendith ar bobl Cymru ac yng ngoleuni esboniadaeth lythrennol Llwyd o'r Ysgrythur yr oedd cyfeiriadau'r Testament Newydd yn ystod Swper yr Arglwydd at yr Ailddyfodiad yn cynnwys arwyddocâd cryf i'r Saint:

By breaking bread we show thy death
and mind thy wondrous love
Until He come to us again
in glory from above.[55]

Credai Llwyd fod dienyddio Siarl I yn 1649 yn cyhoeddi bod yr oes newydd ar fin gwawrio; yn wir

The signs in heaven before that day
have well nigh all beene seene
with signes on earth, the figtree sprouts
his branch and leaves are greene.[56]

Gyda chwymp y frenhiniaeth credai Llwyd fod y ffordd yn glir i Frenhiniaeth Crist. Yn wleidyddol, Ef oedd piau'r goron a byddai llywodraeth gwlad yn gorwedd ar ei ysgwyddau 'and civill right are his', fel yr ysgrifennodd mewn un man.[57] Ateb Llwyd i'r bardd brenhinol Wiliam Phylib o Ardudwy, sef 'Fe ddaw'r brenin eto',[58] oedd 'Brenin mawr a ddaw o'r dwyrain'.[59] Mewn man arall ysgrifennodd bod ei 'pen loathes to touch dead Charles'.[60] Felly gwelir yn eglur fod marw Siarl I yn gyforiog o arwyddocâd crefyddol yn ogystal â gwleidyddol i'r Pumed Breniniaethwyr.

Er gwaethaf disgwyliadau eiddgar Llwyd a'i gyd-Bumed Breniniaethwyr am Ailddyfodiad Crist, yr oedd yr Oes Newydd rhywsut eisoes wedi cychwyn; 'Mae'r dydd yn gwawrio', ebe'r Golomen yn *Llyfr y Tri Aderyn*.[61] Mewn llythyr yn 1652 ysgrifennodd

---

[54] *Gweithiau Morgan Llwyd* II, 252.
[55] *Gweithiau Morgan Llwyd* I, 9.
[56] Ibid., 22.
[57] Ibid., 77.
[58] A. H. Dodd, *Studies in Stuart Wales* (Caerdydd, 1952), 216.
[59] *Gweithiau Morgan Llwyd* I, 60.
[60] Ibid., 55.
[61] Ibid., 216.

Llwyd: 'You mention the oven and ye sunne yt Malachy speaks of, That day is dawned'.[62] Flwyddyn yn ddiweddarach ysgrifennodd at William Erbery fod y dydd yn 'dawning more and more',[63] 'Mae hyn yn agos, ie wrth y drws', meddai yn 1653,[64] wrth gyfeirio at Eseia 11:9. Drachefn proffwydai ei agosrwydd yn *Llyfr y Tri Aderyn*, 'Mae fo yn agos',[65] meddai, a dyma'r cytgan cyson yn ei gerddi hefyd:

> Brenin mawr a ddaw or dwyrain
> Mae fo'n agos: cenwch blygain[66]

> a Haf y ffyddloniaid yn agos.[67]

Mae delwedd yr 'haf' yn nodweddiadol o Llwyd.[68] Delwedd yw hon sy'n nodi agosrwydd y deyrnas newydd, ond hefyd mae'n arwyddocáu ei bresenoldeb yng nghalonnau'r Saint. Hwyrach fod y ddelwedd yn adleisio Jeremeia 8:20. Ond y mae'n ffaith drawiadol fod delweddaeth o fyd natur yn digwydd yn aml yn ysgrifeniadau Llwyd. Pwnc ei gerdd hir '1648'[69] yw cyhoeddi agosrwydd yr Ailddyfodiad fel haf y Saint. Fel y dywed mewn Groeg a Lladin 'ἐγγυς το θερος / *Proximat aestas 1648*' wrth ochr y gerdd, sef 'Mae'r haf yn agos'.[70]

Dyma ddyfyniad o'r gerdd:

> O glorious Lamb, thou King of saincts
> Wee praise and worship thee
> that gave us leave to live in spring
> Lord lett us summer see.

> Hosanna crye King Jesus comes, He-ele
>   summer with him bring
> A meeke just strong fair lasting Prince
>   Again Hosanna sing

> O Wales, poore Rachel, thou shalt beare
> sad Hannah now rejoyce

---

[62] Ibid., 121.
[63] *Gweithiau Morgan Llwyd* II, 260.
[64] *Gweithaiu Morgan Llwyd* I, 121.
[65] Ibid., 198; cf. 194.
[66] Ibid., 60.
[67] Ibid., 83.
[68] Nuttall, *The Welsh Saints*, 48
[69] *Gweithiau Morgan Llwyd* I, 18-30.
[70] E. Lewis Evans, *Morgan Llwyd*, 179.

> The last is first, the summer comes
> to heare the turtles voice.[71]

O edrych fel hyn ar argyhoeddiadau milflwyddol Llwyd rhwng c.1647 a 1653 gwelir ei fod yn cadarnhau barn deg Thomas Richards. Ar sail y farn honno gellir gweld mai Llwyd a Powell oedd sylfaenwyr y weledigaeth apocalyptaidd Gymreig yn y cyfnod hwn. Ond ar ôl methiant Senedd Barebones yn Rhagfyr 1653 cefnodd Llwyd ar yr apocalyptiaeth haearnaidd hon a oedd wedi nodweddu ei weithiau hyd y flwyddyn honno, ac yn y diwedd y mae'n ymbellhau oddi wrth genhadaeth wleidyddol filwriaethus Vavasor Powell ar ran rhaglen y Pumed Breniniaethwyr yn y 1650au. Yn wir, o 1653 ymlaen gellir gweld datblygiad newydd yng ngweithiau Llwyd sy'n dangos ei fod yn awr yn pwysleisio yr hyn a elwir yn 'eschatoleg gyflawnedig'; sef mewnfodaeth presennol y Crist yn y galon ddynol. Ond er cydnabod hyn ni chollodd olwg erioed ar wrthrychedd yr Ailddyfodiad terfynol i farnu'r byd. Gobeithir trafod y datblygiad hwn yn llawn yn ein pennod ar dduwioldeb y Saint yng Nghymru. Ond yn awr rhaid troi at obeithion y Pumed Breniniaethwyr yng Nghymru ar ôl cwymp Senedd Barebones drwy ganolbwyntio ein sylw ar ymgyrch wleidyddol chwyrn Vavasor Powell yng Nghymru a thu hwnt. Y llwybr gwleidyddol, gwrthrychol hwn a ddewisodd Powell ei droedio fel rhan o'i genhadaeth dros yr achos milflwyddol yn ei famwlad.

Ymgyrch Vavasor Powell yng Nghymru

Wrth i Biwritaniaeth ennill tir yng Nghymru gan gyrraedd penllanw gyda phasio Deddf Taenu'r Efengyl, 1650-53, ymddengys bod cefndeuddwr pwysig wedi digwydd ym marn arweinwyr fel Morgan Llwyd a Vavasor Powell. Yr oeddynt ill dau yn pregethu am agosrwydd Ailddyfodiad Crist i'w heglwysi. Ond roedd Powell yn llawer mwy gwleidyddol ei osgo na Morgan Llwyd. O dipyn i beth dewisodd Llwyd gerdded llwybr mwy ysbrydol na Powell. Nid oedd Llwyd yn wrthwynebus, wrth gwrs, i wleidyddiaeth y milflwyddiant ac roedd wedi troi at y llyfr print i balmantu'r ffordd ar gyfer dyfodiad y milflwyddiant yn 1653. Ond credai yng nghanol y 1650au fod yr Ysbryd eisoes wedi'i dywallt i galonnau dynion. Yr oedd Walter Cradoc wedi cadw o hyd braich i genhadaeth apocalyptaidd Powell a'r Morgan Llwyd cynnar a bu ef, heb amheuaeth, yn llais cymedrol ar adeg o ansefydlogrwydd gwleidyddol, crefyddol a chymdeithasol.

Daeth y Senedd Enwebedig neu Senedd Barebones ynghyd yng Ngorffennaf 1653. Edrychid ar y Senedd hon gan Cromwell a

---

[71] *Gweithiau Morgan Llwyd* I, 23, 19, 28.

phenaethiaid y Fyddin fel rhyw fath o fesur dros dro hyd y gellid ethol Senedd barhaol. Cafwyd trefn eglwysig wladol newydd a diddymwyd y degymau a nawdd eglwysig. Ond roedd yr ASau mwy ceidwadol yn amheus iawn o'r mesurau radical hyn ac ofnent rhag i Harrison ddisodli Cromwell. Eithr ar ôl ychydig fisoedd penderfynodd y Fyddin alw am Senedd newydd a pherswadiwyd Cromwell i dderbyn teitl Arglwydd Amddiffynnydd ar 16 Rhagfyr 1653. Ar 12 Rhagfyr 1653, yr oedd yr ASau cymedrol, a hynny yn absenoldeb y Pumed Breniniaethwyr, wedi pasio cynnig i ddychwelyd awenau llywodraeth gwlad i ddwylo Cromwell. Derbyniodd Cromwell y teitl ac fe'i gorseddwyd ar 19 Rhagfyr 1653 fel Arglwydd Amddiffynnydd. Fel y gellid disgwyl siomwyd y Pumed Breniniaethwyr gan y datblygiad hwn gan ei fod yn ddyrnod chwerw iawn i'w hachos. Hwynt-hwy a alwodd am Senedd Enwebedig yn y lle cyntaf. Roedd eu credoau wedi tanio Powell a Llwyd a pheri iddynt genhadu dros eu hachos a chredent ill dau fod Hanes yn symud at uchafbwynt newydd.[72] Edrychent ar y Senedd Enwebedig a Deddf y Taenu fel rhan o'r paratoi cyffredinol cyn dyfodiad Crist ar y cymylau. A bu parodrwydd Cromwell i ganiatáu'r arbrofi gwleidyddol crefyddol hwn yn arwydd iddynt o'i gydymdeimlad ag achos y milflwyddwyr. Felly nid rhyfedd iddynt gyhuddo Cromwell o fradychu'r achos pan ddiddymwyd Senedd Barebones. Pregethodd Powell yn erbyn Cromwell yn Blackfriars, Llundain ar 19 Rhagfyr 1653. Yr eglwys hon oedd pencadlys y Pumed Breniniaethwyr, ac yno y cychwynnodd y gwrthwynebiad chwyrn yn erbyn Cromwell. Dyma'r lle

> where three or four Anabaptisticall ministers preach constantly with great bitternesse against the present government, but especially against his excellency, calling him the man of sin, the old dragon, and many other scripture ill names.[73]

Beirniadwyd Cromwell yn hallt iawn gan Christopher Feake a Powell ar y Sul, 18 Rhagfyr. Ond fe'u harestiwyd ar y dydd Mawrth canlynol. Roedd Cromwell yn dra ymwybodol fod cynllwyn ar droed i'w ddisodli gan Harrison ac arestiwyd yntau hefyd. Carcharwyd arweinwyr y Pumed Breniniaethwyr a dilëwyd y cyfarfodydd yn Blackfriars. Rhyddhawyd Feake a Powell o'r carchar ar 24 Rhagfyr 1653.[74] Pregethodd Powell wedyn ar ddydd Nadolig ar Actau 5:25 a thrachefn ar 9 Ionawr 1654. Canmolid ef am ei wrthwynebiad i

---

[72] E. Lewis Evans, *Morgan Llwyd*, pennod 3.
[73] Thurloe, *State Papers*, I, 621.
[74] *CSPD, 1653/4*, 309.

Gwres y Gobaith

Cromwell gan neb llai na William Erbery.[75] Mae'n amlwg fod Powell a'i ddilynwyr wedi anwesu argyhoeddiadau gwleidyddol eithafol y Pumed Breniniaethwyr a hynny o ganlyniad i'w cred ddiysgog yn agosrwydd Ailddyfodiad Crist. Nid oes angen pwysleisio yn hyn o beth pa mor bwerus oedd apocalyptiaeth yng nghrefydd y cyfnod ac roedd Cromwell a'i lywodraeth yn ddrwgdybus iawn o syniadau'r milflwyddwyr.

Un posibilrwydd oedd y perygl y gallai plaid y Brenin elwa ar unrhyw anwadalwch cymdeithasol ymhlith y Piwritaniaid a manteisio ar y cyfle i hyrwyddo achos y Brenin. Ond roedd y Cynulleidfaolwyr a'r Bedyddwyr eisoes wedi condemnio'r Pumed Breniniaethwyr ac wedi datgan eu parodrwydd i ddilyn Cromwell a'i lywodraeth newydd. Pan sefydlwyd eglwys y wladwriaeth yn 1654 nid yw'n rhyfedd na chynhwyswyd enw Powell ymhlith rhestr y Profwyr yng Nghymru.[76] Ond roedd rhai o'i gefnogwyr gynt yno, rhai megis Jenkin James, Ambrose Mostyn a Morgan Llwyd.

Pan ffodd Powell i Gymru yn 1653/54 dywedir bod Llwyd wedi ymuno ag ef i bregethu yn erbyn yr Arglwydd Amddiffynnydd a pherswadio'u cynulleidfaoedd y disodlid Cromwell yn fuan gan Harrison.[77] Yn Chwefror 1654 cychwynnodd Powell ar ei genhadaeth i geisio darbwyllo'r eglwysi yng Nghymru mai bradwr i'r achos Piwritanaidd oedd Cromwell. Cychwynnodd ar ei genadwri yn Llanddewibrefi a symud i Faesyfed a chlywodd holl ganolbarth Cymru ei huodledd yn erbyn y llywodraeth.[78] Sonnir bod Llwyd wedi dyfod i lawr o Wrecsam i gefnogi ei hen gyfaill. Penderfynodd Powell mai'r ffordd ymlaen oedd trwy gasglu deiseb yn cwyno yn erbyn y datblygiadau gwleidyddol newydd. Ond pan atebodd y llywodraeth drwy wysio arweinwyr y ddeiseb i'r llys yn Nhrefaldwyn yn Ebrill 1654 penderfynodd hyrwyddwyr y ddeiseb i barhau â'u cenhadaeth mewn dulliau mwy anuniongyrchol. O fewn blwyddyn yr oedd Powell yn ymffrostio bod 20,000 o enwau yng Nghymru a oedd yn barod i gefnogi achos y milflwyddiant.[79] Ond tra amheus yn wir yw'r posibilrwydd fod Powell wrthi'n paratoi gwrthryfel milwrol ac yntau'n brysur gyda'i ddeiseb yng ngwanwyn 1654.

Yn gynnar yn 1655 gwysiwyd Powell i ymddangos gerbron Cyngor y Wladwriaeth,[80] canys yr oedd gwrthryfel Brenhinol yn ardal

---

[75] *The Testimony of William Erbery*, 186-87.
[76] Firth a Raid, *Acts and Ordinances* II, 981, 983-34, 855-58.
[77] Thurloe, *State Papers* II, 129.
[78] Am ymgyrch Powell yng Nghymru gw. R Tudur Jones, *Vavasor Powell*, 111-114
[79] *Gweithiau Morgan Llwyd* II, lxx.
[80] Ibid.

Salisbury yn Chwefror a Mawrth yn golygu bod angen i'r llywodraeth gadw llygad barcud ar bobl fel y Pumed Breniniaethwyr. Carcharwyd Christopher Feake yng Nghastell Windsor tra anfonwyd Harrison i Gastell Carisbrooke. Yn Wrecsam yr oedd Morgan Llwyd yn gweithio o blaid llywodraeth Cromwell a rhybuddiodd yr Amddiffynnydd fod perygl brad ymhlith Brenhinwyr sir Ddinbych.[81] Pan dorrodd gwrthryfel Brenhinol yng ngogledd Cymru dangosodd Powell ei wir liwiau ac arwain milwyr o Wrecsam a sir Drefaldwyn i frwydro yn erbyn y Brenhinwyr.[82] Pan ddiflannodd y perygl dychwelodd Powell at y dasg o gasglu enwau ar y ddeiseb.[83] Pan gyflwynwyd y ddeiseb i Cromwell yn Nhachwedd 1655 dim ond 322 o enwau oedd arni. Dyma oedd 'A Word for God, or a testimony on truth's behalf, from severall churches, and diverse hundreds of Christians in Wales (and some few adjacent) against wickednesse in high places, with a letter to the Lord General Cromwell'.[84] Cylchredwyd copïau o'r ddeiseb hon yn Llundain, Iwerddon a thrwy deyrnas Lloegr.[85] Darllenwyd hi gan Cornett Day i gynulleidfa o 500 yn eglwys Allhallows the Great ac fe'i carcharwyd am ei hyfdra yn hyn o beth.[86] Roedd y ddeiseb wedi peri dryswch mawr i John Thurloe a sylwodd ar ei hanghysonderau.[87]

Y Gair Tros Dduw
Mae'r ddeiseb yn gresynu yn ddirfawr oherwydd yr ymraniadau dwfn a ddigwyddasai ymhlith y brodyr o ganlyniad i'r newidiadau yn y llywodraeth. Cyfeiriad yw hwn wrth gwrs at ddyrchafu Cromwell yn Arglwydd Amddiffynnydd, cam a oedd wedi peri i'w gefnogwyr blaenorol amau ei ddidwylledd a'i fwriadau ar gyfer y dyfodol. Roedd yn amlwg i'r petisiynwyr fod Cromwell wedi bradychu'r achos a'i gyfrifoldeb mwyach oedd ystyried yn ddwys mewn ysbryd Cristnogol gynnwys y ddeiseb a anfonwyd ato. Wedi'r cyfan bydd gofyn iddo ymddangos ryw ddydd a ddêl gerbron brawdle Duw ac ni ellid yn y fan honno ymesgusodi am gabledd yn erbyn yr Ysbryd. Eisoes roedd gwrthwynebiad Cromwell wedi peri dryswch a gofid nid bychan i'r Saint a oedd wedi bod yn gweddïo drosto. Yn wir, yr oedd ei weithredoedd gwleidyddol a chrefyddol wedi chwarae i ddwylo dynion

---

[81] Thurloe, *State Papers* III, 208-209; cf 207.
[82] R. Tudur Jones, *Vavasor Powell*, 117.
[83] Ibid., pennod 6 am y ddeiseb; cf. *Gweithiau Morgan Llwyd* III, 57-68 am y testun.
[84] Thurloe, *State Papers* IV, 228
[85] Ibid., IV, 373, 505.
[86] C. H. Firth (gol.), *Clark Papers* III, 62, '22 Rhagfyr 1655'.
[87] Thurloe, *State Papers* IV, 373, 505.

drwg ac nid oedd yn rhyfedd fod Duw yn atal ei fendith ar yr achos Piwritanaidd.

Prif ddiben y ddeiseb oedd dangos na allai pobl Dduw aros yn dawel a dyna'r rheswm dros gasglu'r petisiwn. Yr oedd y Piwritaniaid eisoes wedi talu pris mawr yn ystod y Rhyfel Cartref pan ddisodlwyd y Llyfr Gweddi Gyffredin a seremonïau ofergoelus. Ond yn awr oherwydd y newid gwleidyddol anwybyddid y deddfau yn erbyn y Frenhiniaeth a gelwid hyd yn oed y Saint a oedd wedi glynu fel gelod wrth eu hegwyddorion yn ffyliaid ac yn ynfytwyr. Newidiodd argyhoeddiadau'r swyddogion a'r milwyr gynt ym Myddin y Senedd ac roedd hyn yn profi pa mor ddwfn mewn gwirionedd oedd y brad i'r achos. Yr oedd yn hen bryd i rywun godi'i lais yn wyneb camwri o'r fath.

Yn dilyn rhestrir cwynion y gwleidyddion. Yr oedd gwaith mawr Duw wedi'i anwybyddu ac egwyddorion yr hen lywodraeth wedi'u hanwybyddu. Drwy newid y llywodraeth yr oedd Cromwell wedi tanseilio'r Weriniaeth ac wedi troi min y cledd at yr union bobl yr oedd eu cydwybod yn ei erlyn. Yn wir, yr oedd llawer o bobl Dduw wedi'u carcharu hyd yn oed a gorfu i'r Saint gario beichiau trymion trethi heb eu cydsyniad. Ymhellach yr oedd llygredd gwleidyddol wedi codi'i ben drwy lwgrwobrwyo a hyrwyddo achosion milwyr, gweision a pherthnasau. Oherwydd yr ymgyrch yn Sbaen collwyd llawer o fywydau yn ddiangen ac ni fu erioed yn fwriad gan y Saint ddyrchafu un person ar draul eraill a dinistrio grym anghyfiawn dim ond i osod un arall yn ei le.

Diwedda'r ddeiseb drwy gyhoeddi nad oedd y llywodraeth newydd yn derbyn bendith Duw ac na fyddai'r petisiynwyr yn cydweithio â hi o gwbl.[88] Ymosodiad llym ar Cromwell a'i lywodraeth oedd y ddeiseb wrth gwrs a chyhuddir hwy o fradychu popeth yr ymladdodd y Piwritaniaid drosto. O ganlyniad ailsefydlwyd y Frenhiniaeth er gwaethaf ei dileu gyda marw Siarl I. Eithr methiant alaethus fu'r ddeiseb. Er gwaethaf siom Powell yr oedd digon o bobl yn ei eglwysi (Bedyddwyr a Chynulleidfaolwyr) yng nghanolbarth Cymru wedi aros yn ffyddlon i Cromwell. Ac yr oedd sêl wleidyddol Llwyd wedi treio gryn dipyn cyn cyhoeddi'r ddeiseb. Cwynai na roes ganiatâd i neb dorri'i enw wrthi.[89]

Nid mater o leisio anfodlonrwydd mawr â rhai agweddau ar y llywodraeth oedd hyn nac awgrymu ffyrdd i'w gwella eithr trawai i'r byw a galwyd Cromwell yn deyrnfradwr. Ymhellach cyhuddwyd ei

---

[88] *Gweithiau Morgan Llwyd* III, 62, 57-68; cf. Thurloe, IV, 380-4.
[89] J. W. Jones ac E Lewis Evans (goln), *Coffa Morgan Llwyd* (Llandysul, 1952), 92.

swyddogion o weithio er hunan-les ac o gamddefnyddio eu hawdurdod i bluo'u nythod eu hunain. Gan hynny ni fyddai'r deisebwyr yn ufuddhau i lywodraeth Cromwell ac, wrth gwrs, ni allai Cromwell anwybyddu cam o'r fath. Yr oedd yr awdurdodau ar wyliadwriaeth gyson parthed y petisiynwyr a sonnir yn y ddeiseb fod y gwaith o gasglu enwau wedi'i lesteirio oherwydd pan oeddent wrthi'n cynnal cyfarfod gweddi ym mhlwyf Betws Cedewain yn sir Drefaldwyn yr oedd gwŷr meirch y llywodraeth wedi'u goresgyn a chymryd Powell yn garcharor i Gaerwrangon lle y cwestiynwyd ef yn ofalus gan y Cadfridog James Berry.

Ond go brin fod y 322 o enwau a nodwyd wrth y ddeiseb wedi bygwth y Ddiffynwriaeth â gwrthryfel yng Nghymru.[90] Cyfeillion i Powell a Llwyd oedd y deisebwyr a deuai cefnogwyr Llwyd o ardal Wrecsam yn bennaf tra hanfyddai cefnogwyr Powell o'r canolbarth. Ar ôl diddymu'r Senedd Hir yng ngwanwyn 1653 anfonodd Saint sir Ddinbych betisiwn at Cromwell yn gofyn iddo roi awenau'r llywodraeth i senedd a enwebid gan yr eglwysi fel y gwyddys, cam a ddymunid gan y Pumed Breniniaethwyr.[91] Ond yr hyn sy'n arwyddocaol yn hyn o beth yw bod 30 o'r enwau a arwyddodd y *Gair Tros Dduw* hefyd wedi'u hychwanegu at y 'llythyr' hwn o sir Ddinbych. Ac yn ôl J. H. Davies hanfyddai tuag un rhan o chwech o'r deisebwyr o ardal Wrecsam.[92] Yr oedd y mwyafrif ohonynt yn Gynulleidfaolwyr a'r gweddill yn Fedyddwyr.

Nodiadau Llwyd ar 'A Word for God'
Ysgrifennodd y Cadfridog James Berry lythyr at yr ysgrifennydd Thurloe ar 5 Ionawr 1656 ac yno dywedodd parthed y *Gair Tros Dduw* 'Some of the names were not subscribed by the persons but presumptuously put to by their Freindes...'[93] Ni roes Llwyd ganiatâd i'w enw gael ei ychwanegu ati.[94] Yn wir, yr oedd Llwyd wedi ysgrifennu sylwadau treiddgar ar y ddeiseb a'i anfon at 'to my deare V.P. [Vavasor Powell]'.[95] Mae'r sylwadau yn brawf diymwad fod Llwyd a Powell wedi mynd ar hyd llwybrau gwahanol parthed y Bumed Frenhiniaeth erbyn 1656. Thema beirniadaeth Llwyd ar betisiŵn Powell yw'r cwestiwn 'Is this the Doore out of Babilon? or do

---

[90] Dadansoddir y rhestr enwau gan Thomas Richards yn *Religious Developments in Wales, 1654-1662* (Llundain, 1923), 218-228, a chan A. H. Dodd yn ei 'A Remonstrance from Wales, 1655', yn *BBCS* (1958), 279-292.
[91] *Gweithiau Morgan Llwyd* II, 264-66.
[92] Ibid., 323.
[93] Thurloe, *State Papers*, IV, 393-94.
[94] *Gweithiau Morgan Llwyd* III, 53.
[95] Ibid., 66-68.

yee not knocke at a wrong gate?'[96] Oni olygai'r teitl 'Captain Generall of all the forces' enw'r Arglwydd Amddiffynnydd?[97] Pam defnyddio'r teitl cyntaf am Cromwell yn y *Gair Tros Dduw* a pham yr holl wrthwynebiad efo defnyddio'r ail deitl? Awgryma Llwyd nad oedd dim yn annisgwyl mewn newid llywodraeth wrth greu'r Ddiffynwriaeth.[98] Yr oedd Llwyd wedi proffwydo hyn yn *Llyfr y Tri Aderyn*, 1653.[99] Nid yr un dyn yw Cromwell yn awr â'r hyn ydoedd yn y gorffennol a pham fod y deisebwyr yn cwyno cymaint eu bod yn siarad yn enw Duw? A oedd y gwirionedd wedi'i gau yn eu 'siambr' hwy? Ond ar yr ochr gadarnhaol gwelir Llwyd yn pledio ar iddynt ddangos ysbryd mwy Cristnogol tuag at y Ddiffynwriaeth heb anwybyddu gwendidau Cromwell fel pechadur:

> wee in Wales & in the 3 nations ought to ioyne in all good things with the man called protector during his true naturall life, & lovingly reproove him of his evill, for if hee sin being now a publique man It may bring mischiefe on us all.[100]

Gwell fyddai i'r deisebwyr 'wait within ourselves on God'.[101] Dengys y cymal arwyddocaol hwn fod Llwyd fwy neu lai wedi mewnoli'r ailddyfodiad ac wedi dechrau hyrwyddo eschatoleg gyflawnedig. Gellir gweld hyn yn datblygu yn *Llyfr y Tri Aderyn*. Ar y llaw arall ni olygai hyn na fyddai cynlluniau Duw ym mywyd gwleidyddol a chrefyddol Lloegr a Chymru ddim yn aeddfedu. I'r gwrthwyneb gwêl Llwyd wir ddatguddiad gan Dduw yn y bywyd ysbrydol:

> There will be no persecution for conscience but a punishment for abusing the light of him who is God by nature. One church shall bee on earth & one shepheard shall fasten the nailes & use the goades & speake foorth the words of wisdome that shall bee masters of all hearts in all Christian assemblyes.[102]

Yr oedd y gwir 'ryfel' wrthi'n cael ei ymladd yng nghalonnau dynion. Yn wir, ceid rhyfel hyd yn oed yn enaid Cromwell ac roedd hyn yn wir am y deisebwyr hwythau. Gwell fyddai iddynt droi i mewn at eu

---

[96] Ibid., 66.
[97] Ibid.
[98] *Gweithiau Morgan Llwyd* I, 168.
[99] Ibid, 167-68.
[100] *Gweithiau Morgan Llwyd* III, 67.
[101] Ibid.
[102] Ibid., 68.

calonnau eu hunain ac o wneud hynny fe welent Dduw yn adeiladu ei deml yn y galon yn hytrach nag mewn eglwys wladol:

> The building goes on in every one of the elect, where the sound of those hammers (outsmarting one another) *is not heard*, where the peace of God keepeth. The sainets walke not in the streets of Babilon where the devills coaches trundle in the spirit of this created world.[103]

I un a oedd wedi bod mor sicr o agosrwydd teyrnas Crist yr oedd Llwyd erbyn hyn wedi blino ar y Pumed Breniniaethwyr a'u hymdrechion gwleidyddol i balmantu'r ffordd i ailddyfodiad Crist, a chyhoeddodd ei fod yn awr o blaid Diffynwriaeth Cromwell:

> The Protector strengthened to do his worke, with a measure of honesty towards God & good. The narrowspirited brethren tired with tending for their ungrounded expectations.[104]

Yr oedd Llwyd wedi myfyrio am yn hir ynghylch y syniadau a barodd iddo droi ei gefn ar ymgyrch wleidyddol Powell yn erbyn y Ddiffynwriaeth. Yn wir, gellir ei weld ar droed cyn gynhared â *Llyfr y Tri Aderyn*, 1653, ac hefyd yn ei *An Honest Discourse*, 1655, sydd i'w ddarllen a'i ddeall mae'n debyg yng ngoleuni *Gair Tros Dduw* a sylwadau Llwyd ar y ddeiseb.[105]

Yn ei bamffledyn *An Honest Discourse*, 1655, teflir ffrwd o oleuni ar nodiadau Llwyd ar y ddeiseb a sylweddolir fel yr oedd Llwyd yn medru deall safbwynt Powell yn ogystal ag eiddo Cromwell a hynny yn union fel y medrai gydymdeimlo â Chalfin yn ogystal â Böhme. Wrth ddefnyddio deialog yn ei weithiau gallai Llwyd leisio'r tensiwn yn ei feddwl ef ei hun. A gwelai'n deg bod gwir angen llywodraeth sad ar y Saint ac felly y mae'n annog ei ddarllenwyr i dderbyn llywodraeth newydd Cromwell am ei bod yn sicrhau trefn a heddwch:

> But the Scripture gives a serious charge to all Christians, to pray for all in Authority, that so they (the Saincts) might live quietly under them in all godliness and honesty; yea, and this is good before God our Saviour, though not good in the eyes of some now. But give thanks for all, yea, thanks for all men in authority,

---

[103] Ibid.
[104] Ibid.
[105] *Gweithiau Morgan Llwyd* II, 211-227.

and submit to every ordinance of man, for the Lord's sake, and
pursue peace, that ye may pass undisturbed into the eternal
perfection.[106]

Ond fe deimlai'r Pumed Breniniaethwyr fod llywodraeth Cromwell yn
rhy fydol ac yn gyfle i ddynion fynegi hunanoldeb a syrthio i fai
glythineb a gormes:

> The people speak much of the Protector's secret aim and drift to
> make himself and Family great; (which he utterly denies:) of his
> unwarrantable undertaking the Place; of his intolerable expenses,
> and large thongs of the poor peoples hides; of his lofty
> haughtiness, and usurped authority over from parliament;[107]

Ond ni chytunai Llwyd â barn fel hyn a chais ddenu ei ddarllenwyr i
fod yn hirben a chynghori'r Arglwydd Amddiffynnydd i geisio
gweithio dros heddwch a hunanymwadiad personol:

> And thou O.P. look every minute to thy steps, examine thy
> hearts aims and purposes better, redeem thy time with self-denial
> to the good of all, retreat as far as thou oughtest, as was
> mentioned; let the ear of the heart be open to rebukes, and pull
> down the pride that is about to over-top thee, else the Ivie will
> overthrow thee both root and branch.[108]

Nid oedd meddwl Powell mor gymhleth ag eiddo Llwyd; gallai Powell
ymroi i un safbwynt a glynu wrtho waeth beth a wynebai. Ond
gwrandawai Llwyd ar amryw opiniynau heb fedru ymroi yn llwyr i'r
un ohonynt. Hiraethai am heddwch ac undeb a diwedd ar gweryla yng
ngwersyll y Piwritaniaid. Ar y llaw arall yr oedd Powell yn byw ar
ymladd â gwahanol safbwyntiau gwleidyddol. Ei ddiléit mwyaf oedd
ceisio gwrthdrawiad tra anelai Llwyd am undeb heddychlon. Nid yw'n
rhyfedd o gwbl gweld y bwlch a'u gwahanai ill dau yn ymledu yn
1655/56. Ymunodd Llwyd â'r ymgyrch yn erbyn Cromwell yn 1654
ond yn y misoedd dilynol amheuai'r priodoldeb o fynd â'r brotest i'r
graddau a ddymunai Powell. Nid oedd angen esbonio'r datblygiad hwn
ym meddwl Llwyd yn nhermau athrawiaeth neu athroniaeth benodol.
Yr hyn a glywir gan Llwyd yw gŵr o dueddiadau cyfriniol yn pwyso a
mesur digwyddiadau mewn dull gwrthrychol a hynny o'i gymharu â

---

[106] Ibid., 215-16
[107] Ibid., 227.
[108] Ibid., 238.

Cewri'r Cyfamod

Powell a oedd gyda llawer iawn mwy o brofiad na Llwyd ym maes gwleidyddiaeth. Ym mhersonoliaeth Powell digon tenau oedd y pared bob amser rhwng dyfalbarhad a phengaledwch. Yr oedd ei ffyddlondeb diwyro i'w ddisgwyliadau milflwyddol wedi'i ddallu i'r ffaith fod y brotest yn erbyn Cromwell i raddau helaeth yn gwbl aneffeithiol. Gallai Llwyd weld hyn ac roedd ei oddefgarwch dwfn ef ei hun yn cynorthwyo ei weledigaeth ar gyfer y dyfodol. Felly nid oedd ar Llwyd eisiau ymwneud â'r brotest a gostrelid yn neiseb Powell. Cynghorodd Powell a'r deisebwyr eraill i dderbyn Cromwell fel Arglwydd Amddiffynnydd. Gallai Llwyd gytuno â sylw'r Cyrnol John Jones mai doeth oedd derbyn cyflog am ei waith i'r llywodraeth. Ac yn wir, ar 16 Hydref 1656 derbyniodd Llwyd gyflog o £100 oddi wrth yr Amddiffynnydd a'i Gyngor a'i 'brofi' fel pregethwr yn Wrecsam gan Bwyllgor y Profwyr ar 24 Rhagfyr 1656.[109] Siomwyd Powell gan y camre hyn a gwrthododd Llwyd lythyru ag ef. Ond ar 23 Ebrill 1659, anfonodd Powell lythyr cymod at ei hen gyfaill.[110] Y mae hwn yn llythyr pwysig tu hwnt. Mae'n gresynu oherwydd 'heresi' Llwyd o safbwynt uniongrededd Galfinaidd ei ddydd, ac yn dangos siom Powell oherwydd i Llwyd dderbyn cyflog gan y wladwriaeth a'i awydd i weld adnewyddu'r hen gyfeillgarwch rhyngddynt. Gobeithiai y deuai'r ddau ohonynt 'allan o Fabilon',[111] sylw eironig iawn os cofiwn am eiriau Llwyd yn ei sylwadau ar ddeiseb Powell.[112]

Yr *Humble Representation and Address,* 1656

Ond roedd gan Cromwell ei gefnogwyr ffyddlon yng Nghymru. Yr oedd mwyafrif arwyddocaol o'r Piwritaniaid Cymreig yn amheus o fwriadau'r Pumed Breniniaethwyr. Teimlent na ellid cael gwared â Cromwell er gwaethaf ei wendidau ac ni allai Walter Cradoc, prif ladmerydd achos Cromwell yng Nghymru, adael Powell gyda'i anghydffurfiaeth heb feirniadaeth. Felly aeth Cradoc ati i gasglu deiseb a oedd yn cefnogi Cromwell. Dyma'r 'Humble Representation and Address to His Highness of several Churches and Christians in South Wales, and Monmouth-shire', 1656.[113] Canmolir Cromwell am ei ddaioni a'i garedigrwydd. Ynddi cydnabyddir bod y Ddiffynwriaeth yn ymddangos yn ddiffygiol i 'saint gwan' ond gobeithient ar yr un gwynt na fyddai Cromwell yn methu cyflawni gwaith Duw ac na fyddai'r drygioni a nodweddai'r *Gair Tros Dduw* yn drech na'i ysbryd ysblennydd.

---

[109] Thomas Richards, *Religious Developments in Wales,* 235.
[110] *Gweithiau Morgan Llwyd* III, 146-47.
[111] Ibid., 146.
[112] Ibid., 66, 'Is this the Doore out of Babilon?'.
[113] Ibid., 69-77.

Arwyddwyd y petisiwn hwn gan 762 o bobl a hanfyddai o siroedd Morgannwg, Mynwy a Chaerfyrddin ac yn eu plith yr oedd enwau hoelion wyth y Piwritaniaid yng Nghymru. Y mwyaf amlwg ohonynt yw Walter Cradoc. Ef oedd cefnogwr mwyaf selog trefn grefyddol newydd Cromwell yng Nghymru. Gwŷr eraill oedd Henry Walter, Richard Charnock, Marmaduke Matthews, Daniel Higgs a Peregrine Phillips. Yn wir, yr oedd y gefnogaeth i Gromwell o dan arweiniad Cradoc yn llawer cryfach na'r gwrthwynebiad iddo o dan arweiniad Powell. Credai rhai o gefnogwyr Powell yn Wrecsam y dylid cosbi Cradoc am fradychu'r achos.[114] Yn ei nodiadau ar y ddeiseb y mae Powell a'i gefnogwyr yn beirniadu Cradoc am ddefnyddio'r teitl 'Highness' am Gromwell, teitl y teimlent a berthynai i Dduw yn unig. Yn wir, oni bu Cradoc ei hun yn feirniadol o'r Ddiffynwriaeth ar y cychwyn? Oni phregethodd yn Llundain gan ddweud na allai swyddog yn y Fyddin ddim ysgrifennu adref at ei wraig heb sôn am 'achos Duw' a beth a ddigwyddodd i'w bregethau yn erbyn y plwyfi a'r degymau? Ond ni wyddys os anfonwyd y llythyr hwn at Gradoc ai peidio.

Atebion eraill i'r *Gair Tros Dduw*
Cyhoeddwyd dau atebiad effeithlon arall i'r *Gair Tros Dduw*. Y cyntaf yw pamffled meddylgar a elwir yn *Animadversions upon a letter and paper*. Dywed yr awdur nad oedd reswm dros gyhuddo Cromwell o falchder, moeth ac anfoesoldeb heb yn gyntaf brawf o wirionedd hyn o gyhuddiad. Mae'r awdur hefyd yn amau tybed a oedd hawl gan y Pumed Breniniaethwyr i gymryd awenau llywodraeth yn eu dwylo'u hunain. Yn wir, er mwyn llywodraethu'n gyfrifol roedd yn rhaid wrth ddoethineb, galluoedd gwleidyddol a chariad at gyfiawnder a thybia'r awdur fod y grasusau hyn yn ddiffygiol mewn rhai cylchoedd a oedd yn wrthwynebus i'r Amddiffynnydd.

Yr ail ateb oedd *Plain Dealing*, Llundain, 1656, gan Samuel Richardson. Yr oedd y gŵr hwn o blaid llywodraeth Cromwell am ei bod yn caniatáu rhyddid mewn materion sifil a chrefyddol. Yn wir, yr oedd y llywodraeth o blaid teyrnas Crist gan ei bod yn caniatáu i grefydd ffynnu o fewn y wladwriaeth. Ni ddylai'r petisiynwyr gredu eu bod yn gwybod yn well na'r gwŷr a gefnogai'r Ddiffynwriaeth. Nid oedd bwynt o gwbl mewn rhefru yn erbyn Cromwell oherwydd nid yw'r Beibl yn dweud pa ffurf ar lywodraeth sydd gywiraf. Ac felly y mae'n apelio ar i Powell a'i gefnogwyr ufuddhau i lywodraeth Cromwell.

Nid oedd y *Gair Tros Dduw* yn cynrychioli mudiad grymus yng Nghymru yn erbyn Cromwell. Os haerodd Llwyd nad oedd wedi

---
[114] Ibid., 78-79.

Cewri'r Cyfamod

ychwanegu ei enw at y ddeiseb oni allai hynny fod yn wir hefyd yn achos pobl eraill? Nid Llwyd oedd yr unig un i amau Ailddyfodiad corfforol Crist a'i ddehongli mewn termau ysbrydol. Fel y dywed A. H. Dodd, y mae'n arwyddocaol fod llawer o gefnogwyr Powell yng Nghymru wedi ymuno â'r Crynwyr yn fuan wedyn. Yn wir, yr oedd cynulleidfaoedd Powell yn barod i ymateb fel hyn i sêl genhadol y Crynwyr.[115] Ac y mae'n ddiau fod eraill o'i gefnogwyr wedi plygu i lywodraeth Cromwell.[116]

Gwrthryfel Thomas Venner

Erbyn 1657 yr oedd Thomas Venner a'i gefnogwyr wrthi'n cynllwynio i danseilio llywodraeth Cromwell. Yr oedd ganddynt gefnogaeth yn Llundain ond aflwyddiannus fu'r cais i ennill mwyafrif o'r Pumed Breniniaethwyr i'w hachos. Printiodd Venner faniffesto yn cyhoeddi bod y Deyrnas yn perthyn i Grist yn unig ac y dylai Sanhedrin o'r Saint gael ei atgyfodi i gymryd awenau llywodraeth i'w ddwylo yn ôl deddf yr Ysgrythur. Ond ffiasgo mawr fu'r brotest a charcharwyd Venner yn Nhŵr Llundain tan 1659.

Condemniodd Cromwell y Pumed Breniniaethwyr yn Nhŷ'r Cyffredin yn 1657. Ond bu farw yn 1658 a daeth ei fab Richard yn Amddiffynnydd yn ei le. Ond digon gwan oedd sylfaen ei lywodraeth a gorfodwyd ef i ddileu'r Senedd ar 22 Awst 1659 gan y Cadfridog Fleetwood; fe allai Harrison hefyd fod â'i fys yn y brywes bryd hwn.[117] Yn awr roedd y Pumed Breniniaethwyr yn gryfach nag y buont er tro byd a chynghorwyd Fleetwood i batrymu'r Senedd arfaethedig ar y Senedd Enwebedig yn 1653. Ond pan alwyd 'crwmp' y Senedd Hir yn ôl croesewid hynny gan y Pumed Breniniaethwyr ar y cychwyn eithr buan y'u siomwyd am na wnâi'r Senedd ddim i ddiwygio'r gyfraith na chodi bys i hyrwyddo achos y Bumed Frenhiniaeth. Ar 10 Rhagfyr 1659, penderfynodd Cyngor y Fyddin ethol Senedd newydd. Pan anfonwyd Richard a'i gatrawd i Portsmouth penderfynasant gefnogi'r 'crwmp' a pharhau gyda'u cefnogaeth i'r Senedd hon. Ond yn Chwefror 1660 cyrhaeddodd y Cadfridog Monck Lundain a galw'n ôl i Dŷ'r Cyffredin y Presbyteriaid a drowyd o'r Senedd Hir yn 1648. Ar 8 Mai 1660 cyhoeddwyd Siarl II yn Frenin[118] a chwympodd grym gwleidyddol y Piwritaniaid. Ailorseddwyd Esgobyddiaeth fel yr unig

---

[115] A. H. Dodd, 'A Remonstrance from Wales, 1655', 286-92; cf. *Gweithiau Morgan Llwyd* II, 324; am dued debyg yn Llwyd gw. G. F. Nuttall, *The Holy Spirit in Puritan Faith and Experience* (Rhydychen, 1946), 111, 124

[116] Richards, *Religious Developments in Wales,* 224-45.

[117] G. Davies, *The Restoration of Charles II* (San Marino, CA, 1954), 84.

[118] B. S. Capp, 'The Fifth Monarchists in Opposition 1653-1660', yn *idem*, *The Fifth Monarchy Men.*

eglwys gyfreithlon yn y deyrnas. Ar Ddydd Sant Bartholomeus 1662 ganed Anghydffurfiaeth er nas cydnabyddid tan Ddeddf Goddefiad 1689. Bu farw Llwyd a Cradoc yn 1659 a charcharwyd Powell hyd ei farw yn 1670. Daeth i ben achos milflwyddiaeth yn Lloegr a Chymru.

Yr oedd milflwyddiaeth wedi achosi rhwyg yn nefnydd cynulleidfaoedd Piwritanaidd yng Nghymru a dinistriwyd cyfeillgarwch rhwng yr arweinwyr a'i gilydd a hynny ar adeg pan oedd gwir angen undeb er mwyn llwyddiant yr achos. Ond bu ymgyrch Powell yn achos i un aden o'r mudiad Piwritanaidd yng Nghymru osgoi dibyniaeth wasaidd ar y wladwriaeth a bu hyn heb os yn ddaionus o safbwynt twf Anghydffurfiaeth yn y wlad yn ail hanner yr ail ganrif ar bymtheg. Ac wrth gwrs, arweiniodd yn y pen draw at ddeffroad Methodistiaeth yn ail draean y ddeunawfed ganrif.

4
Diferion Duwioldeb

Y man cychwyn, mae'n debyg, i unrhyw drafodaeth ar dduwioldeb y Piwritaniaid Cymreig yw tair erthygl braff gan y diweddar R. Tudur Jones, sef dwy yn Saesneg ac un yn Gymraeg.[1] Yn yr ymdriniaeth a ganlyn gobeithir trafod duwioldeb y Cymry yn ei ystyr letaf, sef o ran yr agweddau athrawiaethol a dirfodol ar eu ffydd. Gellir dadlau bod y cwbl o'u syniadau i'w deall a'u gwerthfawrogi o fewn cwmpas yr hyn a adwaenir fel 'Calfiniaeth Efengylaidd'. Dyma'r cyd-destun diwinyddol y mynegir o'i mewn eu myfyrdodau dyfnaf ac aeddfetaf. Yr unig un mewn gwirionedd o blith y Piwritaniaid hyn a gefnodd ar y ddiwinyddiaeth hon oedd William Erbery. Serch hynny, dylid er tegwch ag ef, bwysleisio ei fod yntau yn ddyledus iddi mewn rhyw ffordd neu'i gilydd.

Y mynegiant mwyaf awdurdodol o Galfiniaeth y gwŷr hyn oedd Cyffes Ffydd a dau Gatecism Cymanfa Westminster (1643-48) a chyfrannodd yn helaeth at dwf meddyliol y Piwritaniaid hyn yn ystod cyfnod y Chwyldro Piwritanaidd.[2] Erbyn cynnal cynhadledd y Safói yn 1658[3] cyrhaeddodd y meddwl hwn benllanw praff o ran diwinyddiaeth a ffurflywodraeth eglwysig. Hwyrach mai'r dyledwyr pennaf i'r ddiwinyddiaeth hon yw Cradoc, a Powell yn arbennig, ond yr oedd Llwyd yntau wedi'i faethu gan yr un ddiwinyddiaeth i raddau llai. Cefnodd Erbery yn llwyr arni er ei fod yn ddyledus iddi i raddau gan mai ei gyd-destun meddyliol gwreiddiol oedd Cynulleidfaoliaeth Galfinaidd. Ond yn ystod y 1640au torrodd ei gŵys ei hun a choleddai syniadau beiddgar ac anuniongred. Yr oedd Llwyd ar un adeg yn ei ystyried yn athro iddo.[4] Llwyd ohonynt i gyd oedd y meddyliwr mwyaf

---

[1] R. Tudur Jones, *Grym y Gair a Fflam y Ffydd: Ysgrifau ar Hanes Crefydd yng Nghymru*, gol. D. Densil Morgan (Bangor, 1998), 17-50; idem, 'The Healing Herb and Rose of Love: The Piety of Two Welsh Puritans', yn R. Buick Knox (gol.), *Reformation Conformity and Dissent: Essays in Honour of Geoffrey Nuttall* (Llundain, 1977), 156-179; idem, 'Union with Christ: The Existential Nerve of Puritan Piety', *Tyndale Bulletin* (1990), 186-208.
[2] A. A. Hodge, *The Confession of Faith* (Caeredin, 1978); Thomas Watson, *A Body of Divinity* (Caeredin, 1978); G. Eric Lane, 'The Westminster Assembly and the Settlement of Religion', *The Westminster Conference Report* (Llundain, 1993).
[3] A. G. Matthews, *The Savoy Declaration of Faith and Order 1658* (Llundain, 1959).
[4] M. Wynn Thomas, *Morgan Llwyd: Ei Gyfeillion a'i Gyfnod* (Caerdydd, 1991), 103-119.

gwreiddiol, os nad y treiddgaraf a'r mwyaf grymus o ran ei dduwioldeb.[5]

Calfiniaeth gymedrol oedd ei gyd-destun sylfaenol ond cymathodd â honno syniadau cymhleth a fenthyciasai oddi wrth Jakob Böhme yn bennaf, heb sôn am ei ddyled i ddylanwadau mor amrywiol ag eiddo Peter Sterry, caplan Oliver Cromwell,[6] John Saltmarsh a William Dell yn ogystal â William Erbery a Richard Baxter, ac o bosibl hefyd, Neoblatoniaid Caer-grawnt[7] fel y prawf *Gair o'r Gair*, 1656. Dangoswyd yn y bennod flaenorol ei fod wedi ymhél â syniadau'r Pumed Breniniaethwyr er yn gynnar, ac nid yw'n amhosibl ychwaith ei fod yn cefnogi mudiad gwleidyddol y Lefelwyr.[8] Trwythwyd ef yn ei Feibl ac roedd yn ddiau yn gwbl gyfarwydd â Chalfiniaeth Cradoc a Powell. Eithr yn ystod y 1650au llithrodd i fyd mwy goddrychol y profiad personol o iachawdwriaeth a dyna paham yr ystyrir ef fel cyfrinydd gan amryw o haneswyr. Ond yr oedd ei ffydd yn hynod Gatholig, a gwir y dywedodd R. Tudur Jones amdano, sef 'Rhwng popeth, y mae iddo le o bwys eithriadol yn y traddodiad Cristnogol Cymraeg'.[9]

Fel yn Lloegr yn yr un cyfnod perthynai dwy aden i'r mudiad Piwritanaidd yng Nghymru. Cynrychiolir yr aden dde gan y Calfiniaid Clasurol, Oliver Thomas, Walter Cradoc a William Wroth, o bosibl. Anwesent Galfiniaeth gymedrol neu Ffederaliaeth (Athrawiaeth y

---

[5] E. Lewis Evans, *Morgan Llwyd* (Lerpwl, 1930); idem, 'Morgan Llwyd and Jacob Boehme', *The Jacob Boehme Society Quarterly* I (1952-53), 11-16; idem, 'Cyfundrefn Feddyliol Morgan Llwyd', *Efrydiau Athronyddol* V (1942); idem, 'Morgan Llwyd', yn Geraint Bowen (gol.), *Y Traddodiad Rhyddiaith* (Llandysul, 1970), 194-212; J. W. Jones (gol.), *Coffa Morgan Llwyd* (Llandysul, 1952); Hugh Bevan, *Morgan Llwyd y Llenor* (Caerdydd, 1954); M. Wynn Thomas, *Morgan Llwyd: Ei Gyfeillion a'i Gyfnod*; idem, *Morgan Llwyd* (Caerdydd, 1984); idem, *Llyfr y Tri Aderyn: Morgan Llwyd* (Caerdydd, 1988); Goronwy Wyn Owen, 'Morgan Llwyd a Jakob Böhme', *Y Traethodydd* (1984); idem, *Morgan Llwyd* (Caernarfon, 1992); idem, *Rhwng Calfin a Böhme: Golwg ar Syniadaeth Morgan Llwyd* (Caerdydd, 2001).
[6] Goronwy Wyn Owen, 'Morgan Llwyd a Peter Sterry', *Y Traethodydd* (1986); M. Wynn Thomas, *Morgan Llwyd: Ei Gyfeillion a'i Gyfnod*, 120-139; N. I. Matar (gol.), *Peter Sterry: Select Writings* (Efrog Newydd, 1994).
[7] C. A. Patrides, *The Cambridge Platonists* (Llundain, 1980); R. L. Colie, *Light and Enlightenment: A Study of the Cambridge Platonists and the Dutch Arminians* (Llundain, 1957); E. T. Compagnac (gol.), *The Cambridge Platonists* (Rhydychen, 1901); G. R. Cragg (gol.), *The Cambridge Platonists* (Efrog Newydd, 1968); F. J. Powicke, *The Cambridge Platonists: A Study* (Llundain, 1926); R. I. Aaron, 'Dylanwad Plotinus ar Feddwl Cymru', *Y Llenor* VII (1928), 115-126.
[8] Christopher Hill (gol.), *H. N. Brailsford: The Levellers and the English Revolution* (Manceinion, 1976).
[9] R. Tudur Jones, *Hanes Annibynwyr Cymru* (Abertawe, 1966), 63.

Cyfamodau) fel y'i gelwir.[10] Yn achos dau o ddisgyblion Cradoc llithrir i'r canol, sef yn achos Vavasor Powell a Morgan Llwyd, dau radical gwleidyddol (Plaid y Bumed Frenhiniaeth).[11] Serch y radicaliaeth hon yr oedd Powell yn Uchel-Galfinydd o ran ei ddiwinyddiaeth tra roedd Llwyd yn fwy o 'gyfrinydd' Calfinaidd gymedrol a gydymdeimlai â rhai agweddau ar oddrychaeth Jakob Böhme ar y naill law, a neges y Crynwyr am y goleuni mewnol ar y llall. Cynrychiolydd aden chwith y mudiad oedd y Ceisiwr Cymreig, William Erbery a goleddai rai o gredoau heretigaidd yr Ailfedyddwyr yn Lloegr. Yr oedd rhai o'i syniadau yn debyg i eiddo'r Crynwyr yn y 1650au, sect a ddaeth yn ffocws maes o law i belagiaeth boblogaidd aden chwith y mudiad Piwritanaidd yn y cyfnod hwn. Felly, ceid yng Nghymru y rhychwant hwnnw o'r aden dde i'r aden chwith eithaf fel a nodweddai'r Piwritaniaid Seisnig yng nghyfnod y Weriniaeth a'r Ddiffynwriaeth.

Pont rhwng Calfiniaeth Powell a Cradoc ar y naill law a radicaliaeth grefyddol anuniongred Erbery ar y llall oedd Morgan Llwyd. Cyfranogai Llwyd yn llawn yn llif syniadol y ffrwd Galfinaidd yn ogystal â syniadaeth fwy astrus a chymhleth y ffrwd Ailfedyddiol, yn arbennig felly o ran ei bwyslais canolog a llywodraethol ar brofi gwaith achubol mewnol yr Ysbryd Glân. O ran radicaliaeth wleidyddol y Pumed Breniniaethwyr wedyn yr oedd Powell a Llwyd yn gytûn ar un cyfnod parthed eu cred yn nyfodiad y milflwyddiant. Ond troes Llwyd ei gefn ar Powell a'i ymgyrch wleidyddol ar ôl 1654. Nid rhyfedd gweld bod meddwl Llwyd yn fwy cymhleth o gryn dipyn na syniadaeth Galfinaidd dryloyw Cradoc a Powell a hynny oherwydd ei ddyled amlwg i syniadau damcaniaethol dyrys cyfrinydd fel Böhme, a rhai meddylwyr eraill.

Athrawiaeth y Cyfamodau

Er mwyn medru dirnad Calfiniaeth meddylwyr fel Cradoc a Powell a Llwyd yntau i raddau llai, y mae'n ofynnol wrth fesur o gydymdeimlad deallus â'r ddiwinyddiaeth honno am y ddau gyfamod, neu Galfiniaeth Ffederal fel y'i gelwir. Mae thema'r cyfamod yn rhedeg fel llinyn arian yn y ddau Destament. Yn yr Hen Destament gwelir Duw yn sefydlu cyfamodau ag unigolion megis Abraham a'i ddisgynyddion a chyda chenedl Israel yn ddiweddarach. Yn y Testament Newydd wedyn Crist

---

[10] R. Tudur Jones, *Grym y Gair a Fflam y Ffydd,* 9-16; Richard Muller, 'Covenant and Conscience in English Reformed Theology', *Westminster Theological Journal* 42 (1980), 308-34; Jens G. Møller, 'The beginnings of Puritan covenant theology', *Journal of Ecclesiastical History* 14 (1963); John von Rohr, *The Covenant of Grace in Puritan Thought* (Atlanta, GA, 1986).
[11] Gw. pennod 3, 'Gwres y Gobaith'.

yw Pen y cyfamod newydd. Mewn Cristnogaeth glasurol ar draws y canrifoedd synnir am iachawdwriaeth dyn drwy Grist fel Cyfryngwr yn gyflawniad o'r Cyfamod Gras, a hynny o ddyddiau Irenaews o Lyons ymlaen. Y mae hanes cydberthynas Duw a dyn yn stori am y berthynas gyfamodol honno a sefydlir yn ôl ewyllys Duw. Adeg y Diwygiad Protestannaidd dylanwadwyd yn drwm ar ddiwinyddiaeth efengylaidd Zwingli, Bullinger, Calfin a Beza – ymhlith eraill – gan y ddiwinyddiaeth gyfamodol neu ffederal hon. Defnyddiodd y Diwygwyr hyn thema'r cyfamod i fynegi eu hathrawiaeth am Benarglwyddiaeth a Sofraniaeth Duw ar y naill law a chyfrifoldeb dyn i ymateb i alwad graslon Duw mewn iachawdwriaeth ar y llall. Dyma'r ddiwinyddiaeth a nodweddai Biwritaniaeth Glasurol yr unfed ganrif ar bymtheg a'r ail ganrif ar bymtheg yn Lloegr, o leiaf cyn belled y mae a wnelo â hermeniwteg a soterioleg y Presbyteriaid a'r Cynulleidfaolwyr. I ddiwinyddion megis William Perkins,[12] Thomas Hooker, Walter Travers, John Owen a Thomas Goodwin,[13] yr oedd yr athrawiaeth am iachawdwriaeth (soterioleg) yn fynegiant perffaith o gydberthynas dyn a Duw ar lwyfan Hanes. Sylweddolent yn llawn y ffaith fod Duw yn closio at ddyn gan gynnig iddo ddihangfa o'i drybini drwy anwesu'r cyfamod newydd. Rhaid oedd i ddyn gyflawni rhai amodau arbennig a bod yn gyfrifol i ymateb i alwad raslon Duw gan Ei fod wedi sefydlu'r cyfamod ac estyn gwahoddiad i bechaduriaid ddyfod i mewn i rwymau'r cyfamod newydd. Bendithir yr eneidiau hynny a ddaw i mewn gan Dduw. Ymhlith yr amodau y mae gofyn i bechadur edifeiriol eu cadw yw'r angen i ymostwng i ganllawiau'r gyfraith foesol ac ymestyn ar ôl Crist ac ymostwng iddo mewn edifeirwch a ffydd. Oherwydd bod Crist, y Gwaredwr a ddarparodd Duw, wedi cadw gofynion y gyfraith a hynny yn weithredol yn ogystal â goddefol, cyfrifir ei gyfiawnder Ef yn gyfiawnder i'r pechadur yntau dim ond iddo ddyfalbarhau yn ei ffyddlondeb diwyro i Grist. Impir y crediniwr yn sgil y cyfamod gras yng Nghrist a rhaid iddo fod yn ufudd i'w Waredwr.

I'r diwinyddion hyn felly yr oedd hanes iachawdwriaeth yn troi o amgylch dau gyfamod rhwng Duw a dyn. Ar y naill law ceid y cyfamod gweithredoedd ac ar y llall ceid y cyfamod gras. Sonnir hefyd am drydydd cyfamod weithiau, sef hwnnw rhwng Duw'r Tad a Duw'r

---

[12] Joel Beeke, 'William Perkins and "'How a man may know whether he is a child of God, or no"', *Westminster Conference Report* (Llundain, 2004); Ian Breward, 'The Significance of William Perkins', *Journal of Religious History* 4 (1966), 113-28.

[13] Brian Freed, 'Thomas Goodwin the peaceable Puritan'; Graham Harrison, 'Thomas Goodwin and Independency'; Paul E. G. Cook, 'Thomas Goodwin: Mystic', i gyd yn *Westminster Conference Report* (Llundain, 1984).

Mab, cyfamod a gnawdolwyd yng Nghrist. Pan sefydlodd Duw y cyfamod gweithredoedd ag Adda (dyn) gynt, pen ffederal y ddynoliaeth gyfan, addawodd ei fendithio os ufuddhâi i'r gyfraith foesol. Ond methodd â chadw'r gorchmynion ac felly cyfrifir ef a'i ddisgynyddion fel drwgweithredwyr. Eithr heb anwybyddu amodau'r cyfamod hwn a erys mewn grym, y mae Duw yn cynnig o'i drugaredd dragwyddol gyfamod newydd i ddisgynyddion Adda, sef y cyfamod gras. Yn ôl y cyfamod newydd hwn bydd unrhyw bechadur a edifarhâi ac a lynai mewn ffydd yn addewidion Duw am drugaredd a chredu bod y Gwaredwr a ddanfonwyd gan Dduw wedi'i ddatguddio yng Nghrist, yn cael ei gyfrif yn gydetifedd â Christ, Pen ffederal y cyfamod newydd hwn. Cyfrifir ufudd-dod gweithredol a goddefol Crist (sef ei fywyd dibechod a'i farw iawnol) yn gyfiawnder i'r pechadur edifeiriol a ddaw i mewn i rwymau'r cyfamod gras drwy ffydd yn unig. Cyhoeddir y crediniwr yn gyfiawn yng Nghrist. Unir pob crediniwr wedyn â Christ ac fe'i hailenir o'r Ysbryd Glân (adenedigaeth) a'i gyfrif yn gyfiawn gan y Tad, er bod yr unigolyn yn dal i fod yn bechadur. Yn wir, achubir y pechadur rhag damnedigaeth dragwyddol er ei fod wedi torri amodau'r cyfamod gweithredoedd. Yn hytrach na syrthio o dan gondemniad haeddiannol y Tad enilla'r pechadur edifeiriol fywyd tragwyddol a bendith Duw, a hynny, cofier, yn sgil y fendith honno a enillasai Crist drwy ei fywyd a'i farwolaeth. Ffaith bwysig arall yw bod y crediniwr o hyd o dan rwymedigaeth i gyflawni amodau'r gyfraith foesol a adnewyddwyd gan Foses. Er hynny, ni allai'r credadun fyth gadw'r cwbl o amodau'r Gyfraith ac oherwydd hynny daw'r Efengyl â newydd da iddo, sef bod amodau'r gyfraith foesol o hyd mewn grym ond bod y condemniad dwyfol am anufudd-dod i'w safonau moesol yn cael ei ddileu gan amodau'r cyfamod newydd, 'Cyfamod hedd, cyfamod cadarn Duw'.

Rhaid cadw mewn cof fod y ddau gyfamod yn amodol ac yn ddiamodol yr un pryd. Duw a'u sefydlodd a'u cynnig i ddyn. Cyn belled ag y mae a wnelont â dyn y maent yn amodol; eithr diamod ydynt cyn belled â bod Duw yn rhagethol yr unigolion a geidw amodau'r cyfamod newydd (etholedigaeth ddiamodol). Ar y llaw arall gwelir bod y ddau gyfamod yn gyfan gwbl amodol cyn belled â bod gofyn i ddyn fod yn gyfrifol ac ymateb o'i wirfodd i gadw'r amodau a bennir gan y ddau gyfamod. Y mae'n amlwg bod paradocs yn gorwedd yn seiliau'r athrawiaeth hon, yn enwedig fel y'i ceir gan y Piwritaniaid. Er mai diwinyddion ffederal o'r math hwn oedd Richard Baxter a John Goodwin, Arminiaid oeddynt cyn belled â'u bod yn dehongli cadw amodau'r cyfamod o safbwynt amodol yn hytrach na diamod. Ond ni fynnent wadu Penarglwyddiaeth Duw ychwaith. Yn nhyb y rhelyw o'r Presbyteriaid a'r Cynulleidfaolwyr a fu'n gyfrifol am Gyffes Ffydd

Diferion Duwioldeb

Westminster a'r ddau Gatecism, diamodol oedd y cyfamodau hyn.[14] Trafodir y cyfamod gras gan lu o ddiwinyddion yn Lloegr yn yr ail ganrif ar bymtheg ac yn eu plith canfyddir cewri megis John Preston (yr oedd Llwyd wedi darllen o leiaf un o'i lyfrau),[15] Richard Sibbes, William Ames, a John Owen. Yr hyn sy'n ddiddorol o safbwynt Cymru yw bod y ddiwinyddiaeth ffederal hon wedi'i chostrelu a'i chrisialu yng nghyfieithiad John Edwards (Siôn Tre-rhedyn)[16] o lyfr gan Edward Fisher (?), sef *The Marrow of Modern Divinity* o dan y teitl *Madruddyn y Difinyddiaeth Diweddaraf*, 1651. Nid yw'n annhebygol y gwyddai rhai o'r Piwritaniaid Cymreig am y gyfrol hon er mai gwaith rhyddiaith Anglicanaidd ydyw. Ond y ddiwinyddiaeth uchod yw'r cefndir ehangach i syniadaeth y rhelyw o'r Piwritaniaid hyn fel y ceir gweld yn awr.

Oliver Thomas (*c.*1598 - 1652)
Perthynai Oliver Thomas bron i'r un genhedlaeth â William Wroth, ac felly yr oedd ymhlith arweinwyr cynharaf y mudiad Piwritanaidd ieuanc yng Nghymru. Presbyteriad Calfinaidd ydoedd ac fel y soniwyd eisoes ef oedd arweinydd y mudiad hwn yng ngogledd-ddwyrain Cymru, ond bod ganddo gysylltiadau byw iawn hefyd ag arweinwyr eraill y mudiad ar y Gororau ac yn Ne-ddwyrain Cymru. Credai Thomas bod addysgu'r praidd yng ngwirioneddau'r ffydd Galfinaidd yn hollbwysig os oeddid i achub eneidiau. Dyna paham yr oedd addysgu plant ac oedolion mewn catecismau a thrwy gyfrwng pregethau yn gyfan gwbl ganolog i lwyddiant y mudiad ifanc yng Nghymru.[17] Catecism William Perkins oedd yr holwyddoreg enwocaf o ddigon yn hanner olaf yr unfed ganrif ar bymtheg, a chafwyd cnwd da ohonynt, yn y traddodiad a gychwynnwyd gan Perkins, ar gychwyn yr ail ganrif ar bymtheg. Mae'n deg dweud mai wrth draed pobl fel Perkins a'i debyg y dysgodd Oliver Thomas ymarferoldeb diwinyddol yn rhannol.[18]

Yn nyddiau Thomas yr oedd bri mawr ar y catecism ac edrychid ar y gwaith o ddysgu'r catecism gan blant ac oedolion yn ymarferiad

---

[14] Gw. nodyn 2 uchod, a hefyd Louis Berkhof, *Systematic Theology* (Grand Rapids, 1996); John Murray, *Redemption Accomplished and Applied* (Grand Rapids, 1984).
[15] *Gweithiau Morgan Llwyd o Wynedd* III, goln. J. Graham Jones a Goronwy Wyn Owen (Caerdydd, 1994), 51.
[16] W. J. Gruffydd, *Llên Cymru: Rhyddiaith o 1540 hyd 1660* (Wrecsam, 1926).
[17] Peter Lewis, 'Preaching from Calvin to Bunyan', *Westminster Conference Report* (Llundain, 1985).
[18] Gw. nodyn 12 uchod; cf. Ian Breward (gol.), *The Work of William Perkins*, Courtenay Library of Reformation Classics 3 (Abingdon, 1970).

pwysig ac arwyddocaol tu hwnt, a hynny am nifer o resymau. Drwy gyfrwng y catecism y gosodid i lawr y sylfeini angenrheidiol i ennill gwybodaeth ddiwinyddol a dealltwriaeth achubol ohoni. Heb hyn nid oedd yn bosibl achub neb. Yr oedd dysgu'r catecism yn ddull di-fai i aelodau'r eglwys ddyfod i adnabyddiaeth ddyfnach o'r Ysgrythur ynghyd â threfn arbennig yr eglwys o addoli. Yr oedd y catecism hefyd yn gyfrwng paratoi unigolion i arwain bywyd eglwysig llawn drwy eu cynorthwyo i roi cyffes ffydd bersonol ac i ymbaratoi gogyfer â derbyn a dathlu Swper yr Arglwydd. Yn ogystal â hybu bywyd defosiynol a rhinweddol yr oedd dysgu'r catecism hefyd yn foddion i dynnu llinell o wahaniaeth gref rhwng cywirdeb athrawiaethol ar y naill law a heresi ar y llall. Gwelir felly pa mor bwysig oedd y catecism fel cyfrwng cyflwyno hanfodion athrawiaethol y ffydd Biwritanaidd i'r dychweledigion. Roedd yn gyfrwng i ennill gwybodaeth dihafal, i feithrin duwioldeb yn ogystal â bod yn ffurf lenyddol gydnabyddedig i estyn cyfarwyddyd yn y ffydd i'r unigolyn. Dyma'r arfogaeth angenrheidiol i addysgu meddwl a chalon y praidd mewn cyfnod pryd y drwgdybid cyfryngau ysbrydol traddodiadol fel murluniau eglwysig, cerfiadau a gwisgoedd offeiriadol. Eilunaddoliaeth oedd cyfryngau ennill gwybodaeth o'r fath yn ôl y Piwritaniaid. Honnent mai'r catecism, neu'r holwyddoreg, oedd y ffurf fwyaf Ysgrythurol o ddwyn yr unigolyn i wybodaeth gadwedigol o egwyddorion athrawiaethol sylfaenol y ffydd. Drwyddo agorid y drws led y pen i ddysgeidiaeth y Beibl, pregethau'r gweinidogion, arwyddocâd y sacramentau a lle'r unigolyn yng nghymdeithas yr eglwys gynnull unigol. Arbedai'r lleygwyr rhag cwympo i heresi a gosodid hwy gan y catecism ar ben y ffordd i foddhau Duw yn y modd y dylid.[19]

Cyhoeddodd Oliver Thomas bedair cyfrol ryddiaith rhwng 1630 a c.1647, sef *Carwr y Cymru yn anfon ychydig gymorth i bôb Tad a mam sy'n ewyllysio bod eu plant yn blant i Dduw hefyd*, 1630, *Carwr y Cymru yn annog ei genedl annwyl...i chwilio'r Scythyrau*, 1631, *Sail Grefydd Ghristnogol*, c.1640 (ar y cyd ag Evan Roberts, Llanbadarn Fawr), *Drych i Dri Math o Bobl*, c.1647. Printiwyd dau gatecism 1630 a 1631 i gyd-fynd â chyhoeddi'r Beibl Bach, neu'r Beibl Coron, yn 1630 a fwriedid ar gyfer addoliad teuluaidd. 'Carwr y Cymry' oedd teitlau'r ddau, ond bod y cyntaf (1630) wedi'i fwriadu ar gyfer plant, tra bod yr ail (1631), a oedd yn hwy na'r cyntaf, wedi'i fwriadu ar gyfer oedolion hefyd, yn enwedig y penteuluoedd a hyfforddai'r teulu, gan gynnwys y gweision a'r morwynion, yng ngwirioneddau'r ffydd Biwritanaidd. Yn y llyfr hwn gwelir Thomas yn annog ei gyd-

---

[19] Ian Green, *The Christian's ABC: Catechisms and Catechizing in England c.1530–1740* (Rhydychen, 1996), 26-43.

wladwyr, mewn iaith grefftus a thra chadarn ei chystrawen i wneud defnydd helaeth o'r Beibl hwn. Prawf y llyfr y gallai'r awdur ysgrifennu Cymraeg graenus a rhagorol yn aml, a syml a gweddol ddiaddurn, ar y cyfan, yw'r iaith gartrefol, gaboledig, a lliw beiblaidd digamsyniol iddi. Fel bardd amatur ac awdur rhyddiaith yr oedd gan Oliver Thomas afael gadarn ar briod-ddull yr iaith sydd drwodd a thro yn glir a rhesymegol, iaith iswasanaethgar i'w epistemeg Galfinaidd finiog. Ar y cyfan y mae ei ddefnydd o'r Gymraeg yn adlewyrchu'r safonau a fawrygid gan bregethwyr Piwritanaidd Calfinaidd a Chlasurol y cyfnod hwn yn Lloegr – arddull hynod blaen a'r pwyslais i gyd wedi'i osod ar resymu cryf rhag cymylu'r un iod ar yr ystyr a'r neges y ceisid ei chyfleu i'r darllenydd neu'r gwrandawr. Ceir enghraifft o'r arddull nodweddiadol Galfinaidd hon yng ngweithiau Saesneg Walter Cradoc yn ddiweddarach.[20]

Fel y soniwyd eisoes catecism, neu holwyddoreg, ar gyfer plant yw llyfr bach 1630, a dichon yn wir iddo gael ei gyhoeddi fel rhyw fath o ragarweiniad i lyfr mwy 1631. Gellid disgwyl mewn catecism o'r fath weld trafod athrawiaethau Calfinaidd amrywiol megis y pechod gwreiddiol a'i ganlyniadau, y Creu a'r Cwymp, euogrwydd a chosb am bechod, iachawdwriaeth yng Nghrist a'r chwe dawn a rydd Crist er mwyn ennill iachawdwriaeth, sef adenedigaeth, gwybodaeth o Dduw a chyflwr truenus dyn wrth natur, ffydd yng Nghrist, edifeirwch, ysbryd gweddi ac ufudd-dod. Cyfrennir y doniau hyn i gredinwyr drwy gyfrwng pregethu'r gair gan rieni a gweinidogion. Ond Duw sy'n gweithio mewn pechaduriaid yr ewyllys a'r gallu i'w wasanaethu mewn ffydd. Y pwyslais canolog drwy gydol y llyfr yw'r ddyletswydd ar i blant o bob oed i chwilio'r Ysgrythurau a gwrando ar bregethu fel y galluogir hwy i ymddwyn yn rasol. Cyfeirir yn fynych at yr Ysgrythur a dyma'r dull cydnabyddedig yn y cyfnod hwnnw y mae'n amlwg o gadarnhau yr hyn a draethir. Ceir o leiaf 40 cyfeiriad at adnodau o'r Beibl yn y llyfr, sef 17 cyfeiriad o'r Testament Newydd a 23 o'r Hen Destament. Ffydd a gadarnheir gan awdurdod sofran yr Ysgrythur oedd ffydd y Piwritaniaid gan gynnwys Oliver Thomas ac roedd yn gwbl nodweddiadol yn hyn o beth o epistemeg ddeallusol aden dde'r mudiad Piwritanaidd yn Lloegr a gynrychiolir gan Biwritan megis William Perkins, dyweder.

Yn ogystal â'r agweddau meddyliol uchod agwedd bwysig arall ar dduwioldeb Thomas yw ei arddull ryddiaith gan fod honno yn ddarostyngedig i ergyd y neges efengylaidd a oedd ganddo i'w chyhoeddi. Er bod arddull ei gatecism cyntaf yn syml a phlaen a lliw beiblaidd ar yr iaith, ni olygai hynny am eiliad fod cynnyrch llenyddol

---

[20] M. Wynn Thomas, *Morgan Llwyd: Ei Gyfeillion a'i Gyfnod,* 70-102.

y Calfiniaid Clasurol yn ddi-liw. Yn wir, y nod bob gafael oedd apelio at gynulleidfa eang, yn fonedd a gwrêng, y llythrennog a'r anllythrennog, a phwysleisid yn eu hathrawiaeth am bregethu a llenydda yn gyffredinol bod symlrwydd ac eglurder geiriol yn gyfan gwbl angenrheidiol os oedd eu hachos i lwyddo, sef galw'r praidd ynghyd a'i addysgu.[21] Yn wir, dengys iaith anghymleth Oliver Thomas yn y llyfr hwn fel yr oedd yn ddyledus i safonau a glendid mwyaf y cyfieithiad Cymraeg o'r Beibl. Gwna ddefnydd cwbl ymwybodol o eirfa gartrefol a chystrawen syml ond ystwyth a thrwyadl resymegol. Eithr o bryd i'w gilydd gwelir ef yn gwneud defnydd ymwybodol o ambell ddyfais rethregol fel odl, er enghraifft, i bwysleisio'i neges a tharo'r hoel i'r pared, megis yn y dyfyniad hwn:

> A wyddoch chi fôdd i ddyfod allan o'r cyflwr llygred*ig*, melldiged*ig* colled*ig* hwn...[22]

> ...fel y gwrandaw*ent,* ac y dysg*ent,* ac yr ofn*ent* Dduw.[23]

Gwaith gwreiddiol, wrth gwrs, yw'r catecism hwn, a phrofodd Mr Merfyn Morgan, ein prif awdurdod ar waith Oliver Thomas, nad yw'n gyfieithiad nac ychwaith yn gyfaddasiad 'o waith unrhyw awdur Seisnig'.[24]

Llyfr mwy na'r catecism cyntaf yw 'Carwr' 1631 a pherthyn iddo gynllun tebyg i gatecism, sef ymddiddan ar ffurf cwestiwn ac ateb. Cyfrol ar ffurf cyfarwyddyd yw hon felly, a'i phrif ddiben, wrth gwrs, oedd annog y Cymry i ddarllen ac astudio'r Beibl Bach, prif ffynhonnell Gras Duw mewn datguddiad arbennig. Mae'r llyfr yn dra nodweddiadol o gynnyrch llenorion Calfinaidd y cyfnod. Adleisio'r Ysgrythur a wna'r cwbl o'r athrawiaethau a drafodir yn y llyfr, ac er nad enwir Calfin yn ei draddodiad ef y saif y ddysgeidiaeth fel y dengys sylwadau Thomas am Ras penarglwyddiaethol Duw, rhagarfaeth a dyletswydd lleygwyr i brofi a chadarnhau athrawiaeth y gweinidogion drwy eu mesur hwy a'u pregethau yn ôl canllawiau'r gair:

> Pawb oll o ran eu cyflwr anianol ydynt yn feirw yn eu pechodau, ac yn gorwedd mewn tywyllwch a chyscod angau; yn myned ar

---

[21] Am drafodaeth lawn ar arddull y Piwritaniaid gw. William Haller, *The Rise of Puritanism* (Efrog Newydd, 1938), 128-172.
[22] *Carwr* (1630), 31.
[23] Ibid., 7.
[24] Merfyn Morgan (gol.), *Gweithiau Oliver Thomas ac Evan Roberts: Dau Biwritan Cynnar* (Caerdydd, 1981), xxxiii – xl.

Diferion Duwioldeb

gyfeiliorn allan o ffordd y bywyd. Eithr Duw drwy ei Air scrifenedig yn yr Scythyrau sydd Yn gyntaf, yn adgyfodi, ac yn bywhau ei etholedigion o ddi-wrth y meirw: ...Yn ail, wedi eu bywhau, a'u cyfodi o feirw i fyw, y mae Duw drwy ei Air yn llewyrchu iddynt, gan eu dwyn *o dywyllwch i'r goleuni;* ac yno gweled y maent wrth oleuni y Gair, eu bod wedi mynd ar gyfeiliorn; Yn drydydd, y mae Duw drwy'r Scrythyrau yn eu bywhau hwynt megis y bywhaodd efe *Ddafydd. Byth nid anghofiaf dy orchmynnion, canys a hwynt i'm bywheaist.* A thrachefn: *cannwyll yw dy Air i'm traed, a llewyrch i'm llwybr.* Yn bedwerydd, y mae iddynt drwy'r Gair â osodwyd yn yr Scrythyrau, gael nid yn vnig goleuni i'w harwain ar hyd y Ffordd, ond ymborth ysprydol hefyd i'w diwallu, rhag i neb o ohonynt lewygu ar y Ffordd; nid amgen y bwyd â beri i fywyd tragwyddol. Yn bummed, yn yr scrythyrau y ceir arfau ysprydol i ymdrech, ac i orchfygu eich holl elynion ysprydol, a bydol â geisiont eich rwystro i gerdded yn Ffordd y bywyd ysprydol, a'ch troi ar ddidro rhag myned i'r bywyd tragwyddol. Cewch weld y ngair Duw yr arfogaeth (sef y doniau) angenrheidiol i ymladd; a'r gelynion sydd raid eu gorchfygu; a'r gwrth-ryfel y maent yn ei gynnal yn erbyn eich eneidiau oddi-mewn, ac oddi-allan. I ddiweddu, Gait [*sic*] Duw yw'r Trysordy diandlawd, cyflawn o bob daioni ysprydol a'r sydd angenrheidiol i ddedwyddyd didrangcedig: Ac megis am bethau y byd yma, rhaid yw chwilio a llafurio am danynt os mynnir eu cael a'u mwynhau i ddiwallu angenrheidiau y corph: felly am angenrheidiau yr enaid rhaid yw chwilio yr Scrythyrau.[25]

Nid mater o gydsynio moel â dogma mo'r pwyslais Protestannaidd cwbl ganolog hwn ar awdurdod y Gair canys yr oedd Oliver Thomas wedi'i aileni ac ar bob dalen o'i glasur bychan gwelir bod yr Ysbryd Glân wedi bod wrth Ei waith yn tynnu tannau ei brofiad ysbrydol. Y datguddiad mewnol a ddaeth iddo drwy Ras rhad yn y lle cyntaf a roes iddo'r ddawn oruwchnaturiol i weld yn yr Ysgrythur amlinelliad o hynt a helynt ei enaid ef ei hun. Trwy hynny y daeth i weld arwyddocâd iachaol y datguddiad gwrthrychol yn yr Ysgrythur i bawb ar a gredo. Drwy'r cydeneiniad hwn, neu'r cytundeb a welai yn ei galon ei hun, rhwng tystiolaeth oruwchnaturiol a gwrthrychol y Gair a grym mewnol bywhaol yr Ysbryd y tystiolaethir iddo yn y Gair, gwelodd Oliver Thomas iachawdwriaeth yn deillio yn gyfan gwbl o Ras penarglwyddiaethol Duw yn unig. Yr awdurdod dwyfol hwn a roddai

---

[25] Ibid., [76]-[78], 46-48.

hefyd i'r Ysgrythur ei arwyddocâd ym mywyd y crediniwr tlawd. Calfiniaeth yw hon sydd a'i grym yn tarddu yn y cydsyniad clasurol hwnnw rhwng eisteddfod y profiadau dynol yn y galon a gwaith adnewyddol a dirfodol rhad Ras. Clymir hwy ynghyd o dan awdurdod Gras penarglwyddiaethol Duw.

Gwelir ar amrantiad fod arddull catecism 1631 unwaith eto yn gwbl nodweddiadol o'r Piwritaniaid Clasurol yn Lloegr. Mae'n syml a phlaen ac arlliw beiblaidd gref a thrwm i'r iaith a ddefnyddir mor osgeiddig. Arddull drawiadol effeithiol ydyw gyda defnydd bwriadus o ambell addurn addas neu ffigur ymadrodd i bwysleisio'r wers y dymunai'r awdur ei chyfleu i feddwl a chalon y darllenydd a'r gwrandawr. Yn wir, mae'r darn canlynol yn adleisio arddull ddiweddarach fwy ymwybodol Morgan Llwyd ac mae'n pwysleisio'r angen i ymgroesi rhag darllen y Beibl yn arwynebol:

> Yn y gwreiddin y mae'r sugn, ac yn y cynewillin y mae'r ffrwyth ac nid yn y gangen neu'r cibin neu'r bliscin. Nid yn y croen y mae'r mêr ond yn yr ascwrn; felly nid yn y llythyren, ond yn nirgel ddeall yr yspryd y mae'r grym a'r melysdra a'r bûdd iw gael. Nid ar wyneb y ddaiar y ceir y mwyn arian, ac aur ar tryssorau gwerth fawr eithr yn eigion, ac ym mherfedd y ddaiar ac am hyny, rhaid yw cloddio yn ddyfn, a descyn i'r diffwys cyn eu cael allan: yn yr vn ffunyd rhaid yw chwilio'r Scrythyrau, a'u chwilio yn fanwl, ac yn astud er mwyn cyrhaeddyd tryssorau gwybodaeth a deall ysprydol i ddiddanwch ein eneidiau.[26]

Yn llyfr 1631 gwelir Oliver Thomas yn gwneud defnydd trawiadol o gyffelybiaethau effeithiol yn ogystal ag ymadroddion idiomatig, a hyd yn oed ambell ddihareb. Ond y nodwedd amlycaf ar ei arddull yn gyffredinol yw'r enghreifftiau o gyflythreniad a lled-gynghanedd a geir drwy'r llyfr. Roedd y nodweddion hyn i'w cael yn rhyddiaith y traddodiad a sylfaenasid ar y cyfieithiad Cymraeg o'r Beibl ac fe'u ceir gan Morgan Llwyd hefyd, a chan y beirdd Cymraeg clasurol o'u blaen.[27] Er gwaethaf yr addurniadau hyn y mae arddull Thomas yn adleisio'r Beibl y trwythwyd ef ynddo, ac yn mawrygu yr un pryd iaith blaen a syml, iaith a finiogiwyd gan arferion gramadegol Cymraeg yr

---

[26] Ibid., [90], 60.
[27] Goronwy Wyn Owen, 'Y dylanwad brodorol ar arddull Morgan Llwyd', *Y Traethodydd* (2004), 13-19.

Oesau Canol. Y mae'n amlwg hefyd fod Thomas wedi darllen *Yr Ymarfer o Dduwioldeb*[28] a'r *Llwybr Hyffordd...i'r Nefoedd*.[29]

Catecism arall yw *Sail Crefydd Ghristnogol*, c.1640. Defnyddiodd yn hwn yr un cynllun â chatecismau eraill y cyfnod.[30] Cyhoeddwyd yr holwyddoreg hon ar y cyd ag Evan Roberts, Llanbadarn Fawr. Yn ôl Merfyn Morgan dibynnodd y ddau Gymro ar weithiau Saesneg gan y Piwritan William Perkins a John Ball, a'u bod ill dau wedi tynnu talpiau o weithiau'r ddau Sais a'u gwau at ei gilydd i ffurfio'r catecism Cymraeg.[31] Fel yn achos gweithiau eraill Thomas gwelir bod iaith ac arddull y llyfr hwn hefyd yn syml a phlaen. Eithr ni nodweddir Cymraeg y gyfrol hon gan yr un cywirdeb ag a nodweddai ddau lyfr cyntaf Thomas. Defnyddir ambell gyffelybiaeth afaelgar a beiddgar fel hyn:

> Ymhob rhan or enaid a'r corph, megis gwahanglwy rhedegog, o gorun y pen hyd wadnau y traed...ac...y mae cyrph y duwiol yn gorwedd yn y bêdd megis mewn gwely per-lysiau a'u heneidiau gwedi eu cwbwl rydd-hau oddi-wrth bechod.[32]

Nodwedd arall ar arddull glasurol y llyfr yw'r defnydd bwriadus a wneir o gyflythreniad a lled-gynghanedd yn ogystal â dybleaui geiriol sy'n nodweddiadol o ryddiaith Gymraeg cyfnod y Dadeni Dysg. Ceir hefyd aralleiriadau mynych o adnodau'r Beibl fel y gellid disgwyl gan ddau Galfinydd rhonc. Ond perthyn mwy o anghysondeb o ran orgraff i'r llyfr hwn nag yn y gweithiau cynharach.[33]

Llyfr olaf Oliver Thomas yw *Drych i Dri Math o Bobl*, c.1647. Llyfryn hyfforddiadol yw hwn; yn wir, y mae'n draethawd disglair sy'n pwysleisio bod tri math o Gymry mewn gwirionedd, sef yr 'Anghristion oer', y 'Rhith Gristion claear' a'r 'Gwir Gristion brwd'. Dengys y 'Drych'[34] yn deg y modd yr oedd Thomas mewn dyled i batrymau dadansoddol pregethau ei gyd-biwritaniaid a rhai o'r traethodau a'r dyddiaduron a gadwent yn dadansoddi ac yn olrhain mewndir eneidegol eu calonnau. Gellir galw hyn o ddadansoddi yn

---

[28] John Ballinger (gol.), *Yr Ymarfer o Dduwioldeb* (Caerdydd, 1930); gw. adolygiad G. J. Williams, yn *Y Llenor* 9 (1930), 250-53.
[29] Branwen Heledd Morgan, 'Arolwg o ryddiaith Gymraeg 1547-1634, gydag astudiaeth fanwl o *Dysgeidiaeth Cristnoges o Ferch* (1592) a'r *Llwybr Hyffordd (1632)*', Traethawd MA, Prifysgol Cymru Aberystwyth, 1969.
[30] Ian Green, *The Christian's ABC*.
[31] Am drafodaeth lawn, gw. Merfyn Morgan (gol.), *Gweithiau Oliver Thomas ac Evan Roberts*, xli-liv.
[32] Ibid., [171]-[205].
[33] Ibid., lv-lxiv.
[34] Yr oedd Llwyd wedi darllen hwn, gw. *Gweithiau Morgan Llwyd* III, 25.

seicoleg feiblaidd ac roeddynt yn feistriaid dihafal ar y gwaith hwn. Gwelir bod i'r gyfrol drefn resymegol daclus. Ategir awdurdod y gwaith gan ei apêl mynych at awdurdod gwrthrychol y Beibl. Ar lawer ystyr y mae'r gyfrol hon yn arddangos mewnwelediad ysgrythurol sicr yr awdur. Unwaith eto plaen a syml onid dirodres yw arddull y llyfr ond fe wneir ynddo ddefnydd bwriadus o ddybleddau geiriol yn ogystal ag odlau. Sylfaenwyd y gwaith o'i gwr yn gadarn ar y Beibl. Nid rhyfedd i R. T. Jenkins ddweud 'Yr oedd rhyddiaith Gymraeg Oliver Thomas yn odidog',[35] a thebyg iddo wneud sylw o'r fath ar gorn geirfa Gymraeg helaeth Thomas a'i afael gref ar gystrawen ac idiom yr iaith fel y gwelsom uchod.

Dengys pedair cyfrol Oliver Thomas fod ganddo feistrolaeth lwyr ar gyfoeth iaith, amlder geirfa, a gwybodaeth helaeth o'r Ysgrythurau yn ogystal ag o lên Gymraeg, Saesneg a Lladin ei gyfnod. Digon ystwyth yw ei gystrawen er bod ychydig bach o anghysondeb nawr ac yn y man yn nodweddu ei orgraff ar dro. O bryd i'w gilydd ceir ambell wall neu ddau megis wrth dreiglo ac ysgrifennu ffurfiau trydydd unigol mynegol y ferf. Ond er bod yr orgraff wedi'i safoni i raddau helaeth ym Meibl Cymraeg 1621 (a'r adargraffiad ohono ym Meibl Coron 1630) rhaid pwysleisio mai yn raddol y diflannodd yr arferion hyn yn y cyfnod.[36]

Gŵr dysg o'r Brifysgol oedd Oliver Thomas, eithr fel pregethwr Piwritanaidd gwelir ef yn ei lyfrau yn ymostwng mewn ufudd-dod duwiol i fyd y werin bobl gyda'i Gymraeg ystwyth a beiblaidd gyhyrog. Ei brif arwyddocâd, does bosib, fel meddyliwr a llenor yw iddo wisgo Calfiniaeth y Piwritaniaid Clasurol yr un cyfnod yn Lloegr mewn brethyn cartref Cymreig. Saif ar briffordd Protestaniaeth gyda'i bwyslais cyson ar y Beibl fel ffynhonnell moes a buchedd a duwioldeb yn ogystal â diwinyddiaeth trefn y cadw. Cyfieithu'r Beibl i'r Gymraeg oedd man cychwyn y cyfnod modern cynnar yng Nghymru, ac er mai mudiad dysgedig i raddau helaeth iawn oedd Piwritaniaeth o'r math hwn, prin bod Oliver Thomas yn was i rodres dysg. Yr oedd ei gyfeiriadaeth Ysgrythurol yn 'cydredeg â chydbwysedd brawddegau hollol glasurol ac â gofal meddwl disgybledig, fel y gwelir mai pwys ymarferol Oliver Thomas yw ymestyn oddi wrth ei gefndir dysgedig dosbarth-canol er mwyn cyrraedd cynulleidfa newydd fwy gwerinol ymhlith ei gyd-Gymry'.[37]

Ynghyd â'i waith a'i genhadaeth fel pregethwr a llenor, athro a diwinydd, cynaliasai freichiau'r mudiad Piwritanaidd ieuanc yng

---

[35] *Y Bywgraffiadur Cymreig hyd 1940,* s.n.

[36] Merfyn Morgan (gol.), *Gweithiau Oliver Thomas ac Evan Roberts,* lxv-lxxii.

[37] R. M. Jones, *Llên Cymru a Chrefydd: Diben y Llenor* (Abertawe, 1977), 305.

Ngogledd-ddwyrain Cymru cyn dyfod Morgan Llwyd (a oedd wedi darllen ei weithiau mae'n bur debyg) a'i gydweithwyr i ledu gorwelion y mudiad ymhlith eu cyd-Gymry. Ond, mewn mwy nag un ystyr, yr oedd Oliver Thomas yn 'apostol' y Gogledd, a'i lafur yn y winllan yng Nghymru yn gyforiog o arwyddocâd. Llafuriodd yn llawen yn y winllan honno a gadawodd ar ei ôl gorff bychan o ryddiaith wastad sy'n brawf digamsyniol nad cymeriad cwbl Seisnig o bell ffordd oedd i'r mudiad Piwritanaidd Cymreig. Rhwng gweithiau Oliver Thomas a gweithiau Morgan Llwyd (a dau gyfieithiad i'r Gymraeg o blith llyfrau Vavasor Powell),[38] gwelir fel yr oedd y Piwritaniaid hyn yn fawr eu gofal am les eneidiau eu cyd-Gymry, a hynny drwy gyfrwng y famiaith hefyd. Pery eu tystiolaeth hyd y dydd hwn yn gofgolofn nodedig i ymdrech arwrol y Piwritaniaid i efengylu ymhlith eu cyd-wladwyr ar adeg pan oedd mwyafrif y boblogaeth yng Nghymru yn ddrwgdybus iawn o'u hamcanion ac ar y gorau yn dra gelyniaethus tuag at eu hefengyl. I Oliver Thomas a'i gyfeillion y mae'r diolch am osod sylfeini Anghydffurfiaeth Gymreig yn y cyfnod hwn, traddodiad diwinyddol ac eglwysig a barhaodd i gadw ffagl y ffydd ynghyn ar ôl yr Adferiad a chyn deffro o Fethodistiaeth yn ail chwarter y ddeunawfed ganrif.

Walter Cradoc (1606/10-59)

Yr ydym yn yr un byd Calfinaidd o hyd o ran diwinyddiaeth yn achos Walter Cradoc a oedd yn perthyn i'r un genhedlaeth ag Oliver Thomas. Ef, heb amheuaeth, oedd cynrychiolydd gwresog aden gymedrol y mudiad Piwritanaidd yng Nghymru yn y 1650au. Ar ei ysgwyddau ef y syrthiodd mantell William Wroth yn 1642. Edmygid ef gan ei gyfoeswyr am ei ddoniau fel pregethwr grymus a ymlafniai i gyflwyno gwirioneddau'r Efengyl yn effeithiol drwy gyfrwng iaith syml ond deallus gyfewin. Nodweddir ef gan dduwioldeb twymgalon a huodledd afieithus wrth ysgrifennu a llefaru. Teimlai i'r byw angen ysbrydol ei gyd-Gymry, a llafuriai'n ddiflino i geisio sicrhau gweinidogaeth bregethwrol effeithiol yn ei wlad enedigol. Anogai ei gyd-grefyddwyr i ymddwyn yn oddefgar at ei gilydd. Ni pherthynai iddo y mymryn lleiaf o bengaledwch ystyfnig ac anniddig Vavasor Powell. Ar y llaw arall, ni pherthynai iddo ychwaith y dogn lleiaf o ddychymyg pwerus Morgan Llwyd, un o'i ddisgyblion disgleiriaf. Ond diau na cheir ffigur

---

[38] *Cordiad yr Scythyrau* (1653), sef cyfieithiad o *The Scripture's Concord* (Llundain, 1646) a *Canwyll Crist* (1653), cyfieithiad o *Saving Faith* (Llundain, 1651); cf. R. Geraint Gruffydd, 'Religious Prose in Welsh from the beginning of the reign of Elizabeth to the Restoration', Traethawd DPhil, Prifysgol Rhydychen (1952-53), 312, 315. Am ail argraffiad o'r olaf gw. *Cyfarwydd-deb i'r anghyfarwydd* (1677), ac *idem*, t.312.

pwysicach nag ef yn y 1650au oherwydd nodweddid ef gan ymwybod hirben â realaeth wleidyddol ei oes. Gymaint oedd ei afael ar faterion gwleidyddol ac eglwysig ei ddydd nes ei ddyrchafu uwchlaw ei gydbiwritaniaid yng Nghymru o ran ei synnwyr cyffredin a'i gymedroldeb diarhebol. Pan feirniadai ei gydweithwyr gwnâi hynny mewn ysbryd o gymod tawel, diymhongar a chymedrol. Os Powell a lwyddodd orau i ennill y sylw pennaf yn ei ddydd yn sgil ei genhadaeth filflwyddol danbaid, Cradoc yn ddiau oedd y pregethwr a gynrychiolai orau o ddigon briffordd meddwl y Piwritaniaid Cymreig.

Ffaith amlwg ydyw bod llawer yn gyffredin rhwng meddwl Cradoc a Llwyd. Yn wir, gellir cymhwyso'r farn ganlynol o eiddo G. F. Nuttall am Cradoc at Llwyd hefyd:

> ...belief in the doctrine of the Holy Spirit was the acid test of a living Church: it is in this high tradition...that Cradock takes his place. Together with this emphasis in his approach goes, I think inevitably, an appeal to religious experience, a faith in the possibility of fresh light from God, and a recognition of natural as well as biblical revelation...natural revelation (as perhaps it should be called rather than natural theology) is not a nineteenth-century innovation nor confined to Catholic mysticism, and that faith as new light is not a product of the theory of evolution nor the appeal to experience a result of the 'new psychology'. Cradock further insists on the centrality in Christian Doctrine of the Fatherhood of God...The fact, of course, is that all these tendencies – Holy Spirit, natural revelation, experience, fresh light, God's Fatherhood – form a definite tradition in Christianity and a tradition of which there seems no reason to be ashamed, either because it has been the tradition of the Sects rather than of the Church...Part of the historical interest of Congregationalism is in its interweaving of the Calvinist and Anabaptist strand...it has been natural to stress the Calvinist strand, but in the classical Puritans, of whom Cradock may justly be counted as one, the other strand...is often as markedly present. I have called it Anabaptist for want of a better name, but I believe that certain of its strands may be discovered already in the Lollard movement, while in Cradock's day it was becoming strongly represented by the Quakers, with whom his sympathy, at least potentially, will be evident.[39]

---

[39] G. F. Nuttall, 'Walter Cradock (1606?-1659): The Man and His Message', *yn idem, The Puritan Spirit: Essays and Addresses* (Llundain, 1967), 118-129; Paul E. G. Cook, 'Walter Cradock on "The Saving Light of God"', *Westminster Conference Report* (Llundain, 2000); Noel Gibbard, *Walter Cradock: 'A New*

Dyma brifannau diwinyddiaeth Cradoc felly. Roedd ef, a Llwyd yntau, yn cydymdeimlo i raddau mwy neu lai â safbwynt y Crynwyr ond heb ymuno â hwy.[40] Yn wir, defnyddiai Cradoc a Llwyd yr un ymadroddion yn union â'r Crynwyr wrth sôn am y profiad dirfodol o alwad o Ras, ac fel y pwysleisir gan Nuttall drachefn: 'The use of *"experiment"* and *"experimentally"* is significant for Cradock's [and Llwyd's] type of piety. Geo. Fox's "And this I knew experimentally" is well known, but this word is also to be found not only in a mystic like John Everard but in as sober a Puritan as John Owen.'[41]

Yn gynnar yn hanes y Piwritaniaid yng Nghymru yr oedd arweinydd sobr fel Oliver Thomas yn ofalus iawn i sicrhau nad ysgerid gwaith achubol goddrychol yr Ysbryd Glân oddi wrth y datguddiad gwrthrychol ac arbennig a gostrelid yn y Beibl. Credai Cradoc yntau yn y gwirionedd hwn ond credai hefyd, fel Llwyd, fod modd derbyn mesur helaethach o oleuni'r Ysbryd yn ei oes ef, a dywedodd: 'God comes now with more light than wee had before', ond yr un pryd pwysleisiai:

> I speak not this as if the Spirit were contrary to the Word, as some men to advance the Spirit, set the Word and the Spirit by the ears; but the Spirit leads by the Word.[42]

Dyma hefyd safbwynt Morgan Llwyd yn *Gair o'r Gair* yn 1656, a hyd yn oed yn *Where is Christ?* yn 1655. Y duedd ymhlith y 'sgolasticiaid' Calfinaidd yn y cyfnod hwn oedd cysylltu goleuni'r Ysbryd Glân â gweithrediadau rheswm dyn. Ond credai Cradoc yntau fod rheswm dyn yn cael ei oleuo gan yr Ysbryd mewn ailenedigaeth, ond roedd gwreichionen o'r goleuni hwn eisoes yn goleuo pob dyn ac yn hysbysu bodolaeth Duw iddo. Dywed Cradoc beth fel hyn a sylweddolir bod Llwyd yn cytuno ag ef:

> ...common reason, right naturall reason in us which many of the duties of the New – Testament are grounded on. If you say; what

---

Testament Saint' (Pen-y-bont Ar Ogwr, 1976); am ddiwinyddiaeth naturiol gw. W. Rees, *Traethawd ar Grefydd Naturiol a Datguddiedig* (Dinbych, 1841); G. C. Berkouwer, *General Revelation* (Grand Rapids, 1973)
[40] *Gweithiau Morgan Llwyd o Wynedd* II, gol. J. H. Davies (Bangor a Llundain,1908), 268-69.
[41] G. F. Nuttall, *The Holy Spirit in Puritan Faith and Experience* (Rhydychen, 1946), 119, nodyn 5.
[42] *Gospel-Libertie,* 41; *Divine Drops Distilled* (1650), 218, 168 yml.

is that. It is a light in the soule, that is a Relique of that light that was in Adam.[43]

Yn wir, hoff iawn oedd Cradoc, fel Llwyd ar ei ôl, o gyfeirio at fewnfodaeth yr Ysbryd Glân a'i fod yn goleuo'r dyn mewnol yn ogystal â'i reswm. Mae'n defnyddio 'goleuni' yn ddelwedd i ddisgrifio'r cyswllt rhwng profiad ysbrydol dirfodol o ailenedigaeth a santeiddhad ar y naill law, a rheswm wedi'i ddeffro o dywyllwch marwol ar y llall. Yr oedd Llwyd yn hoff iawn o ddelweddau goleuni fel y dangoswyd mor afaelgar gan Hugh Bevan.[44] Neu fel y dywed Cradoc:

> For as in natural things, you know, that by the same light whereby I see the Sun, by the same light I know that I see him: So there is in the very manifestation of God to the soule, it carries a witness in it self, it is so clear that when I have it, though I never had it before, and I cannot demonstratively speak a word what it is, yet I know as it is God's sight, so I know I see him.[45]

Rhaid oedd profi iachawdwriaeth yn y galon a gwelir Cradoc yn condemnio'r sgolasticiaid, meddylwyr a oedd yn 'puffed up with spiritual pride, flying too high above the Gospel'. Nid oedd yr athrawiaeth am gyfiawnhad i'r bobl hyn namyn 'swagger, and even looseness and wantonness'.[46] Ond yr oedd lle i oleuni gras cyffredin yn y gwaith o argyhoeddi dyn o'i gyflwr a'i angen am iachawdwriaeth, ac ystyrid gan Cradoc nad oedd y goleuni mewnol cyffredinol hwn namyn gweddillion grasusau a rhinweddau disgynyddion Adda. Yr hyn ydynt mewn gwirionedd yw adlewyrchiad o rasusau pobl eraill y daw dyn o dan eu dylanwad drwy gyfrwng addysg neu 'rym y gair a bregethir'.[47] Er hynny, goddefol oedd dyn mewn tröedigaeth a gallai gwaith adnewyddol yr Ysbryd Glân mewn santeiddhad aeddfedu mewn mater o fisoedd yn ogystal â thros gyfnod o flynyddoedd maith.[48] 'Cam cyfriniol' oedd ffydd i Cradoc, cam y dyrchefir pechadur edifeiriol drwyddo. Ond yr oedd yn bosibl i grediniwr fethu â llwyr amgyffred yr

---

[43] *Gospel-Libertie*, 117.
[44] Hugh Bevan, *Morgan Llwyd y Llenor*.
[45] *Gospel-Libertie*, 32.
[46] *Divine Drops Distilled*, 203-204; 215, 226.
[47] Ibid., 132.
[48] Ibid., 171-72.

hyn a ewyllysiai Duw ar ei gyfer fel gwrthrych ei Ras. Ond nid yw'r Ysbryd Glân yn cyfrgolli neb a ddeffrowyd ganddo.[49]

Dysgai Cradoc y gallai crediniwr fod yn gwbl sicr o'i iachawdwriaeth neu o'i alwad effeithiol i'r fath raddau nes y gallai ymddwyn tuag at Dduw mewn ysbryd o agosatrwydd cynnes. Daw ei dduwioldeb cynnes i'r golwg yn y geiriau a ganlyn:

> A childe can commend his Father, and say, I must have a new coat, I must have a new book, or I must have a ball to play with: so a Saint can say, Father, there is a Covenant, thou art my Father, and I am thy childe, it cannot stand with thy Truth, thou wert not just if thou shouldest deny mee any thing that is good; O this is a holy boldness.[50]

Wrth gwrs, drwy eneiniad mewnol yr Ysbryd Glân y daw dyn i'r fath sicrwydd ynghylch Tadolaeth Duw;[51] yr Ysbryd a ysgoga'r fath gynhesrwydd a 'hyfdra' duwiol mewn dyn.

Yr Ysbryd a daena ysbryd gweddi digymell yng nghalon dyn, a dywed Cradoc:

> ...it is ordinary with Saints, that they have a little adoption, they can cry Abba Father, a little, and love, and at sometimes: but there is a great deale of the spirit of bondage mingled with it, there are sometimes feares, secret whisperings in the heart...Now in the New Testament we should labour for a full spirit of adoption...If thou come before this, if thou call on God with feare, & canst not cry abba, abba, that is as much as daddie, daddie, as our babes use to say, if thou doe not come so high, thou art spoiled, and undone, desire God to teach you this lesson also.[52]

Yr Ysbryd a roddai ysbryd mabwysiad i ddyn ac roedd y crediniwr a rodiai yn ufudd mewn cyflwr o ras yn medru cyflawni gwyrthiau, ac felly

> So a man that walks according to grace, he can go as a child, and speaks loving and plaine words to his Father, and get power over

---

[49] Ibid., 128, 168.
[50] Ibid., 57 yml.
[51] Joel R. Beeke, *Assurance of Faith* (Efrog Newydd, 1994), adran 2.
[52] *Glad Tydings from Heaven*, 40-43

his sins, that all the howling, and roaring, and crying of another a whole Yeare together cannot doe.[53]

Mater digymell oedd gweddïo yn yr Ysbryd, yn wir 'How many thousand prayers doth God put into thy heart that it is impossible for thee to utter with thy mouth?'[54] Credai bod litwrgi'r Llyfr Gweddi Gyffredin wedi mygu llais y gweinidog a'i bregethu a'i fod wedi niweidio gwaith bywiocaol yr Ysbryd; yn wir, yr oedd addoli o'r math hwn yn crino calon dyn fel na allai weddïo o waelod ei fod.[55]

Er gwaethaf pwyslais cyson a chanolog Cradoc ar y posibilrwydd o dderbyn goleuni pellach yn ei ddyddiau ef, gwelai'n eglur fod y Crynwyr yn dibrisio agweddau cyfreithlon ar addoliad megis gweddi fel ffordd o gymuno'n ddigymell â Duw ac amdanynt y dywedodd yn 1650:

> ...there is a people that throw away the ordinance of prayer, and they professe to live immediately upon God without ordinances, without prayer, and without all the rest. I do not know what their perfections may be, therefore I cannot judge; but this I know as far as ever I had experience, that the chiefest way of communion with God is spirituall prayer.[56]

Yn ôl Cradoc roedd y ffaith bod crediniwr i bwyso'n llwyr ar arweiniad yr Ysbryd yn rhwym o arwain at weddïo'n ddibaid a digymell yn hytrach na'i arwain at ddistawrwydd neu fudandod diweddi. Yn wir, ni ddylai'r Cristion, fe haerai, falio botwm corn ym mha le y gweddïai neu drwy ba ddulliau, canys

> I have observed that such that are far from God, they must always go upon their knees, but a soule that is neer can pray standing, or walking, or talking, as that good man you read of in the Book of Ezra, he can pray with his hat on, he can pray in his bed, or where you will, when he is in communion with God.[57]

A thebyg mai ergyd farwol i'r Crynwyr oedd geiriau deifiol fel hyn:

> the devil...hath brought us from repetition of the word, & from singing of Psalms, & many from baptizing the infants of the

---

[53] *Gospel-Holinesse*, 279; *Divine Drops Distilled*, 57 yml.
[54] *Divine Drops Distilled*, 69.
[55] *Glad Tydings*, 29.
[56] *Divine Drops Distilled*, 86 yml.
[57] Ibid., 58.

godly and divers from the Supper of the Lord, and from having the word of God preached...[58]

I Cradoc nid oedd rhyddid yn yr Ysbryd yn golygu chwalu canllawiau addoliad trefnus a dathlu'r ddau sacrament; ond nid oedd crediniwr ychwaith i'w rwymo ei hun mewn allanolion bethau addoliad. Meibion i Dduw oedd addolwyr ac nid caethweision. Ystyrid gan Cradoc fod y llygedyn lleiaf o oleuni'r Ysbryd yn y distatlaf o blant dynion yn fwy gwerthfawr yn y gwaith o feithrin yr enaid ym mhethau Duw nag arweiniad esgobion daearol. Pan lefarai'r crediniwr o'i galon: '...but when a man can say, this is Christ crucified, & Christ passing out of his spirit...this is the maine that will hold',[59] y mae'i enaid yn ddiogel. Perthynas agos i'r crediniwr yw'r Ysbryd[60] ac os yw'r Ysbryd wrth y llyw yng nghalon dyn dylai arbed hwnnw rhag syrthio i fagl hunanoldeb a thawelyddiaeth sectyddol. Credai Cradoc mai cymundeb â Christ yn Nuw ac yn yr Ysbryd oedd marciau gwir grefydd, a rhybuddiai bawb o'i gyfoeswyr rhag syrthio i ysbryd balchder a beirniadu eraill yn ddiangen. Yr Ysbryd a'i oleuni oedd y sail i bob profiad o gymundeb ysbrydol â Duw.[61] Yr eneiniad mewnol a'i arweiniad goddrychol a oedd yn gyson â datguddiad yr ysgrythurau a ysbrydolai Cradoc i weithredu fel y gwnâi dros achos ei genedl, a hynny mewn ysbryd o gymod ac o genhadaeth anhunanol yn ei famwlad.

Enaid diymhongar o ran ei dduwioldeb cynnes oedd Cradoc ond yr oedd yn gwbl gadarn ei ffydd a llawn sêl tanbaid dros Dadolaeth Duw. Pwysleisiai'n gyson ddigymhellrwydd gwir addoliad a'r angen ar i grediniwr feithrin ysbryd o ddibyniaeth lwyr ar Ras Duw a'i addewidion. Pwysleisiai hefyd ufudd-dod y crediniwr a'r angen ar iddo wrando ar anogiadau mewnol yr Ysbryd Glân gan ymddiried ynddynt yn yr un modd â phlentyn yng ngofal ei dad daearol. Ochr-yn-ochr â chywirdeb credo Galfinaidd pwysleisiai Cradoc bob gafael deimladrwydd cynnes gweddi nerthol ac yn hyn o beth yr oedd yn sefyll yn dalog ar briffordd Protestaniaeth gyda'i phwyslais llywodraethol a chanolog ar Benarglwyddiaeth Duw a ddatguddiesid yn yr Ysgrythurau. Dyma'r prif ddatguddiad o Dduw ond credai Cradoc yr un pryd bod modd i'r Tad daenu goleuni pellach i galonnau dynion yn ei oes ef, eithr pan ddigwyddai hynny ni fyddai'n groes i ddatguddiad y Beibl a'i awdurdod ym mywyd y Cristion. Dyma Galfiniaeth ar ei mwyaf cymedrol a grymus. Ond y mae'n bryd troi yn

---
[58] Ibid., 147.
[59] *Gospel-Libertie*, 18, 48; *Divine Drops Distilled*, 212.
[60] *Gospel-Libertie*, 23; *Divine Drops Distilled*, 56.
[61] *Divine Drops Distilled*, 59, 138, 91, 208-209; *Gospel-Libertie*, 175.

awr i sylwi ar ddisgyblion Cradoc, sef Vavasor Powell a Morgan Llwyd.

Vavasor Powell (1617-1670)
Pregethwr dadleugar (a dadleuol) eithriadol o ystyfnig oedd Vavasor Powell. Nid oes amheuaeth nad oedd yn un o ffigurau Piwritanaidd pwysicaf Cymru yn ei ddydd. Gwnaeth gyfraniad sylweddol iawn at draddodiad Calfinaidd ei wlad enedigol fel y dangoswyd mor dreiddgar oludog gan R. Tudur Jones.[62] Edmygid ei sêl efengylaidd genhadol danbaid gan ei gyfeillion a'i gyfoeswyr. Yn wir, doniwyd ef yn helaeth â'r gallu diymarbed hwnnw i gyflwyno'i neges ddiwinyddol ddigymrodedd yn huawdl a phwerus ryfeddol. Torchai ei lewys ar fyr rybudd i amddiffyn y ffydd Galfinaidd pa le bynnag y peryglid hi drwy ei glastwreiddio. Glynai'n daer wrth ei argyhoeddiadau diwinyddol cadarn ar adeg pan oedd rhagrith a hunan-les yn peri bod gwŷr llai nag ef yn dyfod i gymrodedd â'i gilydd ar bob gafael. Nodweddid ef gan ysbryd mawrfrydig ac nid ofnai feirniadu'r gwŷr mwyaf eu hawdurdod megis Oliver Cromwell ei hun. Ys gwir iddo ymdaflu gorff ac enaid i'r dasg anodd ac enfawr honno o biwritaneiddio Cymru, a hynny, cofier, gyda sêl ac ewyllys gwbl haearnaidd a diflino. Anogai ei gyfeillion a'i gydweithwyr i gyflawni gwyrthiau yn y winllan Gymreig. Tra oedd Morgan Llwyd, ei gyfaill mawr ar un adeg, yn gyfrinydd o ran anian, ac yn ymroi yn gynyddol drwy'r 1650au i fyfyrdod a thawelyddiaeth, bywyd o weithgarwch selog ac anghyffredin o ran egni dihysbydd a nodweddai Powell. Ond, fel y gellid disgwyl hwyrach, yr oedd gan genhadwr mor filwriaethus ag ef elynion ar bob tu a fanteisiai i'r eithaf ar ei wendidau amlwg, sef ei obsesiwn patholegol ymron ag achos y Pumed Breniniaethwyr, ei hyfdra eofn a'i bengaledwch a'i ystyfnigrwydd diarhebol. Rhyw fath o *enfant terrible* y mudiad Piwritanaidd Cymreig oedd Powell. Yr oedd ei anniddigrwydd ystormus a'i barodrwydd, annoeth ar brydiau, yn wir ei hoffter, o fynd i'r afael â'i wrthwynebwyr mewn dadleuon dibaid, a hynny yn gwbl ddifeddwl yn aml, wedi peri bod Piwritaniaid mwy cymedrol a llai carlamus eu hadwaith nag ef, gwŷr megis Walter Cradoc, yn cadw o hyd braich iddo.

Calfinydd rhonc oedd Powell a saif ar briffordd y traddodiad hwnnw, traddodiad a oedd yn ymestyn yn dalog o ddyddiau'r Esgob Richard Davies hyd at Lewis Edwards yng nghanol y bedwaredd ganrif ar bymtheg. Ac am y traddodiad goludog hwn y dywedodd R. Tudur

---

[62] R. Tudur Jones, *Vavasor Powell* (Abertawe, 1971).

Jones: '...bu ei ddylanwad ar enaid y genedl yn drymach nag unrhyw ddylanwad unigol arall'.[63]

Yn gynnar gyda'r Adferiad (1660-62) cyhoeddodd Powell yn ei *The Bird in the Cage*, 1661, amlinelliad cryno o brifannau ei ddiwinyddiaeth ynghyd ag anogaeth gref ar i'w gyd-Gymry lynu'n daer wrthynt:

> Be steadfast in those truths which you have been taught concerning God and his Attributes, Christ and his Offices, the Holy Spirit and its manifestation, the decrees of God before time, the two Covenants (viz., the Law and the Gospel), the wretched state of all men by Nature, and out of Christ, the freeness of God's grace, in opposition to men's free will; the Doctrine of Justification by the imputed Righteousness of Christ, apprehended and received by Faith, Sanctification (distinct from Justification) wrought by the Spirit in us, Perseverance, Assurance, and growth in Grace by vertue of our union with Christ, and his spiritual in-dwelling and working in us.[64]

Mae'n amlwg fod Powell wedi glynu fel gelen wrth hanfodion egluraf y ffydd Galfinaidd, ond yn y furf ffederal arni a fu mor ddylanwadol yng Nghymru hyd ganol y bedwaredd ganrif ar bymtheg. Wrth gwrs, yr oedd fel y rhelyw o'i gydweithwyr, wedi dyfod i gysylltiad byw iawn o 1643 ymlaen â Chyffes Ffydd a dau Gatecism Cymanfa Westminster, cysylltiad a fu'n foddion i'w waredu rhag y duedd antinomaidd a oedd wedi gafael ynddo yn gynnar a hefyd yr ysbryd deddfol a'i nodweddai ar y pegwn arall wedi hynny. Yn y Gyffes y daeth i ddeall pa mor ganolog i athrawiaethau'r Beibl oedd Penarglwyddiaeth Duw a'i Rad Ras. Yr hyn oedd Athrawiaeth y Cyfamodau, fel y'i gelwir, oedd 'protest y tu mewn i Galfiniaeth yn erbyn y duedd beiriannol ac amhersonol oedd ymhlyg yn athrawiaeth Rhagarfaeth'.[65]

Yn y peth agosaf sydd ganddo at gorff o ddiwinyddiaeth, sef *Christ and Moses Excellency or Sion and Sinai's Glory*, 1650, gwelir Powell yn trafod yr athrawiaeth hon a fu'n sail mor wrthrychol i'w dduwioldeb. Er bod dyn yn cael ei gyfiawnhau drwy Ras yn unig, a'i ddwyn wedyn drwy ffydd i rwymau'r Cyfamod Gras, y mae o hyd o dan rwymedigaeth i gyflawni amodau'r cyfamod gweithredoedd, sef y ddeddf foesol, nid er mwyn ei gyfiawnhau ei hun, ond yn hytrach er

---

[63] Ibid., 82.
[64] 'Epistle Dedicatory', 7-8.
[65] R. Tudur Jones, *Vavasor Powell*, 92.

'mynegi ein cariad tuag at Grist'.[66] Mae Powell yn derbyn mai dim ond yr etholedigion a allai fwynhau bendithion y cyfamod Gras ond yr un pryd yr oedd yn medru osgoi trafod yr athrawiaeth am ragarfaeth mewn dull academaidd, oer. Fel y dywed R. Tudur Jones: 'Yn niwinyddiaeth y cyfamodau darganfu'r Calfiniaid ffordd i wneud amgenach cyfiawnder â'r ddysgeidiaeth feiblaidd am adfer y pwyslais ar ymwneud personol Duw â dynion.'[67] Gras Duw a achubodd ddyn a'i ddwyn i'r cyfamod newydd a gwelir Powell yn rhoi lle cwbl ganolog yn ei neges i Ras achubol Duw:

> Oh soule, consider how the God of grace owned thee, how the Lord of grace bought thee, how the Word of grace called thee, how the Herb of grace helped thee, and how the Spirit of grace wrought in thee, and sealed thee...[68]

Y Beibl oedd ffynhonnell y Gras achubol hwn gan mai yno y cofnodir gweithredoedd gwaredigol Duw yn ei ymwneud â dyn. Yr oedd Duw wedi ordeinio'r cwbl sydd cyn seiliad y byd. Ond torrodd Adda y cyfamod gweithredoedd a gwrthryfela yn erbyn ordeiniadau Duw ac roedd ei ddisgynyddion oll yn sefyll o dan farn fyth er hynny. Eithr o'i Ras gwelir Duw yn ymateb i'r gwrthryfel gwreiddiol hwn ac yn trefnu ymwared, sef y cyfamod newydd neu'r cyfamod gras i fod yn gyfrwng achub dyn rhag canlyniadau'r Cwymp. Ar sail ei ffydd yng Nghrist y mae Duw yn cyfiawnhau'r pechadur ac yn ei ddwyn i mewn i'r cyfamod gras. Yr oedd wedi proffwydo dyfodiad y cyfamod hwn wrth Adda gynt, sef y byddai rhyfel rhwng ei had a'r sarff (*proto euangelium*). A datguddiwyd y cyfamod newydd hwn mewn cyfres o oruchwyliaethau yn yr Hen Destament o ddyddiau Adda, Abraham a Moses i lawr hyd Grist a diwedd amser.[69] Crist oedd Pen ffederal y cyfamod newydd a thrwyddo Ef yr oedd y Tad wedi ymostwng at ddyn mewn gweithred o Ras achubol. Yr oedd pwyslais Powell ar Grist yn un cwbl ganolog gan ei fod yn disgwyl Ailddyfodiad Crist yn ei oes ef. Dyna paham y credai fod lle i gredinwyr ymhél â gwleidyddiaeth gwlad er mwyn palmantu'r ffordd ar gyfer dyfodiad Crist y Pumed Brenin. Ffydd cwbl Gristganolog oedd ganddo.

Nid oedd Powell yn ddiwinydd gyda'r gwreiddiolaf o bell ffordd, ddim mwy nag yr oedd Llwyd ar un ystyr, ond mabwysiadodd Powell syniadau meddylwyr eraill cyhyd â'u bod yn gytûn â'i Galfiniaeth ef. Wedi dweud hynny rhaid pwysleisio nad diddordeb

---

[66] *Christ and Moses Excellency, or Sion and Sinai's Glory* (1650), 169.
[67] R. Tudur Jones, *Vavasor Powell*, 92.
[68] *Christ and Moses Excellency*, 155.
[69] Ibid., 2, 23, 32-36, cf. yn arbennig 28-30.

Diferion Duwioldeb

academaidd mewn athrawiaeth a oedd ganddo gan ei fod wedi teimlo i'r byw a phrofi yn ddirfodol rym ysbrydol y credoau hyn y pregethai amdanynt; credai'n angerddol fod Duw wedi paratoi achubiaeth i'r etholedigion yng Nghrist. Credai o lwyrfryd calon fod y Beibl yn dwyn tystiolaeth i'r waredigaeth anhaeddiannol hon. Bu'n trafod, er enghraifft, y pwnc hwn dros 58 tudalen yn ei lyfr *Christ and Moses...* gan godi 40 math o addewid o'r Ysgrythur i ddangos fel yr oedd Duw yn ffafrio'r etholedigion yn unig.[70]

Yn y Beibl, yn ôl Powell, y datguddir ewyllys Duw ar gyfer Ei bobl, a thrwy gredu yn Nuw y Beibl y daw dyn i gredu yng Nghrist a'r cyfamod newydd. I Powell dyma oedd y pren mesur i bob athrawiaeth a disgyblaeth eglwysig. Rhybuddiai'r Crynwyr yn gyson i ymgroesi rhag dyrchafu'r goleuni mewnol yn yr unigolyn uwchlaw datguddiad awdurdodol y Beibl, fel y gwnaeth Llwyd yn *Where is Christ?*, 1655.[71] Credai Powell na allai neb iawn-ddeall yr Ysgrythur heb yn gyntaf gael ei oleuo yn ei reswm mewn adenedigaeth. Os yw dyn i ymgyrraedd at Dduw yna rhaid bod Duw wedi ymostwng i ddyn mewn hunanddatguddiad drwy gyfrwng gweithredoedd datguddiol ac achubol yn y Gair. Duw Trosgynnol yw Duw'r Beibl; yr oedd yn anweledig ac anfesurol eithr hysbysodd Ei Hun i bechaduriaid edifeiriol yn y datguddiad cyflawn a roes yn Ymgnawdoliad Crist.

Ceir cyffes ffydd Powell yn *The Life and Death of Mr Vavasor Powell*, 1671.[72] Mae'n amlwg o'r gyffes hon ei fod yn gosod pwyslais canolog ar gyflwr marwol y galon ddynol, peth a nodweddai'r rhan fwyaf o'r Piwritaniaid Calfinaidd gan gynnwys Llwyd. Y galon wedi'r cwbl oedd eisteddfod y profiadau dynol a dyma'r man lle yr oedd Duw yn cyffwrdd â bywyd dyn. Yma y penderfynid tynged dragwyddol dyn. Wrth astudio'r bywyd mewnol y daw pechadur i ymgyrraedd at y dull a'r modd gorau i rodio â Duw. Pwysleisia Powell fod pwy bynnag a lwyr gredai o'r galon eisoes o fewn rhwymau'r cyfamod gras, a hynny i'r graddau fel na allai fyth syrthio'n ôl i gollediagaeth dragwyddol. Wrth ddilyn y bywyd defosiynol cedwir dyn mewn cyflwr effro gan yr Ysbryd. Ar y llaw arall, bydd ymdrech fewnol yn erbyn pechod ac ar du sancteiddrwydd yn cadarnhau cyflwr cadwedig yr enaid sy'n tyfu mewn Gras. Rhestrodd nifer o 'arwyddion gwir grediniwr' ac yn eu plith yr oedd ufudd-dod i Grist, gwyleidd-dra, sêl dros ogoniant Duw, awydd angerddol i ymsancteiddio, ac wrth gwrs, hunanymwadiad. Nodwedd arall gyson a bwysleisir ganddo yw'r cariad y dylid ei

---

[70] Ibid., 109-167, 259-268; ac yn arbennig 154-56.
[71] *Gweithiau Morgan Llwyd o Wynedd* I, gol. T. E. Ellis (Bangor a Llundain, 1899), 297-309.
[72] Edward Bagshaw, *The Life and Death of Mr Vavasor Powell* (Llundain, 1671), 20-45.

amlygu at Dduw a chyd-ddyn. I Powell yr oedd pechod yn golygu llawer mwy na methu'n foesol; sarnai'r gyd-berthynas rhwng dynion a'i gilydd a rhyngddynt a Duw. Dyna paham yr oedd mor llawdrwm yn erbyn pechod, a dywedodd:

> Learn to know sin, to disallow of it, dispice it, overcome it inwardly, and to put it from thee, to fear its return...[73]

Llawlyfr defosiynol oedd y Beibl i Powell.[74] Yn y Gair y canfu batrwm i'w dduwioldeb ac ystyriai ef yn ffynhonnell ddihysbydd i roi anogaeth a chyfarwyddyd ar gyfer byw'r bywyd ysbrydol mewnol. Cadwai ddyddiadur fel y gwnâi llawer o'i gyd-biwritaniaid, a'i fwriad wrth wneud hyn oedd cofnodi ei ymdrechion ysbrydol personol fel y gallai'r cofnod roi cyfarwyddyd iddo o ran mesur ei gyraeddiadau ysbrydol yn ogystal â bod yn esiampl hyfforddiadol i gredinwyr eraill. Yn ychwanegol at hynny yr oedd cofnodi profiadau'r galon yn tystiolaethu i waith adnewyddol Gras. Rhaid oedd rhannu'r profiadau hyn gyda'r saint er mwyn i brofiad personol y pregethwr am wironeddau'r Efengyl a'r amlygiadau o Ras a chariad Duw tuag ato gryfhau ysbryd ei ddilynwyr.

Credai Powell, fel llawer o'i gyd-biwritaniaid, bod duwioldeb yn bosibl nid yn unig drwy gyfrwng gweddi a myfyrdod ond hefyd drwy ganu emynau[75] a dathlu Swper yr Arglwydd. Nid pietist mo Powell o bell ffordd. Yr oedd ei yrfa yn ddigon o brawf yn hyn o beth. Ys gwir y condemniai'r 'byd' ond yr hyn a olygai wrth hynny oedd pethau materol a oedd yn llesteirio arwain byw bywyd ysbrydol. Rhaid oedd osgoi pethau'r 'cnawd' (yn ei ystyr Bawlaidd) rhag bygwth y berthynas iach rhwng crediniwr a Duw. Ac nid peth arallfydol oedd duwioldeb Powell gan ei fod o'r farn mai peth a baratoai'r Cristion ar gyfer byw yn y byd oedd y bywyd defosiynol. Ei nod oedd byw uwchlaw'r byd a moliannu'r Creawdwr yn hytrach na'r creadur.

Morgan Llwyd (1619-1659)

Nid oes amheuaeth nad Morgan Llwyd oedd meddyliwr mwyaf enigmatig y Chwyldro Piwritanaidd yng Nghymru, a meddyliwr mawr hefyd. Er gwaethaf amlochredd trawiadol ei ddiwinyddiaeth yr oedd ei alluoedd cynhenid fel bardd a llenor a meddyliwr i greu sumffoni fawreddog glasurol o wahanol ddylanwadau syniadol wedi peri iddo nyddu cwrlid syniadol cain ac amlbatrymog yn ei weithiau. Tynnodd ei

---

[73] Ibid., 34.
[74] Ibid., 109.
[75] R. Tudur Jones, 'Emynau'r Piwritaniaid', *Bwletin Cymdeithas Emynau Cymru* III (1999), 217-241.

Diferion Duwioldeb

syniadau o ffynonellau uniongred ac anuniongred. Yr oedd yn ddyledus i syniadau meddylwyr mor amrywiol â Peter Sterry, caplan Oliver Cromwell, Richard Baxter a William Erbery, Vavasor Powell a Walter Cradoc. Y mae'n gwbl bosibl ei fod hefyd yn ddyledus i Neoblatoniaid Caer-grawnt. Llwyddodd gydag afiaith anghyffredin i buro'r holl ddylanwadau hyn ym mhair ei ddychymyg. Eithr y prif ddylanwadau arno i bob pwrpas beirniadol, fe ddichon, oedd Calfiniaeth gymedrol Piwritan fel Walter Cradoc a damcaniaethau astrus Jakob Böhme, y cyfrinydd Lutheraidd o'r Almaen. Yr hyn a edmygai Llwyd yn neges atyniadol anuniogred y gŵr hwn oedd ei gred sylfaenol fod Duw yn fewnfodol yn y Cread ac mewn dyn a bod y goleuni mewnol (cyffredinol) hwn gyn bwysiced â goleuni arbennig neu ddatguddiol y Beibl a dysgeidiaeth uniongred yr Eglwys neu'r traddodiad Protestannaidd. Ond, yn wahanol i Böhme, ni cheisiai Llwyd wadu tarddiad y ddau oleuni – y tystiolaethir iddo yn y Beibl – yng ngwaith adenedigol yr Ysbryd Glân. Gwelir ôl myfyrio yn y meddwl Bemenaidd ym mhob un o glasuron rhyddiaith Llwyd, ac yn wir, dewisodd hyd yn oed gyfieithu dwy adran o *Der Weg zu Christo*[76] ('Y Ffordd at Grist') a'u cyhoeddi yn 1657. Yn y cyfnod pryd y pregethai Powell neges y milflwyddiant gyda'i sêl danbaid arferol yr oedd Llwyd wedi troi ei gefn ar oblygiadau gwleidyddol rhaglen y Pumed Breniniaethwyr ac wedi ymsuddo i fywyd o fyfyrdod mewnol gan annog ei ddarllenwyr i ymysgwyd o'u difaterwch ysbrydol a deffro a gwrando ar y gwir 'Bregethwr' ym mhulpud eu calonnau.

Delfrydwr oedd Llwyd i raddau helaeth. Dewisodd Powell droedio llwybr llawer mwy gwrthrychol na Llwyd drwy dorchi ei lewys mewn bywyd ymarferol llawn o weithgarwch gwleidyddol diflino. Yr oedd ei sêl a'i egni radicalaidd yn ddiarhebol. Ond, yn wahanol i Powell, teg dweud mai Llwyd oedd yn gyfrifol am wisgo'r mudiad Piwritanaidd yng Nghymru â nodweddion nodedig o ran deallusrwydd a dychymyg. Pregethwr o artist oedd Llwyd a chofir amdano yn bennaf yn sgil ei alluoedd llenyddol a chrefyddol dihysbydd. Yn wahanol i Llwyd nid ysgrifennodd Cradoc na Powell[77] nemor ddim yn Gymraeg; ac ar wahân i gynnyrch Evan Roberts, Llanbadarn Fawr ac Oliver Thomas,[78] Richard Jones, Dinbych,[79]

---

[76] Jacob Boehme, *The Way to Christ* (Kessinger Publications, d.d.); cf. Gerhard Wehr, *Von übersinnlichen Leben: Jakob Böhme* (Stuttgart, 1993) am Almaeneg gwreiddiol adran olaf 'Y Ffordd at Grist'.
[77] Ond cyfieithiwyd dau o'i lyfrau i'r Gymraeg, gw. nodyn 38 uchod.
[78] Merfyn Morgan (gol.), *Gweithiau Oliver Thomas ac Evan Roberts*.
[79] J. Gwynfor Jones (gol.), *Agweddau ar dwf Piwritaniaeth yng Nghymru yn yr ail ganrif ar bymtheg* (Llanbedr Pont Steffan, 1992), 167-202.

Stephen Hughes[80] a Charles Edwards[81] yn yr Adferiad, prin fu'r cynhaeaf o ran rhyddiaith yn yr iaith Gymraeg. Ond yr eithriad disglair wrth gwrs yw Llwyd. Yn ei lyfrau gwelir ef yn mynegi'n ddifloesgni syniadau deallusol cymhleth a dilechdid wleidyddol gydag afiaith athrylith anghyffredin. Wrth geisio mynegi ei brofiad crefyddol tanbaid meistrolodd amrywiol ddulliau llenyddol o arbrofi ym myd metaffuseg,[82] a seicoleg feiblaidd. Llawforwyn oedd y cwbl i ddathlu gwaith adenedigol yr Ysbryd Glân. Ynddynt y mae'n cyffroi calonnau ei gydwladwyr ac yn eu deffro o'u trymgwsg a'u cysgadrwydd cyn dyfod Crist yn ôl i'r byd. Meddwl unigryw sydd gan Llwyd ac nid oes amheuaeth na ddarfu iddo gyfrannu i lenyddiaeth Gymraeg fynegiant cwbl iasol o waith Gras achubol a arweiniai'r Cymro at fywyd ysbrydol newydd a nodedig. Y mae'n anodd iawn mesur pa faint o ddylanwad a gafodd Llwyd ar feddyliau ei gyfoeswyr. Ond a barnu wrth adwaith y Cyrnol John Jones o Faesygarnedd, dyweder,[83] neu'r diwinydd Arminaidd Richard Baxter,[84] neu hyd yn oed Vavasor Powell,[85] yr oedd ei ryddiaith fe ymddengys yn rhy gymhleth ac yn achos dryswch i lawer o'i ddarllenwyr.

Hwyrach mai Llwyd oedd y pregethwr mwyaf a welodd y Chwyldro Piwritanaidd yng Nghymru.[86] Darllenasai weithiau Oliver Thomas a Vavasor Powell ynghyd â'r cyfieithiadau Cymraeg modern cynnar,[87] a'r Beibl, wrth gwrs. Yr oedd felly yn ddolen gyswllt o'r pwysicaf yn nhwf ac ymlediad Piwritaniaeth yng Nghymru erbyn dyddiau'r Ddiffynwriaeth (1653-1660). Un o gynrychiolwyr yr ail genhedlaeth o Biwritaniaid Cymreig oedd Llwyd felly. Nid *primus inter pares* mohono o gwbl, ond cawr a wnaeth gyfraniad newydd sbon danlli gyda'i ryddiaith lathr i'r traddodiad Cristnogol Cymraeg ym mlynyddoedd canol yr ail ganrif ar bymtheg. Mae'n gwbl bosibl, wrth gwrs, mai Llwyd yw'r awdur mwyaf ei athrylith o blith holl ysgrifenwyr rhyddiaith y cyfnod modern cynnar yng Nghymru boed hwy'n Anglicaniaid, yn Gatholigion neu'n Biwritaniaid.

---

[80] Geraint H. Jenkins, *Cadw Tŷ mewn Cwmwl Tystion* (Llandysul, 1990), 1-28.
[81] Derec Llwyd Morgan, *Charles Edwards* (Caernarfon, 1994).
[82] E. William Harker, *Metaphysics: Constructing a World View* (Caerlŷr, 1983).
[83] *Gweithiau Morgan Llwyd* III, 138-39.
[84] Ibid., 99.
[85] Ibid., 146.
[86] Barnai awdur anhysbys *A Winding Sheet for Mr Baxter's Dead* (1689), mai Llwyd oedd '...the most absolute British orator [pregethwr Cymraeg] that ever was in the ministerial function ...' *Gweithiau Morgan Llwyd* II, lxxvii.
[87] *Gweithiau Morgan Llwyd* III, 25.

Diferion Duwioldeb

Cyhoeddodd Llwyd un ar ddeg o weithiau i gyd rhwng 1653 a 1657, sef wyth yn Gymraeg a thri yn Saesneg. Da o beth fyddai inni atgoffa'n gilydd o'r gweithiau hyn fel a ganlyn:

Llythur ir Cymru Cariadus, 1653
Gwaedd ynghymru yn wyneb pob cydwybod, 1653
Dirgelwch i rai iw ddeall Ac i eraill iw watwar...Neu arwydd i annerch y Cymru cyn dyfod 666, 1653
An Honest Discourse between Three Neighbours, 1655
Lazarus and his Sisters discoursing of Paradise, 1655
Where is Christ?, 1655
Gair o'r Gair neu Sôn am Swn..., 1656
Yr Ymroddiad (cyf. o *Of True Resignation*, fersiwn Saesneg John Sparrow o adran o'r *Der Weg zu Christo* gan Jakob Böhme),[88] 1657
Y Discybl ai Athraw o newydd (cyf. o *Of the Supersensual Life in a dialogue between a scholar and his master*, fersiwn John Sparrow eto o adran arall o'r *Der Weg zu Christo*), 1657
Cyfarwyddid ir Cymru, 1657
Gwyddor Vchod, 1657

Yn ychwanegol at yr uchod ceir gan Llwyd draethodau rhyddiaith anorffenedig yn Gymraeg ac yn Saesneg ynghyd â nifer o gerddi a llythyrau dadlennol mewn llawysgrif.[89] Mae tri chlasur 1653 yn ddyledus am eu hysbrydoliaeth yn bennaf i'r disgwyliadau milflwyddol hynny a oedd mor boblogaidd ym Myddin y Senedd yn y 1640au hwyr a'r 1650au cynnar. Tebyg bod Llwyd wedi syrthio o dan gyfaredd syniadau'r Pumed Breniniaethwyr tra gweithredai fel caplan yn y Fyddin.[90] Mae'n amlwg wrth gynnwys y llyfrau bod Llwyd yn pregethu i'w gyd-wladwyr a'i obaith ynddynt oedd eu deffro o'u cyflwr colledig a pheri iddynt ymbaratoi'n fewnol ar gyfer Ailddyfodiad Crist. Yr adeg honno credid y sefydlid milflwyddiant llythrennol ar y ddaear fel y gwelsom ym mhennod tair uchod. Yn ogystal â bod yn llwyfan i'r syniadau hyn y mae llyfrau 1653 yn arddangos ei ddawn lenyddol ddethau fel rhethregwr cysegredig.[91]

---

[88] *The Way to Christ*, 55-84.
[89] *Gweithiau Morgan Llwyd* III.
[90] Goronwy Wyn Owen, *Morgan Llwyd*, adran I; idem, *Rhwng Calfin a Böhme*, 'Eschatoleg'.
[91] M. Wynn Thomas, *Morgan Llwyd: Ei Gyfeillion a'i Gyfnod*, pennod vii; Goronwy Wyn Owen, 'Rhai sylwadau ar arddull Morgan Llwyd', yn J. E. Caerwyn Williams (gol.), *Ysgrifau Beirniadol* XXI (Dinbych, 1996), 73-80.

Mynnai ddwyn ei wrandawyr a'i ddarllenwyr i gyflwr o hunanadnabyddiaeth a thröedigaeth a fyddai'n esgor ar ailenedigaeth o'r Ysbryd a arweiniai wedyn at edifeirwch, neu 'alwad effeithiol' fel y'i gelwid gan y Piwritaniaid.[92]

Llyfrau mwy dadleugar yw llyfrau Saesneg 1655. Cais Llwyd ynddynt ddiffinio ei safbwyntiau personol parthed y Pumed Breniniaethwyr[93] ar y naill law, a'r Crynwyr ar y llall.[94] Erbyn y flwyddyn hon (1655) ni chytunai mwyach â'r Pumed Breniniaethwyr oherwydd y perygl a oedd yn ymhlyg yn eu rhaglen wleidyddol. Ni chytunai ychwaith â'r Crynwyr ynghylch y goleuni mewnol a oedd yn dibrisio gwrthrychedd hanesyddol y ffydd Galfinaidd ac awdurdod datguddiol Duw ohono'i Hun yn y Beibl.

Mae tri llyfr 1656-57 yn ymgais gan Llwyd i osod trefn fwy rhesymegol ar ei argyhoeddiadau. Gwelir ynddynt ei ddyled amlwg i ddysgeidiaeth Jakob Böhme.[95] Gwyddys i sicrwydd fod Llwyd wedi darllen y cyfieithiadau o waith Böhme fel y deuent o'r wasg er o leiaf 1651,[96] a'r canlyniad oedd i Llwyd or-bwysleisio profiad o'r Ysbryd i'r fath raddau nes peryglu ei uniongrededd Calfinaidd. Ond tuedd yn unig oedd hon gan fod ei syniadaeth am iachawdwriaeth yn bennaf yn drwyadl Galfinaidd.[97] Wedi dweud hynny, rhaid cyfaddef ei fod wedi ceisio cymathu syniadau metaffisegol Böhme â'i Galfiniaeth etifeddol,

---

[92] Goronwy Wyn Owen, *Morgan Llwyd,* adran IV.
[93] B. S. Capp, *The Fifth Monarchy Men* (Llundain, 1972).
[94] G. F. Nuttall, *The Welsh Saints, 1640-1660* (Caerdydd, 1957); Goronwy Wyn Owen, 'Morgan Llwyd a'r Crynwyr', *Y Traethodydd* (1999); E. Lewis Evans, 'Morgan Llwyd and the Early Friends', *Friends' Quarterly* 8 (1954); M. Wynn Thomas, *Morgan Llwyd: Ei Gyfeillion a'i Gyfnod,* pennod vii.
[95] Hans Grunsky, *Jacob Boehme* (Stuttgart, 1984); Gerhard Wehr, *Jakob Böhme* (Reinbek bei Hamburg, 1971); Hans L. Martensen, *Jacob Böhme: Theosophischen Studien* (Leipzig, 2006); B. J. Gibbons, *Gender in Mystical Thought: Behmenism and its Development in England* (Caer-grawnt, 2002); Basrab Nicolescu, *Science Meaning and Evolution: The Cosmology of Jacob Boehme* (Efrog Newydd, 1991); Serge Hutin, *Les Disciples Anglais de Jacob Boehme* (Paris, 1960); Gerhard Wehr a Pierre Deghaye, *Jacob Böhme* (Paris, 1977); Pierre Deghaye, *La Naissance de Dieu ou la Doctrine de Jacob Boehme* (Paris, 1977); Arthur Versluis, *Wisdom's Children: A Christian Esoteric Tradition* (Efrog Newydd,1999); Cyril O'Regan, *Gnostic Apocalypse: Jacob Boehme's Haunted Narrative* (Efrog Newydd, 2002); Andrew Weeks, *Boehme: An Intellectual Biography of the Seventeenth-Century Philosopher and Mystic* (Efrog Newydd, 1991); Alexandre Koyré, *La Philosophie de Jacob Boehme* (Paris, 1979); Roelof van den Broek a Cis van Heertum (goln.), *From Poimandres to Jacob Böhme: Gnosis Hermetism and the Christian Tradition* (Amsterdam, 2000).
[96] Goronwy Wyn Owen, 'Morgan Llwyd a Jakob Böhme', *Y Traethodydd* 139 (1984), 14-18.
[97] Goronwy Wyn Owen, *Rhwng Calfin a Böhme,* pennod 5.

Diferion Duwioldeb

yn enwedig ei syniadau am y Bod o Dduw cyn creu dim ar wahân iddo. Olrheinir cyfundrefn fetaffisegol ddyrys Böhme yn ddeheuig iawn gan R. Geraint Gruffydd,[98] ac ni ellir gwell crynodeb, ond odid, o'r gyfundrefn honno na'r dyfyniad a ganlyn a godwyd o ysgrif yr Athro ar Llwyd yn 1977:

> Gwreiddyn popeth sy'n bod yw'r Duw anfesurol, anfeidrol, anchwiliadwy, 'a'i hanfod ynddo'i Hun'. Yn y dechreuad yr oedd megis Dim, mewn cyflwr o fodolaeth ddiamser a diysgog. Gydag Ef yr oedd y Gair (Ei Ddoethineb), cyflawnydd ei weithredoedd creadigol. Ac yntau'n canfod ynddo'i Hun ei feddyliau a'i bosibiliadau a'i fwriadau tragwyddol, y mae Duw yn ei fynegi'i Hun mewn gweithred o greu, ac amlygir ei natur fel trindod o ewyllys, cariad a grym, sydd trwy bob peth. Wedi'u cynysgaeddu ag ewyllys, y mae ei greadigaethau'n ymadael â'u Gwreiddyn ac yn troi'n grynswth anffurf (*Diddim*) y daw'r pedair elfen ohono; y mae meddwl Duw wedyn yn gweithio ar y pedair elfen ac yn dwyn i fod bopeth gweledig creedig. Y mae Dyn, fodd bynnag, yn achos arbennig; y mae ei gorff wedi'i gyfansoddi o'r pedair elfen a chan hynny fe'i rheolir gan egwyddor hunangar neu drindod dywyll sy'n wrthwynebus i Dduw; ond fe'i doniwyd hefyd ag ysbryd sy'n tarddu'n uniongyrchol o Dduw trwy'r Gair, ac y mae'r Drindod Sanctaidd yn trigo ynddo'n sylweddol; yn ogystal, y mae ganddo enaid yn gyfryngwr rhwng y corff a'r ysbryd, yn cyfranogi o natur y ddau ac yn cael ei ddenu gan y ddau. Yn yr Ymgnawdoliad fe'i mynegodd Duw ei Hun yr ail waith: daeth y Gair yn ddyn yn Iesu Grist, a thrwy ei ufudd-dod perffaith a'i hunan-ymwadiad llwyr, gorchfygodd a darostyngodd drindod dywyll y byd hwn; ac yn awr fe ddaeth yn Ysbryd sydd yn goleuo, chwilio, amgyffred, rheoli, bywhau a chynnal pob peth. Yn olaf, yn y Dydd Diwethaf, fe fydd Duw yn ei fynegi'i Hun am y trydydd tro a'r olaf: dinistrir y ddaear a phopeth daearol, llyncir amser gan dragwyddoldeb, a bydd nefoedd newydd a daear newydd. Y dydd hwnnw, yr hyn a fydd yn penderfynu tynged yr enaid yw a oedd wedi dewis undod gyda'i ysbryd ynteu gaethiwed i'r corff: os dewisodd y cyntaf, fe berffeithir ei gymundeb yn yr ysbryd â'r Duwdod a bydd byw am byth mewn llawenydd a goleuni; eithr os yr ail oedd ei ddewis, ni chaiff ei ddinistrio gyda'r corff

---

[98] E. Wyn James (gol.), *Cwmwl o Dystion* (Abertawe, 1977), 52-59; cf. E. Lewis Evans, 'Cyfundrefn Feddyliol Morgan Llwyd'; *idem*, *Morgan Llwyd*. Ceir fersiwn Saesneg o erthygl R. Geraint Gruffydd yn *A Goodly Heritage* (Llundain, 1958).

ond yn hytrach bydd byw am byth mewn tywyllwch ac eisiau. Gall yr enaid ymlynu wrth yr ysbryd drwy ymwrthod â hawliau'r corff a'r ewyllys hunanol neu ufuddhau i anogiadau'r gydwybod, y bydd y Gair yn yr Ysbryd yn llefaru drwyddi.[99]

Os dilyn y gyfundrefn hon o'r brig i'r gwraidd a wnaeth Llwyd yn ei lyfrau, yna roedd yn heretig, a'i farnu wrth ganonau Calfiniaeth glasurol ei oes, a chydweithwyr fel Cradoc a Powell.[100] Ond yn gam neu'n gymwys fy nhipyn dadl i[101] oedd nad oes sicrwydd yn y byd mai disgybl cwbl ffyddlon i Böhme *yn unig* yw Llwyd. Prin ei fod wedi mabwysiadu i'w ddibenion ei hun holl gyfundrefn ddyrys yr Almaenwr, a hynny yn ei holl fanylion astrus. Y pwynt a danlinellais oedd bod Llwyd yr un mor ddyledus i syniadaeth Galfinaidd Piwritaniaid fel Cradoc a Powell. Cydnabûm fod Llwyd wedi'i ddenu gan Böhme, eithr yr un pryd yr oedd yn hwyrfrydig iawn i gefnu yn llwyr ar ei Galfiniaeth etifeddol. Y canlyniad anorfod yw y ceir yn ei lyfrau ymgais i impio'r syniadau metaffisegol a fenthycodd oddi ar Böhme ar gyff ei Galfiniaeth. Rhoes y cwbl wedyn ym mhair ei ddychymyg a chreu synthesis fawreddog, ddieithr a chwbl unigryw.

Ni ellir gwadu na cheir gan Llwyd gywasgiad cryno iawn o brifannau cyfundrefn Böhme, ond y mae'r syniadau hyn wedi'u gwau i mewn i frodwaith ei Galfiniaeth. Defnyddiodd syniadau digon amryliw o amryw ffynonellau fel edafedd i wau ei weledigaeth gwbl Gymreig. Dichon y bydd ysgolheigion y dyfodol, o bosibl, am geisio gweld i ba raddau, a sut yn union, yr aeth Llwyd ati i gymathu'r holl ddylanwadau Bemenaidd a Chalfinaidd a esgorodd ar y profiad ysbrydol dirfodol. Disgybl i bwy ydoedd yn bennaf, Böhme ynteu Calfin onid yn wir, y ddau ohonynt? O'm rhan fy hun rwy'n ei weld yn fwy fel disgybl i Galfin, a hynny yn syml am fod yr elfennau syniadol Calfinaidd amlwg yn ei feddwl yn gwbl ganolog pan fo'n cyflwyno'i neges am iachawdwriaeth yn bennaf ac yn flaenaf.[102]

Cytunir â'r farn hon gan R. M. Jones, a chan R. Tudur Jones.[103] Ond rhaid cofio, serch hynny, bod carfan arall o feirniaid hefyd yn

---

[99] E. Wyn James (gol.), *Cwmwl o Dystion*, daw'r dyfyniad o 55-57.
[100] *Gweithiau Morgan Llwyd* III, 146.
[101] Goronwy Wyn Owen, *Rhwng Calfin a Böhme*, pennod 5; cf. *idem*, *Morgan Llwyd*, adran III.
[102] Goronwy Wyn Owen, *Rhwng Calfin a Böhme*, pennod 5.
[103] R. M. Jones, *Cyfriniaeth Gymraeg* (Caerdydd, 1994); R. Buick Knox (gol.), *Reformation Conformity and Dissent*, 156-79.

Diferion Duwioldeb

gweld Llwyd fel disgybl ffyddlon i Böhme, a'i fod hefyd yn fwy o Arminydd o ran gogwydd yr ewyllys mewn dyn na Chalfinydd.[104]

Petai llyfrau Böhme heb eu trosi i'r Saesneg a'u cyhoeddi yn Lloegr yng nghyfnod Llwyd buasai'r Cymro, o bosibl, wedi troedio'r un llwybr goddrychol â'r Crynwyr gan fod y pwyslais ar waith goddrychol yr Ysbryd Glân mewn iachawdwriaeth eisoes yn duedd gref a phwerus mewn Piwritaniaeth ei hun, fel y dangosodd G. F. Nuttall.[105] Ac y mae'r ffaith gwbl ganolog hon yn fwy gwir hyd yn oed am y Piwritaniaid radicalaidd megis Llwyd, a chadarnhau tuedd a oedd eisoes yn un ddofn ym mhrofiad crefyddol y Cymro a wnaeth Bemeniaeth yn hytrach na'i ysgogi yn y lle cyntaf i droi i mewn at y mewndir eneidegol. Gweld yn Böhme gyfran o'i brofiad ef ei hun o waredigaeth a wnaeth Llwyd a'i ddefnyddio wedyn i fynegi ei neges ef ei hun am ailenedigaeth a santeiddhad, prif faes myfyrdod yr Almaenwr yn ei *Der Weg zu Christo*.[106] Mae'n arwyddocaol iawn ddarfod i Llwyd gyfieithu dwy adran o'r gyfrol hon i Gymraeg. Er gwaethaf ei bwyslais llywodraethol ar yr agweddau mwy mewnol ar y ffydd ni cheisiodd Llwyd, yn fwriadol, danseilio athrawiaeth Galfinaidd ei oes nac awdurdod y Beibl, cyffredinolrwydd pechod gwreiddiol, gwaith iawnol Crist ar y Groes, y cyfiawnhad, edifeirwch a gwaith y gydwybod ynghyd â santeiddhad.[107] Ond beth yn union ynglŷn â dysgeidiaeth Böhme a'i llygatynnai? Gellir yn betrus gynnig hyn o esboniad.

Un o'r radicaliaid oedd Böhme, wrth gwrs. Ceir amlinelliad da o'i gyfriniaeth yn 'Y Ffordd at Grist' sy'n llawlyfr defosiynol. Dysgai Böhme y dylai dyn ddyfod i gyflwr o hunanadnabyddiaeth cyn y gallai fynd i weddi yn effeithiol. Rhaid oedd i'r unigolyn gydnabod iddo'i hun ei fod angen cael ei achub. Pwysleisiai Llwyd hyn hefyd fel amod gwir dröedigaeth. Rhaid felly oedd troi i mewn i'r galon a chydnabod fod ar ddyn angen Duw. Gan i Adda gyda'r Cwymp golli'r ddelw ddwyfol y crewyd ef wrthi rhaid oedd i Grist adennill delw Duw ynddo'i Hun gyda'r Ymgnawdoliad. Os yw dyn am adfer y ddelw hon yn ei enaid ef ei hun rhaid oedd iddo gydnabod ei angen a'i dlodi ysbrydol a dilyn Crist. Pwysleisiai Böhme nad yw iachawdwriaeth y tu

---

[104] Cf. nodyn 5 uchod. Gwelir fy mod yn trafod yr amrywiol farnau hyn ym mhennod olaf fy nghyfrol, *Rhwng Calfin a Böhme*.

[105] G. F. Nuttall, *The Holy Spirit in Puritan Faith and Experience;* cf. Anthony S, Lane, 'John Calvin: the witness of the Holy Spirit', ac Andrew A. Davies, 'The Holy Spirit in Puritan Experience', *Westminster Conference Report* (Llundain, 1982).

[106] Cf. nodyn 76 uchod.

[107] Goronwy Wyn Owen, *Morgan Llwyd*, adran III a IV; *idem*, *Rhwng Calfin a Böhme*.

hwnt i gyrraedd neb gan fod gwreichionen o oleuni'r ddelw ddwyfol o hyd yn aros yn enaid pob dyn (goleuni naturiol yn y gydwybod oedd hwn ym marn Llwyd) ac y mae'r goleuni hwn yn ysgogiad mewnol ar i ddyn droi at Dduw. Gallai'r goleuni mewnol hwn arwain dyn at Grist a thrawsffurfid ei natur ganddo. Dysgai Llwyd yr un peth o ran ei syniad am ras cyffredin.

Yr hyn sy'n amlwg ar amrantiad parthed cyfriniaeth Böhme yw ei bod yn tanseilio ac yn milwrio'n erbyn diwinyddiaeth y Diwygwyr Protestannaidd mewn rhyw dair ffordd. Yn gyntaf, pwysleisiai'r Diwygwyr bod dyn yn gorwedd mewn tywyllwch a bod iachawdwriaeth yn dibynnu'n llwyr ar waith Gras achubol. Ond honnai Böhme y gallai pawb gyfrannu at ei achubiaeth ei hun drwy ddyfod i benderfyniad drosto'i hun, sef y dymunai i Dduw ei achub. Syniad Arminaidd oedd hwn felly, sef dysgu bod dyn yn medru cyfrannu fel hyn at ei iachawdwriaeth cyn y bydd Duw yn ei ffafrio. Yn ail, credai'r Diwygwyr, a Calfin yn enwedig, fod natur dyn yn gwbl lygredig. Eithr barnai Böhme fod y wreichionen ddwyfol yn enaid dyn yn peri ei fod yn medru ymateb i alwad Duw drwy ewyllysio ei ddilyn Ef. Yn wir, gallai anwybyddu'r goleuni mewnol hwn a disgyn i golledigaeth dragwyddol. Dyn ei hun sy'n gyfrifol am ei dynged yn hyn o beth. Yn drydydd, dysgai'r Diwygwyr fod cyfiawnhad y pechadur yn fater cyfreithiol a bod Duw yn cyfrif credinwyr yn gyfiawn yng Nghrist er ei fod o hyd yn bechadur (*simul iustus et peccator*). Gwaith iawnol gwrthrychol Crist ar y Groes a ddygai'r cyfiawnhad hwn i ddyn. Ond dysgai Böhme mai oddi fewn i ddyn y digwyddai'r cyfiawnhad drwy drawsffurfio'r hen natur a'i hadnewyddu. Nid cytundeb annibynnol rhwng Duw a'r Mab mo hwn yn ôl Böhme gan fod angen i gyfiawnhad fod yn santeiddhad hefyd. Cymysgai'r gwahaniaeth rhwng santeiddhad sy'n waith oes, a'r cyfiawnhad sy'n digwydd unwaith ac am byth pan ddaw dyn i gredu mewn galwad effeithiol. Yr oedd Llwyd yn gwbl ymwybodol o'r gwahaniaeth hwn.

Dadleuai Böhme o blaid Arminiaeth ac yn erbyn athrawiaeth y Diwygwyr am gaethiwed yr ewyllys drwy seilio'i ddysgeidiaeth ar Genesis 1:26. Er gwaethaf y Cwymp ni ddinistriwyd delw Duw ym meddwl disgynyddion Adda. Apeliai Böhme wedyn at Ioan 1:18, sef dal bod ychydig o oleuni'r ddelw hon yn aros yn enaid pob dyn. Fel y Crynwyr ar ei ôl dysgai Böhme mai hedyn oedd y goleuni mewnol, gweddill y ddelw ddwyfol yn yr enaid. Y mae, wrth gwrs, hanes hir i syniad o'r fath. Er enghraifft gellir ei olrhain mor bell yn ôl a Iestyn Ferthyr (*m. c.*165oc) sy'n sôn am y *logos spermatikos*, yr hedyn dwyfol a blannwyd yn yr enaid gan y Gair tragwyddol adeg y Creu. Credai Iestyn bod y logos hwn wedi ymgnawdoli yng Nghrist a bod modd adfer pawb i'r gwirionedd yn yr Achubwr drwy'r goleuni

Diferion Duwioldeb

mewnol hwn. Ond ni raid tybio wrth gwrs bod Böhme wedi darllen gwaith Iestyn. Effaith cred o'r fath oedd mewnoli a goddrychu'r ffordd at Grist.

Ymhellach, wedi i ddyn droi i mewn at ei galon ei hun mewn hunanymwadiad a sylweddoli bod hedyn goleuni a darddai yn y Logos tragwyddol yn goleuo yn ei feddwl gallai gychwyn ar weddi'r puro drwy edifeirwch. Wedyn roedd gofyn ar i ddyn ymroi o lwyrfryd calon i'r broses fewnol hon, a'r Ysbryd mewn gwirionedd sy'n gweddïo yn ei galon. Proses fewnol yw'r bywyd newydd a thrawsffurfir yr enaid yn Deml yr Ysbryd Glân. Ofn mawr y Diwygwyr Protestannaidd oedd y byddai dysgeidiaeth o'r fath yn tanseilio os nad yn wir yn peryglu parhad y gred mewn awdurdod datguddiol y Beibl, yr un ofn yn union ag a nodweddai'r Calfiniaid yn Lloegr yn eu dadl â'r Crynwyr. Sylweddolent y perygl a wynebai athrawiaethau beiblaidd o du cyfriniaeth gwŷr fel Böhme. Parodd hyn iddynt wrthod yr elfennau cyfriniol mewn athrawiaeth Gristnogol a darddai mewn Neoblatoniaeth. Ond er i Llwyd gael ei lygatynnu gan syniad Böhme am y goleuni mewnol, nid oedd yn Arminydd ac ni ddysgai iachawdwriaeth drwy arweiniad mewnol y goleuni hwn.[108] Ni wadodd erioed ddawn yr Ysbryd i'r Eglwys. Canolbwyntiodd yn ei lyfrau ar un agwedd ar soterioleg, sef honno a soniai am ddwyn pechadur drwy fwlch yr argyhoeddiad, neu dröedigaeth, a disgrifir ei nodweddion mewnol yn seicolegol neu eneidegol. Bu Böhme o gymorth mawr iddo gyda hyn o syniad. Ond gwnâi Llwyd hynny i'r fath raddau nes y gwyddai crediniwr i'r foment os oedd wedi'i aileni ai peidio. Rhydd le mawr yn ei weithiau i swyddogaeth adfywiol y gydwybod yn y broses o ddyfod o gyflwr ysbrydol hysb i gyflwr cadwedig drwy alwad effeithiol oddi uchod. Nid gwaith dyn ei hun yw'r cwbl, ond yn hytrach canlyniad ydyw i'r alwad raslon oddi wrth Dduw sy'n tarddu yng nghyfiawnhad pechadur drwy waith iawnol Crist ar y Pren. Pwysleisir hyn oll gan Llwyd yn *Where is Christ?*, 1655. Nid oedd ei bwyslais goddrychol yn rhempus o gwbl nac ychwaith yn ddisylwedd; roedd i'w ddysgeidiaeth ddirfodol fesur o wrthrychedd cadarn a fu'n angor i'w neges am iachawdwriaeth y medrai dyn ei phrofi mewn *theologia pectoris*.

Da yw dwyn i gof sylwadau gofalus R. Tudur Jones yn hyn o beth:

> his interest in Böhme and the debt he owes him are both obvious. But Llwyd was a critical admirer of Böhme and only adopted what he needed for his own purpose from his

---
[108] Goronwy Wyn Owen, *Rhwng Calfin a Böhme*, pennod 5.

system...He was in sympathy with the ideas of contemporaries like John Saltmarsh, William Dell, Samuel Hartlib, George Fox, and his own teacher William Erbery. And there was a strong bond of friendship between him and Peter Sterry. However, his voracious appetite for ideas, new and old, did not deprive him of his critical faculty and he moulded his borrowings into an impressive theological pattern which still allowed him to accommodate insights from the millenarianism of Vavasor Powell *and the genial Calvinism of Walter Cradock.*[109]

Yn ei weithiau y mae Llwyd yn codi arwyddbyst i gyfeirio'i ddarllenydd ar bererindod ysbrydol yr oedd ef ei hun eisoes wedi'i throedio. Duwioldeb i Llwyd yw'r profiad crefyddol hwn y rhydd amlinelliad ohono hwnt ac yma yn ei weithiau. Tynnodd yr arwyddbyst hyn o ddysgeidiaeth Böhme, o'r Beibl ac o blith athrawiaethau Calfinaidd gŵr fel Cradoc. A phrifannau'r daith yw'r profiad mewnol o dröedigaeth, adenedigaeth effeithiol a'r ymgyrraedd at uniad cyfriniol â Duw. Rhaid oedd paratoi calon ei ddarllenydd ar gyfer dyfod i gyflwr effro o argyhoeddiad, neu ymwybod o bechod, i gychwyn, sef drwy ddadansoddi proses tröedigaeth. Yn dilyn wedyn dadansoddir proses santeiddhad (ar sail y cyfiawnhad),[110] ac yn olaf, nodir nodweddion y profiad cyfriniol o undeb â Christ.[111]

Er mwyn gweld os oedd yr Ysbryd Glân ar waith yn creu bywyd newydd yn yr enaid rhaid oedd dwyn dyn i gyflwr o hunanadnabyddiaeth drwy ei argyhoeddi o bechod a hwn oedd y cam cyntaf mewn tröedigaeth. Hyfforddir y darllenydd wedyn parthed nodweddion mewnol y profiad o dywyllwch sy'n rhagymadrodd angenrheidiol i'r deffroad mewnol. Pwysleisir swyddogaeth ganolog y gydwybod yn y gwaith hwn o ddadansoddi proses santeiddhad wedyn; y profiad dirfodol o adnewyddiad a heddwch mewnol. Rhaid oedd dangos i ddyn fod arno angen cael ei aileni a gwaith Duw yn unig oedd yr argyhoeddi mewnol hwn. Gwaith dyn ar y llaw arall oedd dyfod i adnabod cyflwr ei galon ei hun a 'mynd i mewn i'r porth cyfyng'. Nid oedd yn ddigon i ddyn ddarllen am y datguddiad hanesyddol a gwrthrychol o Dduw yn y Beibl, yn y Cread, ac yn y gydwybod gan mai yn y galon y daw dyn i weld Duw yn Achubwr. Dylai dyn dreiddio o dan ei bersonoliaeth i'r 'stafell ddirgel', sef dyfnder dirfodol ei fod. Yn yr isymwybod sy'n gorwedd ar lefel ddyfnach na'r 'ego' aflonydd a chwyddir a'i borthi gan hunanoldeb a phechadurusrwydd, y daw dyn

---

[109] R. Buick Knox (gol.), *Reformation Conformity and Dissent*, 174. Yr awdur biau'r italeiddio ar derfyn y dyfyniad.
[110] Goronwy Wyn Owen, *Morgan Llwyd*, 30-34.
[111] Ibid., 34-38.

i brofi galwad effeithiol. Drwy chwilio am Dduw yno y rhyddheir dyn o nerthoedd cyfyngiadol yr ego pechadurus. Y gydwybod mewn dyn sy'n dryllio'r ego ac yn creu personoliaeth newydd mewn ailenedigaeth. Cannwyll dyn yw'r gydwybod sy'n goleuo'r meddwl a'r galon ac y mae'n dangos y ffordd i'r enaid ei thramwy wrth ddyfod i uniad cyfriniol â Christ.

'Cloch' neu 'utgorn' Duw yn yr enaid yw'r gydwybod. Rhagbaratoad i waith argyhoeddi ac ailenedigol yr Ysbryd Glân yw gwaith y gydwybod sy'n argyhoeddi dyn o bechod ac am ei angen am iachawdwriaeth. Dengys i ddyn fod ei enaid mewn tywyllwch cyn i Dduw ei oleuo. Nid yw'r gydwybod ohoni'i hun yn achub neb ond y mae'n dangos i ddyn 'pa fath enaid sydd ynddo'. Gan hynny, llais Duw mewn dyn yw'r gydwybod. Mae dyn ar goll mewn tywyllch os gwrthyd â gwrando ar ei anogiadau mewnol.

Ond yr oedd y 'cnawd' (yn yr ystyr Bawlaidd o *sarcs*) megis 'mwgwd' Satan am lygaid mewnol dyn. Rhaid iddo dreiddio drwy haenau marwol y cnawd, sef yr hunan pechadurus a dyfod i'r 'stafell ddirgel' lle bydd yr Ysbryd yn goleuo'r meddwl. Yn nyfnder dirfodol y galon y daw dyn i gyflwr o heddwch mewnol: profiad goddrychol sy'n 'llyfr' mewn dyn. Mae'r datguddiad mewnol hwn yn cydsynio a chyd-dystiolaethu â'r Ysgrythur; nid yw'n disodli awdurdod hwnnw ond y mae'n rhaid i ddyn wrth y 'llyfr' mewnol, os yw i ddeall a dirnad datguddiad y Beibl. 'Pregethwr' ym 'mhulpud' y galon yw tystiolaeth fewnol yr Ysbryd ac er mai'r datguddiad goddrychol hwn sy'n achub dyn ac yn ei dywys i'r bywyd newydd, nid yw'n ddatguddiad annibynnol ar y Beibl nac yn ei ddisodli yn ôl Llwyd yn ei *Where is Christ?*, 1655. Y mae'r profiad mewnol yn cadarnhau tystiolaeth wrthrychol y Beibl am wirionedd y profiad goddrychol o adenedigaeth.

Wedi profi tröedigaeth a chwyldro dirfodol yn y galon drwy wrando ar anogiadau Duw yn y gydwybod ac adenedigaeth yn yr enaid, y mae'n barod ar gyfer pen-llad y pererindod ysbrydol yn ôl Llwyd, sef profi'r uniad cyfriniol â Duw. Yn yr uniad hwn suddir i mewn i'r dyfnder dirfodol oddi mewn a gorffwys yn Nuw 'dy Wreiddyn'. Yn y profiad hwn arogla'r enaid y 'rhosyn', sef y sumbol a ddefnyddir gan Llwyd am yr *unio mystica*. Gwelir bod Llwyd yn dilyn traddodiad a gychwynnwyd gan Bernard o Clairvaux yn y ddeuddegfed ganrif yn ei bregethau ar Ganiad Solomon, wrth sôn am Grist fel 'priodfab' a'r enaid fel 'priodferch'.

Profiad y Cristion o Galfinydd a olrheinir gan Llwyd yn ei weithiau, ond ei fod wedi cymathu'r Galfiniaeth honno ag elfennau syniadol a dynnodd o sawl ffynhonnell fel y ceisiais ddangos eisoes mewn dwy ymdriniaeth.[112] Nid oes amheuaeth ei fod yn ffigur crefyddol gyda'r pwysicaf yng Nghymru yn ei ddydd a deil i herio dyn yn ein hoes ni.

William Erbery (1604-1654)

Yn wahanol i Llwyd gelyn anghymodlon i Galfiniaeth ei gydbiwritaniaid yng Nghymru oedd William Erbery. Ar ôl ei droi allan o'i fywoliaeth yng Nghaerdydd yn 1638 ar gyfrif ei anghydffurfiaeth, enillodd Erbery enw iddo'i hun fel rhyw fath o 'adyn ar gyfeiliorn'. Yn ystod cyfnod y Rhyfel Cartref (1642-1649) amsugnodd bob math o syniadau radicalaidd ac anuniongred yng nghwmni gwŷr fel John Saltmarsh a William Sedgwick, a darllenodd lyfrau milflwyddol Thomas Brightman, ac yn ddiweddarach lyfrau astrus cynnar Jakob Böhme. Fel Ceisiwr yr oedd yn drwm ei lach ar Bresbyteriaeth yn ogystal â Chynulleidfaoliaeth. Yn y 1650au pregethai gydag arddeliad anghyffredin ei syniad am iachawdwriaeth gyffredinol gan wfftio cydbiwritaniaid fel Cradoc a Powell. Roedd yr un mor atgas ganddo Anglicaniaeth hefyd, ac roedd yn llawn edifeirwch am iddo ar un adeg dderbyn cynhaliaeth o arian y degwm eglwysig yn ei swydd fel gweinidog yr Efengyl. Yn wir, yr oedd wedi ffromi wrth bob ffurflywodraeth eglwysig, a chanfu hafan i'w enaid ystormus yn yr Efengyl Dragwyddol honno a bregethid gan y Ceiswyr.[113]

Ond darfu dylanwad Erbery ar y cyfan pan edwinodd cymdeithas y Crynwyr yn ardal Caerdydd yn ail hanner yr ail ganrif ar bymtheg. Ac er bod Ymneilltuaeth yng Nghaerdydd a'r cyffiniau yn hanu o'r cynulleidfaoedd a sylfaenasid gan Cradoc ac Erbery yn y 1630au a'r 1640au, arhosodd llawer o'i ddisgyblion yn driw i Galfiniaeth y Presbyteriaid a'r Annibynwyr. Eithr dewisodd eraill ddilyn eu hathro i gyfeiriad cyfriniaeth y goleuni mewnol, ac nid rhyfedd gweld dilynwyr Erbery yn ymuno â'r Crynwyr ar ôl ei farw.[114]

Gan fod Erbery wedi cefnu mor drylwyr ar ei Galfiniaeth wreiddiol a dyfod yn Geisiwr a bregethai iachawdwriaeth gyffredinol, nid rhyfedd ei weld yn cofleidio Arminiaeth. Ymhlith ei heresïau eraill yr oedd y syniad canolog hwnnw am y credinwyr yn cyfrannu o'r un natur ddwyfol â Christ. Gwadai felly ddysgeidiaeth draddodiadol yr Eglwysi Protestannaidd am y Drindod fel y gwnaeth Socinws o'i flaen.

---

[112] Gw. nodyn 97 uchod.
[113] J. F. McGregor, 'Seekers and Ranters', yn J. F. McGregor a Barry Reay (goln), *Radical Religion in the English Revolution* (Rhydychen, 1984), 121-39.
[114] Brian Ll. James, 'William Erbery: Ceisiwr Cymreig', yn J. Gwynfor Jones (gol.), *Agweddau ar dwf Piwritaniaeth yng Nghymru yn yr ail ganrif ar bymtheg*, 63-91; gw. hefyd erthygl yr awdur yn *Journal of Welsh Ecclesiastical History*, III (1986).

Diferion Duwioldeb

Mewn dadl yn Rhydychen gyda'r Presbyteriaid yn 1646-47, cyflwynodd Erbery syniadau'r Ceiswyr, sef nad oedd eglwys weledig o saint mewn gwirionedd ac nad oedd angen i neb ddathlu'r sacramentau na chynnal cyfarfodydd trefnus i addoli. Credai hefyd nad oedd galw ychwaith am weinidogaeth sefydlog wedi'i haddysgu yn y Prifysgolion (er ei fod yn ŵr graddedig o'r ddwy Brifysgol). Anwiredd, fe honnai, oedd yr athrawiaeth am y Drindod.[115]

Yr oedd egwyddorion crefyddol sylfaenol Erbery wedi ymgrisialu yn ystod y 1640au, ond bu peth ymestyn a datblygu arnynt ynghyd â newid mewn ambell bwyslais yn ystod y 1650au. Disgwyliai'n eiddgar am yr hyn a eilw yn dywalltiad cyflawn o'r Ysbryd Glân yn 1653-54. Ond yn annisgwyl hwyrach, beirniadai'n hallt iawn Blaid y Bumed Frenhiniaeth a ddisgwyliai mor eiddgar am ailddyfodiad Crist i sefydlu milflwyddiant llythrennol ar y ddaear. Yn ôl Erbery, yr oedd yr Ysbryd wedi bod ar drai ers dyddiau'r Apostolion gynt a'r eglwysi wedi gwrthgilio oddi wrth eu cariad cyntaf. Cyfyd ei olygon at ddyfodiad yr hyn a eilw yn Drydedd Oruchwyliaeth pan ddeuai'r Ysbryd yn ei ôl yn gyflawn a thrwy hynny gyflawni ewyllys Duw yng nghalon dyn.[116] Credai y byddai'r Drydedd Oruchwyliaeth yn gweddnewid bywyd ysbrydol y deyrnas. Er i'r Pumed Breniniaethwyr feirniadu Cromwell mor hallt wedi methiant Senedd y Saint yn 1653, a gorfod goddef ei ddyrchafu yn Arglwydd Amddiffynnydd yn Rhagfyr 1653, yr oedd Erbery yn gwbl barod i gymeradwyo llywodraeth newydd o'r fath a chefnogi Cromwell ac yn sicr gwyddai Llwyd yn iawn am safbwynt Erbery.[117]

Gwta pedwar mis ar ôl ei farw yn 1654 cyhoeddwyd llyfr o'i eiddo o dan y teitl *The Great Earthquake*. Yn y llyfr hwn gwelir Erbery yn proffwydo cwymp yr eglwysi gyda dyfodiad y Drydedd Oruchwyliaeth.[118] Credai Erbery yn gydwybodol y deuai'r oruchwyliaeth hon yn fuan ac fe'i hamlygid i gychwyn yng ngogledd Cymru o bobman! Yr oruchwyliaeth gyntaf oedd honno a gyfatebai i'r oes o dan gyfraith yr Hen Destament pryd y datguddiodd Duw ei Hun fel Tad. Yn yr ail oruchwyliaeth wedyn datgelodd Duw ei Hun fel y Mab. Ar ôl hynny daeth yr Apostolion a mynd o'r Eglwys Gristnogol ar gyfeiliorn o ran addoliad a ffurflywodraeth. Ymadawodd

---

[115] J. I. Morgans, 'The Life and Work of William Erbery', Traethawd BLitt, Prifysgol Rhydychen, 1968, 31-3.

[116] Thomas Richards, *A History of the Puritan Movement in Wales* (Llundain, 1920), 180-81; R. Tudur Jones, 'Tystiolaeth William Erbery', *Y Dysgedydd* (1954), 191.

[117] Alfred Cohen, 'Two Roads to the Puritan Millennium: William Erbery and Vavasor Powell', *Church History*, 32 (1963), 328-29.

[118] A. L. Morton, *The World of the Ranters* (Llundain, 1970), 124-31.

Cewri'r Cyfamod

presenoldeb yr Ysbryd â hi a disodlwyd hwnnw gan gatecismau plentynnaidd a chyffesion ffydd dinod a litwrgïau anwir. Rhywbeth ar gyfer gweiniaid ysbrydol oedd y ddau sacrament. Ond yn y dyddiau olaf bydd Duw yn datguddio'i Hun fel Ysbryd pryd y deuai'r Jerwsalem Newydd i lawr o'r nef. Teyrnas yr Ysbryd fydd y Drydedd Oruchwyliaeth hon, ac roedd rhai o'r Ceiswyr hyd yn oed wedi blasu'r nef yn barod. Nid drwy nerth hunan dyn yr amlygid y Deyrnas ond trwy ddatguddiad yr Ysbryd.[119]

Dyma'r rheswm pam y gwrthwynebai Erbery bob ffurf ar ddeddfoldeb ac allanolion bethau crefydd. Ni fynnai weld y wladwriaeth ychwaith yn caethiwo rhyddid pregethwyr. Pan ddeuai'r Drydedd Oruchwyliaeth sicrheid cyfiawnder cymdeithasol a gwir grefydd waeth beth y bo'i ffurf.[120] Credai llawer o gyfoeswyr Erbery ei fod yn siarad ar ei gyfer wrth ddweud pethau fel hyn ('taken ill of his whimsies' ebe awdur un llyfr ar y Piwritaniaid Cymreig).[121] Oherwydd ei heresïau gorfu iddo ymddangos gerbron Pwyllgor y Gweinidogion Llwm yn Llundain yn 1652.[122] Ond ni wnâi Erbery mewn gwirionedd namyn cario egwyddorion Piwritanaidd ymhellach i'r chwith na'i gyfoedion yng Nghymru. Er ei fod yn gwrthod y drefn bregethu crwydrol yn ei ddydd,[123] a chynnal gweinidogaeth sefydlog gan y Wladwriaeth,[124] yn ogystal â chondemnio Cradoc a Powell[125] a'u hymdrechion dros ledaenu'r ffydd Biwritanaidd, yr oedd o hyd yn gohebu â hwy (cydymdeimlai, er enghraifft, ag Ambrose Mostyn ar farwolaeth ei wraig).[126] Mynnai gadw'i gyfeillgarwch â Powell,[127] ond pan ymosododd hwnnw ar lywodraeth newydd Cromwell ychydig fisoedd cyn marw Erbery, dengys beirniadaeth hwnnw ar Powell ei fod yn medru bod yn gymedrol ac yn gryf iawn ei feddwl.[128] Meddwl amlochrog ac ansefydlog oedd eiddo Erbery ar y cyfan, ond amhosibl iddo oedd ymgyrraedd at y safonau a osododd i lawr fel nod i anelu ato mewn cyfnod o drawsnewid chwyldroadol.

Cyhuddwyd ef pan wasanaethai fel caplan ym Myddin y Senedd o lygru meddyliau'r milwyr gyda'i antinomiaeth gwbl agored.[129]

---

[119] William Erbery, *The Testimony of William Erbery* (Llundain, 1658), 5.
[120] Ibid., 73.
[121] *A Winding Sheet for Mr Baxter's Dead* (1689).
[122] *The Testimony of William Erbery*, 316.
[123] Ibid., 156.
[124] Ibid., 162.
[125] Ibid., 101.
[126] *A Call to the Churches*, 35-36.
[127] Ibid., 41.
[128] *An Olive-Leaf* (1653).
[129] *ODNB*, vol. xvii, 384.

Cydymdeimlai'n ddwfn â'r Crynwyr.[130] Ond, yn ei flynyddoedd olaf nid oedd yn perthyn i'r un sect nac enwad. Pregethai wrth bawb a ddeuai i wrando arno. Cwestiwn diddorol yw a fyddai wedi ymuno â'r Crynwyr petai wedi cael byw? Yn wir, aeth Mary ei wraig a Dorcas ei ferch drosodd at y Crynwyr ar ôl ei farw. Cofier bod y sect hon wedi ymosod ar weinidogaeth sefydlog, y sacramentau a chynnal pregethwyr ag arian y degwm. Credent hefyd ym mewnfodaeth Duw fel y gwnâi Erbery ei hun. Yr oedd Thomas Holmes, y Crynwr, wedi bod yn cyhoeddi neges George Fox yn ardal Caerdydd ymhlith pobl Erbery yn y 1650au cynnar.[131] Erbyn 1656 yr oedd Mary a Dorcas wedi ymuno â dilynwyr James Nayler a gorymdeithio yn ei gwmni i mewn i Fryste gan ei gyhoeddi yn Fab Duw neu'n Feseia.[132] Ond er ei chosbi ni wadodd Dorcas ei ffydd yn nwyfoldeb Nayler.[133]

Y mae'n amlwg fod y tir wedi'i fraenaru gan Erbery a'i debyg ers blynyddoedd ar gyfer llwyddiant y Crynwyr yn ardal Caerdydd yn y 1650au.[134] Rhaid bod syniadau'r Crynwyr yn apelio at Mary a Dorcas Erbery am eu bod yn adleisio syniadau William neu yn eu gwireddu i raddau helaeth iawn.

Gwelai Erbery hanes yn ymagor fel rhyw fath o esblygiad crefyddol.[135] Fel Llwyd ar ei ôl gwelai Dduw a Christ yn ymgnawdoli mewn credinwyr. Credai fod cyflawnder y Drindod eisoes wedi ymgnawdoli yn y saint yn union fel y gwnaeth yn yr Iesu, er nad gyda'r un gradd o gyflawnder ychwaith.[136] Syniai Erbery nad yn y Beibl yr oedd awdurdod mewn crefydd yn gymaint ag yng nghalonnau'r saint, syniad a oedd yn golygu israddoli datguddiad y Beibl. Ac fel y dywed R. Tudur Jones amdano:

> Y mae'r rhaniad rhwng Erbury a Llwyd ar y naill law a Chradoc a Powell ar y llaw arall yn eglur ddigon. Gogwydda Erbury a Llwyd at ffurf ar bantheistiaeth sy'n gweld dwyfoldeb mewn dyn. Mae'n dilyn wedyn fod gan ddyn foddion yn ei gyrraedd i gysylltu'n uniongyrchol â Duw heb ddefnyddio cyfryngau allanol. Cyll y Beibl a'r sacramentau a'r bywyd eglwysig eu

---

[130] *The Welsh Curate*, 8.
[131] M. Fay Williams, 'Glamorgan Quakers 1654-1900', *Morgannwg* V (1961), 49-51.
[132] Leo Damrosch, *The Sorrows of the Quaker Jesus: James Nayler and the Puritan Crackdown on the Free Spirit* (Llundain, 1996).
[133] Stevie Davies, *Unbridled Spirits: Women of the English Revolution, 1640-1660* (London, 1998), 236.
[134] Thomas Richards, *A History of the Puritan Movement in Wales*, 7-19; idem, *Religious Developments in Wales, 1654-1662* (Llundain, 1923), 261-62.
[135] *The Testimony of William Erbery*, 14.
[136] Ibid., 8.

gwrthrychedd. I Powell a Chradoc dyma danseilio Cristnogaeth.[137]

Dyma wirionedd mawr am ddiwinyddiaeth Erbery ond prin fod Llwyd yn euog o'r un datblygiad meddyliol os ystyrir astudiaethau diweddarach arno. Gwelir y duedd ar waith yn nysgeidiaeth y Crynwyr, a thrown atynt hwy yn awr fel cynrychiolwyr aden chwith y mudiad Piwritanaidd yn Lloegr a Chymru.

---

[137] R. Tudur Jones, *Vavasor Powell*, 87; ond amododd R Tudur Jones ei farn o'r brig i'r gwraidd yn 1977, gw. R. Buick Knox (gol.), *Reformation Conformity and Dissent*, 154-179, cf. 174:'Llwyd was not a pantheist'.

5
Y Gair a'r Goleuni

Yr oedd prif ffrwd Piwritaniaeth yn Galfinaidd o ran diwinyddiaeth, a dyma'r safbwynt uniongred a goleddid gan y rhan fwyaf o'r Presbyteriaid a'r Cynulleidfaolwyr yn y cyfnod hwn. Ar y llaw arall, yr oedd y Piwritaniaid radicalaidd yn anwesu opiniynau syniadol tra amrywiol, ac roedd rhai ohonynt yn fwy neu lai uniongred (megis Walter Cradoc a Vavasor Powell) tra bod unigolion eraill yn amlwg anuniongred (megis William Erbery). Yn ystod y 1650au daeth mudiad y Crynwyr yn ffocws i'r radicaliaid hynny a droes eu cefn ar uniongrededd Galfinaidd ac a ddadrithiwyd gan y Pumed Breniniaethwyr. Aeth yn ddadl boeth rhyngddynt a'r Calfiniaid, a chynrychiolir y ddwy garfan – uniongred ac anuniongred – gan y Calfiniaid ar aden dde'r mudiad Piwritanaidd a'r Crynwyr ar yr aden chwith eithaf.[1]

Gwrthodai'r Crynwyr dalu'r degwm eglwysig a gweinyddu sacramentau'r Swper a'r Bedydd. Ni fynnent dyngu llwon ychwaith ac anwesent basiffistiaeth. Ni chredent fod angen i'w dilynwyr fynychu'r eglwysi plwyf i addoli gan fod rhyddid i unrhyw un i bregethu'r Efengyl os teimlent yr awydd i wneud hynny o dan anogaeth fewnol yr Ysbryd Glân. Yn wir, credent mai hualau i wir addoliad oedd gweinidogaeth bregethwrol wedi'i haddysgu yn y Prifysgolion gan eu bod yn ystyried pregethu ac addoliad seremonïol fel pethau a ddiffoddai oleuni'r Ysbryd Glân yn y galon. Argyhoeddid hwy gan y gred fod profiad personol o'r Ysbryd yn un digyfrwng, ac mai'r goleuni mewnol hwn, rhagor na datguddiad yr Ysgrythur neu unrhyw gyfundrefn ddiwinyddol, oedd unig wir gyfrwng iachawdwriaeth a gynigid i bawb yn ddiwahân dim ond iddynt ymateb i arweiniad mewnol yr Ysbryd mewn ailenedigaeth.

---

[1] G. F. Nuttall, *The Holy Spirit in Puritan Faith and Experience* (adarg., Chicago, 1992); C. Hill, *Milton and the English Revolution* (Llundain, 1979); idem, *The World Turned Upside Down* (Harmondsworth, 1976); A. L. Morton, *The World of the Ranters: Religious Radicalism in the English Revolution* (Llundain, 1970); Stevie Davies, *Unbridled Spirits: Women of the English Revolution, 1640-1660* (Llundain, 1998); J. F. McGregor, 'The Ranters', Traethawd BLitt Prifysgol Rhydychen, 1968; J. F. McGregor a B. Reay (goln), *Radical Religion in the English Revolution* (Rhydychen, 1984); B. Reay, *The Quakers and the English Revolution* (Llundain, 1992); Hugh Barbour, *The Quakers in Puritan England* (Llundain, 1964); Leo Damrosch, *The Sorrows of the Quaker Jesus: James Nayler and the Puritan Crackdown on the Free Spirit* (Llundain, 1996); H. N. Brailsford, *The Levellers and the English Revolution*, ed. C. Hill (Nottingham, 1976).

Yn y 1650au apeliai mudiad newydd y Crynwyr i lawer o'r radicaliaid a anfodlonid gan Galfiniaeth am eu bod yn annog unigolion dadrithiedig i ildio i arweiniad mewnol goleuni'r Ysbryd yn y galon. Yno, fe honnid, y profid mewnbreswyliad Duw, ac yno y taenid goleuni gwaredigol y Crist. Y goleuni hwn oedd yr unig gyfryngwr mewnol rhwng pechadur a Duw rhagor nag unrhyw gyfryngwr arall. Hanfod Cristnogaeth, fe haerent, oedd ailenedigaeth o'r Ysbryd a oedd uwchlaw cywirdeb credo, a disgwyl yn dawel am gyffroadau y 'llef fain' oddi fewn oedd yr unig ffordd i brofi iachawdwriaeth lawn.

Yn gyffredinol, priodolid rhyw dair swyddogaeth gan y Crynwyr i'r goleuni mewnol y pregethent amdano. Yn gyntaf, dyma'r unig oleuni a oedd yn ffynhonnell i bob profiad unigol o Dduw a gwerthoedd moesol. Yn ail, yr wybodaeth gadwedigol a daenwyd yn y galon gan y profiad mewnol yw'r unig arweiniad i fyw bywyd moesol perffaith. Ac yn drydydd, daw'r goleuni hwn â dyn i gysylltiad uniongyrchol â Duw gan ddeffro'r gydwybod a goleuo'r rheswm dynol. Ond, wrth gefn cred chwyldroadol y Crynwyr yn y goleuni mewnol yr oedd yr hen syniad Helenistaidd am Fewnfodaeth Duw. Yn wir, parodd iddynt fethu cydnabod y gwahaniaeth rhwng goleuni gras cyffredin sy'n oleuni cyffredinol yng nghydwybod pob dyn, a'r goleuni gwaredigol graslon ar y llaw arall a daenir gan yr Ysbryd Glân yng nghalonnau'r etholedigion yn unig. Dysgai'r Crynwyr fod y goleuni cyffredinol achubol yn rhoi gallu (Arminaidd) i ddyn ei ryddhau ei hun o hualau tywyll mater, gofod ac amser, a'i ddwyn i brofiad mewnol cyfriniol o undeb â Duw, yr Un trosgynnol.[2] Mewn gwirionedd, y mae'r gyfriniaeth 'Roegaidd' hon yn gorwedd o dan groen diwinyddiaeth Gristnogol ar draws y canrifoedd a pharodd y Neoblatoniaeth hon, fel y'i gelwir, lawer o ddyrys broblemau i ddiwinyddion Cristnogol ar hyd yr oesau.[3]

Yn eu dadl â'r Calfiniaid honnai'r Crynwyr eu bod wedi profi ailenedigaeth drwy'r goleuni mewnol a bod yr wybodaeth gadwedigol ddirfodol hon wedi digwydd yn annibynnol ar ddatguddiad y Beibl. Ond mynnent, ar yr un pryd, nad oedd y profiad personol o achubiaeth yn gwrth-ddweud tystiolaeth y datguddiad hwnnw. Ond, yr oedd honiad o'r fath yn rhwym o beri bod cryn wahaniaeth rhwng diwinyddiaeth ac eglwysyddiaeth y ddwy garfan yn y ddadl honno ynghylch perthynas Gras â'r Beibl. Lladmeryddion y radicaliaid oedd y Crynwyr a gwrthwynebent syniadau'r Calfiniaid am awdurdod yr

---

[2] Joseph B. Collins, *Christian Mysticism in the Elizabethan Age with its Background in Mystical Methodology* (Baltimore, 1940), pennod 1.
[3] Howard H. Brinton, 'The Two Sources of Quaker Mysticism', *Friends' Quarterly* 8 (1954) 11-12; cf. G. F. Nuttall, 'Puritan and Quaker Mysticism', *Theology* 78 (1975).

Ysgrythur ar y naill law, ac union arwyddocâd gwaith adenedigol personol yr Ysbryd ym mhrofiad y Cristion ar y llall.[4]

Fel y gellid disgwyl, hwyrach, nod y Calfiniaid yn y ddadl â'r Crynwyr, oedd amddiffyn safle unigryw datguddiad yr Ysgrythur fel yr unig sail wrthrychol ac awdurdodol fel y gellid sicrhau yr hyn a ystyrid ganddynt yn gywirdeb credo.[5] Barnent y dylid darostwng profiad goddrychol o ffydd ac ailenedigaeth i'r datguddiad arbennig o Dduw yn Greawdwr ac Achubwr fel y darllenir amdano yn y Beibl. Yn y gair hwn y preswyliai'r Ysbryd o ran ei gyflawnder yn hytrach nag yng nghalon crediniwr. Ond mynnai'r Crynwyr fod yr Ysbryd wedi'i dywallt ar yr enaid unigol heb unrhyw gyfryngdod allanol a gwrthrychol fel a faentumid gan y Calfiniaid. Yn wir, honnent fod y profiad goddrychol o fewnbresyliad yr Ysbryd yn tra rhagori ar oleuni'r Ysgrythur, goleuni yr oeddent yn bendant yn tueddu i'w ddibrisio.[6] Credent fod y goleuni goddrychol hwn yn oleuni achubol a'i fod yn gwbl annibynnol ar gyfryngdod y Beibl, cred yr edrychai'r Calfiniaid arni fel heresi. Pwysleisient hwy fod dau oleuni mewn gwirionedd, sef goleuni naturiol Gras Cyffredin a dywynnai yng nghydwybod pob dyn ar y naill law, a goleuni achubol Gras Arbennig ar y llaw arall, goleuni a dywynnai yng nghalonnau'r etholedigion yn unig. Anghytunai'r Crynwyr â'r gred hon gan haeru nad oedd ond un goleuni, sef goleuni cyffredinol a mewnfodol y Gair.[7] Y canlyniad oedd bod y Calfiniaid yn cyhuddo'r Crynwyr o wadu arbenigrwydd gwaith unigryw a gwrthrychol Crist ar Galfaria; yn wir, beirniadent yn hallt iawn ddysgeidiaeth y Crynwyr ynghylch arwyddocâd soteriolegol goleuni gras cyffredin.[8] Barnai'r Calfiniaid fod y Crynwyr yn gwadu gwrthrychedd y patrwm achubol Creu - Cwymp - Gwaredigaeth, a'u bod o ganlyniad yn euog o bwysleisio mewnfodaeth Duw ar draul ei drosgynnaeth. Calon diwinyddiaeth y Calfiniaid am achubiaeth oedd trosgynnaeth ddirfodol y Tad yn cyflwyno Crist fel Cyfryngwr ar y Groes ac yna'n galw'r pechaduriaid ato drwy waith goddrychol gymwysiadol yr Ysbryd Glân. Syniai'r Calfiniaid er bod Duw yn drosgynnol ei fod hefyd yn fewnfodol yn ei waith achubol yn galw'r

---

[4] Ralph P. Bohn, 'The Controversy between Puritans and Quakers to 1660', Traethawd PhD Prifysgol Caeredin, 1955; gw. hefyd Barbour, *The Quakers in Puritan England*, pennod 5, a Reay, *The Quakers and the English Revolution*; G. F. Nuttall, 'The First Quakers', *History of the English Speaking Peoples* 51 (1970); Idem, '"Overcoming the world": the Early Quaker programme', *Studies in Church History* 10 (1973).
[5] Bohn, 'The Controversy between Puritans and Quakers to 1660', pennod 3.
[6] Ibid., pennod 1.
[7] Ibid., pennod 2; cf. Nuttall, *The Holy Spirit,* penodau 3 a 10.
[8] Bohn, 'The Controversy between Puritans and Quakers to 1660', 33-93.

etholedigion i mewn i rwymau'r cyfamod Gras. Cyhuddiad canolog y Calfiniaid yn erbyn y Crynwyr oedd eu bod wedi methu, neu wedi gwrthod, rhoi i'r Groes ei harwyddocâd diwinyddol canolog fel yr unig sail wrthrychol i iachawdwriaeth neb.[9]

Fel y gwyddys, un canlyniad i bwyslais goddrychol eithafol y Crynwyr oedd eu bod yn ymosod yn ddidrugaredd ar weinidogaeth bregethwrol ordeiniedig a chyfundrefn y degwm a oedd yn cynnal y pregethwyr Calfinaidd. Honnai'r Crynwyr bod pob unigolyn a brofodd gyffro'r Ysbryd yn ei galon yn meddu ar yr hawl ysbrydol i gyhoeddi neges y mudiad am iachawdwriaeth. Ond ym marn y Calfiniaid yr oedd unigolyddiaeth beryglus fel hon yn fygythiad difrifol i barhad eu heglwysi.[10] Nid rhyfedd eu gweld felly yn gwrthwynebu'n ffyrnig safbwynt neilltuol y Crynwyr ynghylch union arwyddocâd gwaith Gras mewn perthynas â datguddiad yr Ysgrythur.

Dyna'n gryno gyd-destun syniadol ehangach mudiad y Crynwyr yn eu perthynas â phrif ffrwd Piwritaniaeth yn y 1650au. Ond, erbyn 1653 yr oedd mudiad newydd George Fox wedi ennill tröedigion o bron bob eglwys ac 'enwad' anghydffurfiol neu Biwritanaidd yn Lloegr, ac wedi sefydlu ei ganolfan genhadol a'i bencadlys yn Swarthmore, Ulverston. Yng Ngorffennaf 1653, yng ngeiriau George Fox:

> Morgan Floyd [sic]...sent two of his congregation into the North to inquire concerning us...but when the Triers came down amongst us, the power of the Lord overcame them, and they were both convinced of the Truth.[11]

Ac fel y dywed G. F. Nuttall:

> ...it speaks well for Llwyd's awareness of contemporary movements of the spirit that he made his enquiry so early, almost a year before the despatch of the first official band of Quaker missionaries.[12]

Un o'r ddau gennad a anfonasai Llwyd i Swarthmore Hall oedd John ap John, brodor o Drefor ym mhlwyf Llangollen yn wreiddiol, gŵr a

---

[9] Ibid., pennod 4.
[10] Ibid., penodau 6 ac 8.
[11] Thomas Richards, *Religious Developments in Wales, 1654-1662* (Llundain, 1923), 243.
[12] G. F. Nuttall, *The Welsh Saints, 1640-1660* (Caerdydd, 1957), 55.

ddaeth yn un o brif genhadon y Crynwyr Bore yng Nghymru.[13] Trigai ar ystad fechan ym Mhen-y-cefn, plwyf Rhiwabon. Daeth yn hysbys yn ddiweddarach fel 'apostol' y Crynwyr yng Nghymru. Tebyg mai er mwyn diwallu ei chwilfrydedd ynghylch tystiolaeth y Crynwyr yr anfonwyd y ddau gennad o Wrecsam i Swarthmore gan Llwyd. Dichon ei fod wrthi'n cyfansoddi *Llyfr y Tri Aderyn* ar y pryd[14] a diau hefyd mai adlewyrchu'r hyn a glywsai am y Crynwyr oedd y cyfeiriadau yn y clasur hwn at 'oleuni newydd', 'dysceidiaeth ddwfn ddierth ddyrus',[15] ac yn arbennig y cyfeiriad cryptig hwnnw at y 'mudion a byddariaid yn malu ewyn, yn llygatynnu ac yn synnu'r gwirion'.[16] Yn wir, ceir cyfeiriad yn nyddiadur Fox at ymweliad cenhadon Llwyd â Swarthmore fel y gwelsom.[17] Cadarnheir hyn gan John ap John yntau.[18] Anfonodd Fox lythyr at Llwyd yng ngofal y ddau gennad wedi'i gyfeirio at 'the priest of Rixam in Wales'. Yn ôl G. F. Nuttall erys y llythyr gwreiddiol yn llaw James Nayler (un o hoelion wyth y mudiad) a gallai fod naill ai'n gopi a wnaed gan Nayler o lythyr Fox neu'n waith ar y cyd gan y ddau ohonynt. Dyma ddryll ohono (wedi'i ddiweddaru rhywfaint o ran orgraff):

> friend thou hast tasted of the power of God, & a light is raised up in thee but there is a mixture in thy voice...& thou dost speak it, which must die, though there be a pure power & a light which we own, but thou that speaks which art got above, art for Condemnation, to that which is Immortal & pure in thee we speak...but that freedom & liberty thou speaks on, we do deny, while the body of sin doeth remain or any of the works of the flesh doeth prevail to oppresse the pure, for our freedom & liberty is in the arising of the spirit of life to reign in power, & this we own which puts off the body of sin.[19]

Y mae'n gwbl amlwg fod y Crynwyr yn credu mewn perffeithrwydd y tu yma i'r bedd, sef yr hyn na ddysgid gan Llwyd (ni ddywedodd erioed ei fod yn ddibechod) er iddo bwysleisio yn gyson, y dylai perffeithrwydd fod yn nod gan mai dyna yw'r gorchymyn yn y Llythyr

---

[13] Thomas Shankland, 'Pwy oedd John ap John a Chatrin Edward?', *Cymru* (Mai, 1919), 177-83; (Gorffennaf 1921), 18.
[14] R. Geraint Gruffydd (gol.), *Meistri'r Canrifoedd* (Caerdydd, 1973), 153-163.
[15] *Gweithiau Morgan Llwyd o Wynedd* I, gol. T. E. Ellis (Bangor a Llundain, 1899), 250.
[16] Ibid., 263.
[17] N. Penney (gol.), *Journal*, I, 141.
[18] E. Lewis Evans, *Morgan Llwyd* (Lerpwl, 1931), 60.
[19] G. F. Nuttall, *The Welsh Saints*, 56-57.

Cewri'r Cyfamod

at yr Hebreaid, er enghraifft. Prin fod Llwyd yn ystyried ei fod yn berffaith yn ôl pob tystiolaeth sydd gennym amdano.

Ym mis Medi 1653 anfonodd Fox ddau gennad i Wrecsam i ymweld â Llwyd a'i eglwys, sef Richard Hubberthorne a George Whitehead. Yn ôl E Lewis Evans, eu noddwr yn Wrecsam oedd Edward More – 'un o'r gwŷr blaenaf yn eglwys Morgan Llwyd' – ac ato ef yr ysgrifennent eu llythyrau a gadael copïau o'u llyfrau er mwyn iddo eu dosbarthu ymhlith pobl Llwyd, y mae'n dra thebyg.[20] Digwyddodd ail ymweliad yn Hydref 1653 a chydymaith i Hubberthorne y tro hwnnw oedd John Lawson, ond ni chawsant fawr o groeso gan gynulleidfa Llwyd.[21] Daethant drosodd i Wrecsam o swydd Gaer lle'r oeddent yn weithgar yn cenhadu yn ardal Malpas.[22] Yr oedd gan Llwyd yntau gysylltiad â chynulleidfa o Geiswyr yn yr un ardal ac anfonodd yr hyn a eilw yn 'Epistol' atynt yn 1651.[23] Ond rhaid bod y Crynwyr wedi ennill tröedigion yn ardal Wrecsam a'r cyffiniau gan i Lawson, mewn llythyr o garchar Caer, sôn am gynnydd mudiad y Crynwyr ar ororau Cymru.[24] Yn ffodus, erys adroddiad pwysig am ymweliad Hubberthorne a Lawson ag eglwys Llwyd yn Hydref 1653. Gwelir ddarfod iddynt dorri ar draws yr addoliad, yn ôl arfer y Crynwyr, a phroffwydo gerbron y gynulleidfa, a dichon iddynt hefyd fod yn hallt iawn eu condemniad o Morgan Llwyd, yr 'offeiriad'. Ymosododd y ddau yn eiriol ar y Piwritaniaid hyn, pobl yn ôl y ddau Grynwr a alwai eu hunain yn 'the people of God and Saints...said that Christ was in them, had a high form of words, but denied the power of God, and lived in pride, envy and covetousness'.[25] Dim ond blwyddyn cyn hynny yr oedd Llwyd wedi cyfeirio at y 'vinyard of red wine' a oedd ganddo yn ei eglwys yn Wrecsam a'r hyn a ddigwyddodd iddi ar ôl ymweliad y Crynwyr, sef troi o'r winllan yn ardd a oedd yn llawn o 'bryers, thorns and thistle's tall' erbyn Ebrill 1652. Yr oedd fel petai Llwyd wedi rhagweld beirniadaeth hallt y Crynwyr drwy briodoli'r newid yn ei eglwys i 'a boasting settled lofty mind'.[26]

Yn ôl yr adroddiad am ymweliad y ddau Grynwr ag eglwys Llwyd ym mis Hydref 1653 dywedir:

---

[20] E. Lewis Evans, *Morgan Llwyd*, 71.
[21] N. Penney (gol.), *The First Publishers of the Truth* (Llundain, 1907), 17.
[22] E. Lewis Evans, *Morgan Llwyd*, 71.
[23] *Gweithiau Morgan Llwyd o Wynedd* III, goln. J. Graham Jones a Goronwy Wyn Owen (Caerdydd, 1994), 47-52.
[24] E. Lewis Evans, *Morgan Llwyd*, 71.
[25] W. C. Braithwaite, *The Beginnings of Quakerism,* I (Caer-grawnt, 1961), 123.
[26] *Gweithiau Morgan Llwyd* I, 88-89.

Richard [Hubberthorne] had something given him to speak to the priest who was much struck and at Evening the priest came to Richard and with him certain men who were heads of their Church and pleaded for the priest and said they could witnesse Christ had spoken in him that day, and acused Richard for speaking against such a godly minister, the priest was silent, Richard laid more Judgement on him [,] the priest sat sobbing.[27]

Os Llwyd oedd y gweinidog hwn, ac nid oes le i amau hynny er bod y cyd-destun yn awgrymu bod rhagor nag un gweinidog yn bresennol, ysgydwyd ef i'w waelodion gan eu geiriau hallt. Buasai'r cyhuddiad o falchder i ŵr a oedd yn yr un mis (Hydref 1653) wedi pregethu gerbron Senedd y Saint[28] yn sicr o fod wedi bod yn ergyd fawr iddo ac yn ddiau wedi'i frifo yn bersonol. Ond er gwaethaf y cynnwrf yn Wrecsam ymddengys nad argyhoeddwyd Llwyd gan ymweliadau'r Crynwyr a'i fod wedi parhau wrth y llyw yn ei eglwys gynulleidfaol yno. Ei oddefgarwch llydan a barodd iddo wrando ar yr hyn a oedd gan y Crynwyr i'w ddweud, canys dywed amdanynt mewn llythyr at ei fam:

...fy ngwaith i...fydd, dysgu a dilyn daioni pob un, a gwrthod drygioni pob math: ymresymmu a phawb a ddel attaf heb gythrwfl, yn ymwrando beth a ddywed yr Arglwydd wrthyf a'i wyneb i gydseinio a'r gydwybod oddifewn...Gwir y maent hwy [y Crynwyr] yn ei ddywedyd ond nid yr holl wir.[29]

Ac er gwaethaf beirniadaeth Hubberthorne yr oedd hwnnw yn cydnabod bod cyfran o'r gwir, fel y syniai'r Crynwyr amdano, gan Llwyd a rhai aelodau o'i eglwys yn union fel y barnai Llwyd yntau fod cyfran o'r gwir gan y Crynwyr hwythau. Yn ei *Truth Cleared*, 1654 (t.11), dywed Hubberthorne am y saint yn Wrecsam: 'There was a people which was in that Congregation, whom the Lord is raising a light in their hearts'.[30]

Y mae'n gwbl bosibl bod Llwyd yn 1647 wedi bod yn lletya yn Ludgate Hill, Llundain, yn nhŷ Giles Calvert y llyfrwerthwr, gŵr a gyhoeddasai amryw o weithiau Jakob Böhme mewn cyfieithiad Saesneg, a llyfrau'r Crynwyr yn y 1650au, ond nid yw hyn yn rhyw arwyddocaol iawn parthed perthynas Llwyd â'r Crynwyr.[31] Yr unig

---

[27] E. Lewis Evans, *Morgan Llwyd*, 72.
[28] *Gweithiau Morgan Llwyd o Wynedd* II, gol. J. H. Davies (Bangor a Llundain, 1908), lxvii.
[29] *Gweithiau Morgan Llwyd* II, 268-69.
[30] Nuttall, *The Welsh Saints*, 57.
[31] *Gweithiau Morgan Llwyd* II, xxix.

Cewri'r Cyfamod

arwyddocâd, hwyrach, i'r cyfeiriad hwn yw ei fod yn cadarnhau'r ffaith ddiymwad fod Llwyd wedi bod yn troi yng nghylchoedd y radicaliaid yn y 1640au a'r 1650au. Ond rhaid cadw mewn cof ar y llaw arall nad oedd Llwyd yn brin o sylweddoli'r ffaith agosed mewn gwirionedd oedd dysgeidiaeth George Fox i gyfriniaeth Böhme. Y mae'n ddiau fod y Crynwyr wedi cael peth dylanwad ar Llwyd ac y mae ei weithiau, o 1654 ymlaen, yn dystiolaeth i'w safle ambifalent oddi fewn i'r mudiad Piwritanaidd parthed awdurdod y Beibl ar y naill law, a safbwynt anghonfensiynol y Crynwyr, a ddibrisiai arwyddocâd achubol 'Crist Jerwsalem' ar y llall. Yn wir, mewn un man y mae Llwyd yn cyfeirio'n wawdlyd at y bobl hynny a siaradai yn yr heolydd am oleuni mewnol,[32] er ei fod mewn mannau eraill yn gwawdio pobl fel Fox a'i dystiolaeth ynghylch y profiad o'r Ysbryd Glân yn annibynnol ar ddatguddiad y Beibl.[33] Ei gyngor i'r gwŷr hyn oedd na ddylent siarad

> yn reproachfully of the outward Bible nor give it a railing accusation...be not thou a mocker and scorner of ordinances and institutions...instead of vilifying of outward things (as the manner of some is) seek after Christ who is hid through all these...be warned not to divide the Christ without and the Christ within...run not after every noise of power, light, or religion on the streets.[34]

Dweud digon gwrthgrynwraidd yw'r cymal olaf.

Lledaenodd y newyddion am y cynnwrf a achosodd y Crynwyr yn eglwys Morgan Llwyd yn Wrecsam yn gyflym canys ceir adroddiad am y digwyddiad stormus mewn taflen newyddion yn Llundain yn Nhachwedd 1653, sef y 'Several Proceedings of Parliament' (Tach. 22-29, t.249 yml.).Yn y daflen cyhoeddir llythyr gan John Griffith o Groesoswallt sy'n sôn fel yr oedd y Crynwyr wedi ceisio dryllio eglwys y saint yn Wrecsam.[35]

Parhaodd y Crynwyr i feirniadu Llwyd oblegid erys ymhlith ei bapurau ohebiaeth wedi'i chyfeirio at 'all the professors in Wrexham that deny the light of Christ to bee in everyman', gan y Crynwr James Parke.[36] Yr oedd Parke, ar un adeg, yn aelod o gynulleidfa Llwyd ond aeth drosodd at y Crynwyr. Awgryma'r llythyr hwn nad oedd Llwyd yn dysgu iachawdwriaeth gyffredinol drwy oleuni mewnol yn ei eglwys. Nodweddiadol o safbwyntiau'r Crynwyr – yn ddiwinyddol ac

---

[32] *Gweithiau Morgan Llwyd* I, 297, 'Where is Christ?'
[33] Ibid., 278, 'Lazarus and his Sisters'.
[34] Ibid., 305-307, 'Where is Christ?'
[35] G. F. Nuttall, *The Welsh Saints*, 98.
[36] *Gweithiau Morgan Llwyd* III, 144-45; cf. Nuttall, *The Welsh Saints*, 65-66.

yn eglwysyddol – yw'r rhestr cwestiynau a baratowyd gan Parke ar gyfer eu hateb gan Llwyd a swyddogion ei eglwys. Ond synhwyrai Llwyd fod rhywbeth 'o'i le' ynglŷn â thystiolaeth y Crynwyr neu buasai wedi bwrw ei goelbren gyda hwy. Serch hynny, mynnai ddarllen eu gweithiau a cheir Philip Rogers yn arfaethu anfon pecyn o'u llyfrau ato o Lundain.[37] Y mae'n debygol ei fod hefyd yn darllen gweithiau gwrthgrynwraidd oblegid y mae Philip Eyton yn addo anfon un ohonynt ato pan ddeuai o'r wasg.[38] Defnyddiai Llwyd ymadroddion a adleisiai iaith George Fox pan gyfeiriai at rai o'r saint fel gwŷr celwyddog, a bod rhai 'offeiriaid' (Piwritanaidd) yn feilchion ac yn tywys eu preiddiau i ddellni ysbrydol.[39] Ond oherwydd ei oddefgarwch llydan mynnai Llwyd, yn union fel Cradoc heddychlon, gydnabod daioni yn ei wrthwynebwyr os oeddent o blaid Crist ac yn gwrthwynebu drygioni.[40] Ni fynnai weld erlid ar y Crynwyr am iddo sylweddoli fod rhan o'r gwirionedd – y ceisiai ef yn bersonol ymgyrraedd ato – yn eu tystiolaeth. O safbwynt ei bwyslais mawr a chanolog ar yr angen i bechaduriaid brofi adenedigaeth yr oedd yn gytûn â hwy. Mewn llythyr at Richard Baxter ym Mai 1656 dywedodd:

> You condemn the generation of the Quakers. If I were intimate with you I might better aske why? You write but can you understand his first and second will (distinctly two, yet but one will) beyond what you have printed; for beyond that you must go towards perfection if you will be saved and save them that heare obey you.[41]

Cerydda Baxter rhag anwybyddu'r 'pethau lleiaf'.[42] Ond mewn llythyr at Llwyd ar 10 Gorffennaf 1656, dywed Baxter ei farn yn onest am y Crynwyr:

> You would aske me why I Condemn ye generations of ye Quakers? 1 Because they seeme to me to deny much yt God hath delivered us in ye sacred Scriptures, & to deliver much contrary: 2 Because they shew a designe to bringe ye most humble painfull Ministers into hatred & Contempt with their hearers, wch I litle regard for ye Ministers seekes; but wt a people should we have, if they were cast a side? & how faithfull do I know

---

[37] *Gweithiau Morgan Llwyd* III, 164.
[38] Ibid., 121
[39] *Gweithiau Morgan Llwyd* I, 275-76.
[40] *Gweithiau Morgan Llwyd* II, 268-69.
[41] Ibid. 271.
[42] Ibid.

Cewri'r Cyfamod

many of ym to be to ye interest of their peoples Souls as far as they can discerne it? If they be in any Error, ye way of Charity is to reduce ym in meeknese, & not to seeke their extirpation, to ye apparent hazard of ye flocks; 3 Because they come in a Spiritt of malice & revilinge, as far as I am able to discerne; wch is not ye Spiritt ye truth pceedeth from.[43]

Mewn llythyr arall dyddiedig 19 Gorffennaf 1656, dywed Baxter wrth Llwyd y dylai osgoi 'tywyllu' ei feddyliau, sef ei ddull neilltuol o'u gwisgo yn rhethregol farddonol.[44]

Gohebodd Llwyd â Baxter drachefn ar 10 Hydref 1656, a dywed Llwyd i ba raddau y cytunai â neges y Crynwyr:

Neither shall men agree in God, till the fleshly mind (that perks up in man's heart to judge of God's mind), bee mortifyed (And in that the Quakers say well as I thinke).[45]

Ateb parod Baxter mewn llythyr dyddiedig 31 Mawrth 1657, at Llwyd oedd

The necessitie of *Mortyfyinge ye fleshly mind*, is another truth wch all Christians are agreed in; & therefore I hope yee would not make it any pticular honor, of ye Quaquers to hold yt wch we all hold wth out Controversye.[46]

Gwelir yn yr ohebiaeth hon rhwng Llwyd a Baxter parthed y Crynwyr bod Llwyd yn cytuno â'u pwyslais ar y ffaith na allai dyn fod mewn undeb â Duw oni bydd y meddwl cnawdol wedi'i oresgyn a'i ladd. Ond fel y dywed Baxter, dyma wirionedd y credai pob Piwritan ynddo, ac fel y Calfiniaid Clasurol (nid Calfinydd cyflawn mo Baxter) y mae'n drwm ei lach ar y Crynwyr am ddyrchafu profiad uwchlaw datguddiad yr Ysgrythur.

A ddaeth Morgan Llwyd erioed yn Grynwr? Naddo. Chwarae â'r ferf 'crynu' a wnâi yn *Llyfr y Tri Aderyn*, 1653, a hynny gydag ystyr eschatolegol.[47] Ofer tybio iddynt hwy ddylanwadu'n drwm iawn arno gan fod Llwyd yn chwannog i osgoi'r anghydbwysedd dybryd a oedd mor nodweddiadol o neges y Crynwyr, fel y prawf *Where is Christ?*,

---

[43] *Gweithiau Morgan Llwyd* III, 98-100.
[44] Nuttall, *The Welsh Saints*, 54.
[45] *Gweithiau Morgan Llwyd* II, 274.
[46] *Gweithiau Morgan Llwyd* III, 104; cf. tt.101-105.
[47] *Gweithiau Morgan Llwyd* I, 176.

1655.[48] Tra oedd Llwyd wrth y llyw yn Wrecsam, ac yn derbyn cyflog gan y Wladwriaeth er 1656, cedwid y pwyslais ar addoliad digymell ond trefnus yn yr Ysbryd Glân a hynny o fewn terfynau addoliad Biwritanaidd. Yr oedd Llwyd, o ganlyniad i'w ohebiaeth â Baxter, hwyrach, wedi gweld y peryglon a oedd yn ymhlyg yn neges y Crynwyr, ac fe ymosododd arnynt yn ei bamffled gwrthgrynwraidd *Where is Christ?*[49] Sylweddolai fod gorbwyslais y Crynwyr ar oddrychaeth yn diraddio Gwaith Crist ar y Groes a'r achubiaeth a sicrhawyd drwy'r Iawn.[50] Dywed wrth y Crynwyr yn y pamffled holl bwysig hwn:

> Now that man is cursed that denieth the Jesus that dyed at Jerusalem to be the only begotten Son of God...blessed is the man that is built upon Jesus of *Nazareth* as on the onely foundation, and by no means or pretence despiseth that personal death...thou who readest, be warned not to divide the Christ without, and the Christ within; it is the gulph of condemnation, a pit for self-conceited hearts; He that writeth hath seen the deceit.[51]

Yr oedd y Crynwyr yn anwybyddu dathlu sacramentau yn eu 'haddoliad', ac atgoffa Llwyd hwy pa mor bwysig oedd eu cadw mewn addoliad trefnus:

> And for things called Ordinances and institutions, be not thou a mocker and scorner...[52]

Gan fod Llwyd yn gweld bod angen 'trefn' wrth addoli Duw rhaid ei fod wedi dilyn cyngor Baxter parthed y pwnc hwn. Mater arall yr oedd yn ddyledus i Baxter yn ei gylch oedd hwnnw a ymwnâi ag awdurdod yr Ysgrythur. Gwyddai Llwyd yn burion fel yr oedd y Crynwyr yn diraddio'r datguddiad arbennig a roed yn y Beibl, a cheir ef yn datgan fod y datguddiad hwn uwchlaw profiadau personol o iachawdwriaeth:

---

[48] Richards, *Religious Developments in Wales, 1654-1662*, 243-45; cf. Goronwy Wyn Owen, 'Morgan Llwyd a'r Crynwyr', *Y Traethodydd* (1999); cf. hefyd E. Lewis Evans, 'Morgan Llwyd and the Early Friends', *Friends' Quarterly* 8 (1954), 48-57.
[49] *Gweithiau Morgan Llwyd* I, 297-307.
[50] Goronwy Wyn Owen, *Rhwng Calfin a Böhme: Golwg ar Syniadaeth Morgan Llwyd* (Caerdydd, 2001), pennod 5.
[51] *Gweithiau Morgan Llwyd* I, 305-306.
[52] Ibid., 305.

speak not reproachfully of the outward Bible, nor give it a railing accusation...Most now that pretend highest, speak as in that book-language, and that book speaks beyond them all, and is a greater and more publique general witnesse externally for God, then all their own outward books put together;...[53]

Yn 1657 ymwelodd George Fox ei hun â Chymru a theithio drwy'r wlad yn cyhoeddi ei efengyl newydd. Cyn hyn yr oedd y Crynwyr wedi bod yn brysur iawn yn cenhadu yn neau a chanolbarth Cymru, ac wedi sefydlu cymdeithasau o'r Cyfeillion yng Nghaerdydd ac Abertawe o dan arweiniad John ap John, Thomas Holmes a'i wraig Elizabeth, o Kendal, a gwŷr fel John Audland, William Dewsbury a Francis Howgill. Yn ystod Mehefin a Gorffennaf 1657 teithiodd Fox drwy Gymru benbaladr. Cyd-fforddolion ag ef ar y daith oedd John ap John, Thomas Holmes ac Edward Edwards o sir Ddinbych. Teithiodd o Fryste i Gaerdydd, Abertawe ac o Aberhonddu i'r Amwythig. Yna troes yn ôl i'r deau drwy ganolbarth Cymru gan gyrraedd cyn belled â sir Benfro. Oddi yno aeth ar hyd yr arfordir i Aberteifi ac Aberystwyth ac ymlaen wedyn i Wynedd cyn troi i'r dwyrain am Wrecsam a Chaer.[54] Derbyniodd groeso gwresog iawn mewn sawl ardal ond gwrthwynebid ef yn chwyrn yng nghyffiniau Wrecsam lle y barnai Fox y ceid yng nghynulleidfa Llwyd bobl a oedd yn 'very rude and wild and airy they were, and little sense of Truth they had'.[55] Cofier bod Llwyd tua'r adeg hon yn cael tâl am ei waith fel gweinidog o goffrau'r wlad, sef o'r degwm, ac felly yn cael ei noddi gan y llywodraeth, peth a gondemnid yn llym iawn gan y Crynwyr a'r Ceiswyr. Yn ogystal â sefydlu cymdeithasau o'r Cyfeillion yng Nghaerdydd ac Abertawe enillodd Fox dröedigion yn sir Gaerfyrddin, sir Benfro a sir Aberteifi. Derbyniodd groeso hefyd yn sir Feirionnydd. Cafwyd cyfarfod cyhoeddus gogoneddus yn Nhrefor hefyd, sef man geni John ap John.[56] Ymwelodd hwn â De Cymru unwaith yn rhagor yn 1658, eithr canlyniad i genhadaeth Fox yn bennaf oedd gwreiddio o Grynwriaeth mewn ardaloedd tra amrywiol yng Nghymru. Ond ar y cyfan, lliw Seisnig oedd i gymdeithasau'r sect yng Nghymru.

Mae'n ddiau mai yn ardaloedd Seisnigedig Cymru y bwriodd y Crynwyr wreiddiau yn y wlad. Er bod Cymry Cymraeg eu hiaith wedi troi atynt bu datblygiadau gwleidyddol ar ôl 1660 yn rhwystr dybryd

---

[53] Ibid., 306.
[54] J. H. Davies, *Y Crynwyr yng Nghymru* (Aberafan, 1913), 10; Braithwaite, *The Beginnings of Quakerism* I, 209, 346-49.
[55] Braithwaite, *The Beginnings of Quakerism* I, 349.
[56] J. L. Nickolls (gol.), *The Journal of George Fox* (Caer-grawnt, 1952), 289-307.

rhag iddynt gael effaith gyffredinol ar y gymdeithas Gymreig.[57] Yr unig eithriad drawiadol i'r norm hwn oedd Crynwyr Cymraeg sir Feirionnydd. Mewn llythyr at Morgan Llwyd, dyddiedig 9 Hydref 1651, dywed y Cyrnol John Jones o Faesygarnedd am ei sir enedigol ei bod yn cael ei hamddifadu o 'the tender of gospel mercies', a gresynai 'is there no prophet, noe messenger of Xt yt will make Duffryn Ardidwey in his way?'[58]

Roedd Anglicaniaid a Phiwritaniaid fel ei gilydd yn barod iawn i gondemnio neges y Crynwyr yn chwyrn iawn. A chosbwyd hwy a'u carcharu am gyfnodau maith. Casâi Vavasor Powell hwy a gwrthwynebid hwy, i raddau llai, gan Morgan Llwyd hyd yn oed, er iddynt ennill tröedigion o'i gynulleidfa yn Wrecsam. Ond roedd y pwynt hwn yr un mor wir am gynulleidfaoedd Vavasor Powell hefyd. Cydymdeimlai Llwyd â rhai agweddau ar eu dysgeidiaeth, ond ar y cyfan, fel y gwelsom uchod, barnai nad oedd y 'gwir' i gyd yn eu meddiant.

Nid rhyfedd gweld mai yn yr ardaloedd lle'r enillodd Piwritaniaeth droedle cynnar yr enillodd y Crynwyr eu cefnogwyr selocaf. Daeth peth cefnogaeth iddynt o blith cynulleidfaoedd y Bedyddwyr yn sir Drefaldwyn, sir Faesyfed a Brycheiniog. Aelod o un o breiddiau Vavasor Powell oedd Richard Davies o'r Cloddiau Cochion, awdur hanes cynnar y Crynwyr yng Nghymru (1710).[59] Perthynai apêl neilltuol i'r Crynwyr yn enwedig wedi methiant rhaglen wleidyddol y Pumed Breniniaethwyr. Fel yn achos Llwyd ei hun yr oedd llawer o'i gefnogwyr yn ambifalent eu hagwedd tuag at y Crynwyr, a hynny oherwydd eu hysbryd cymodlon goddefgar.

Y gwir yw bod neges y Crynwyr wedi dod â heddwch i feddyliau ystormus gwŷr a oedd wedi'u drysu gan gredoau afrifed radicaliaeth Biwritanaidd o'r 1640au ymlaen. Yr oedd peth gwirionedd yn haeriad Huw Morus, Pont-y-Meibion, sef bod Piwritan a oedd ddoe yn Annibynnwr, heddiw yn Fedyddiwr ac yfory yn Grynwr. Gwrthwynebid y Crynwyr gan y Piwritaniaid am eu bod yn bygwth awdurdod yr Ysgrythur ac addoliad cyhoeddus trefnus. Ond yr oeddent hefyd yn bygwth seiliau arferion cymdeithasol a threfn wleidyddol gydnabyddedig y cyfnod.

Lle bynnag yr oedd Bedyddwyr Arminaidd eu diwinyddiaeth yng Nghymru, yr oeddent yn brae parod i'r Crynwyr yn ôl Thomas Richards.[60] Roedd William Erbery o Gaerdydd yn Arminydd ac wedi gwrthod cynhaliaeth fel gweinidog o goffrau'r llywodraeth. Er mai

---

[57] Richards, *Religious Developments in Wales, 1654-1662*, 248.
[58] *Gweithiau Morgan Llwyd*, 289.
[59] *Journal of the Welsh Bibliographical Society*, vol I. No 7 (1914), 207.
[60] Richards, *Religious Developments in Wales, 1654-1662*, 255-261; cf. 241-42.

Ceisiwr ydoedd hyd y diwedd, nid ymunodd â'r Crynwyr. Wedi ei farw aeth Mary, ei wraig, a'i ferch, Dorcas, drosodd at y Crynwyr. Cosbwyd Dorcas yn Llundain am ei rhan yng nghabledd James Nayler, 'Meseia'r' Crynwyr, yn 1655. Ymddengys mai'r bwriad y tu cefn i daith Fox yng Nghymru i raddau oedd ceisio dadwneud peth o'r drwg a grëwyd gan achos Nayler. Yr oedd hwnnw wedi marchogaeth ar gefn asyn i Fryste yn Hydref 1655 ac ail-greu mynediad Crist i Jerwsalem. Taenodd ei gefnogwyr flodau o'i flaen ac ymhlith y bobl hyn roedd Dorcas Erbery. Haerai hi bod Nayler yn 'Grist ei hun wedi dyfod drachefn yn y cnawd'. Yn wir, honnai Dorcas hyd yn oed bod Nayler wedi'i chyfodi o farw yn fyw yng ngharchar Exeter! Cosbwyd Nayler yn greulon am ei ynfydrwydd a'i gabledd.

Gwnaed Dorcas hithau yn gyff gwawd yn Llundain wrth ochr ei 'gwaredwr'. Ymddengys bod ymddygiad annoeth Nayler wedi gwireddu rhybudd y Piwritaniaid Calfinaidd fod enthiwsiastiaeth beryglus y Crynwyr a'u haeriad o anffaeledigrwydd personol wedi arwain at hunan gyfiawnder a rhyddid dilyffethair. Bu gweithred gableddus Nayler yn foddion i ddwyn gwarth o'r newydd ar fudiad y Crynwyr. Er gwaethaf ymdrechion Thomas Holmes yng Nghaerdydd i gadw'r Cyfeillion yn 'dawel' rhaid oedd cael Fox yn ei berson i osod rhyw fath o ddisgyblaeth ar y gymdeithas ac i berswadio'i ddilynwyr fod gweithred beryglus Nayler yn un na ddylid ei hailadrodd.[61]

Oherwydd pwyslais neilltuol Morgan Llwyd ar brofi adenedigaeth a dyrchafu duwioldeb mewn sancteiddhad yr oedd yn anochel, rywsut, bod neges y Crynwyr yn mynd i gael effaith ar ei 'winllan' yn Wrecsam. Eglwys oedd hon, wrth gwrs, a feithrinasid ganddo yn y ffydd gyfriniol, a oedd yn rhannol ddyledus i gyfriniaeth Jakob Böhme. Y mae ei lythyrau a'i weithiau llenyddol yn dangos debyced oedd ei syniadau am ailenedigaeth i eiddo'r Crynwyr. Hyd yn oed yn ei sir enedigol, sef Meirionnydd, enillodd y Crynwyr dröedigion i'w hachos ym mhersonau Owen Lewis o Dyddynygarreg, Robert Owen o Ddolserau, y tri brawd Humphreys o Lwyngwril, a John Thomas o Laethgwm ger y Bala.[62] Aeth Brian Sixsmith, aelod o gynulleidfa Llwyd, at y Crynwyr — yr oedd wedi arwyddo deiseb Powell, sef 'Y Gair Tros Dduw'[63] — ac roedd wrthi'n taenu llyfrau'r Crynwyr yn ardal Wrecsam yn 1664-65. Tröedigion eraill oedd James

---

[61] Damrosch, *The Sorrows of the Quaker Jesus*; gw. hefyd William J. Frost, 'The Dry Bones of Quaker Theology', *Church History* 39 (1970); J. F. McGregor, 'Ranterism and the Development of Early Quakerism', *Journal of Religious History* 9 (1977), 349-363.
[62] J. H. Davies, *Y Crynwyr yng Nghymru*, 11.
[63] *Gweithiau Morgan Llwyd* III, t.64; cf. tt.57-65.

Parke, y soniwyd amdano uchod, John Meredith, a Catrin Edward, Rhuddallt Isaf.

Ond nid yng nghynulleidfa Llwyd yn unig y ceid tröedigion at y Crynwyr. Yr oedd tri o ddilynwyr Powell, a'r tri wedi tanysgrifio i'r 'Gair Tros Dduw', wedi troi cefn ar y Calfiniaid ac ymuno â sect y Crynwyr.[64] Dyna William Evans o Meifod, a Thomas Ellis, a fu unwaith yn ddiacon yn un o eglwysi cynnull Powell,[65] a William Lewis o Gegidfa y daethpwyd o hyd i gonfentigl o Grynwyr yn ei gartref ar 25 Gorffennaf 1669. Gwŷr eraill o braidd Powell a aeth at y Crynwyr oedd Peter Price o Glasgwm, Evan Lewis o Golfa, Howell Jones o Gwmdeuddwr, Hugh ab Edward o Nantmel, a Richard Davies o'r Cloddiau Cochion fel y nodwyd uchod. Yr oedd John Dancy o Glasgwm yn henadur gynt yn eglwys Powell yn sir Faesyfed (1654). Ond gwrthododd arwyddo'r 'Gair Tros Dduw' a hynny, nid er mwyn ennill ffafr gyda'r llywodraeth newydd, ond oherwydd y dylanwad a gawsai'r pregethwyr o Grynwyr arno yn ystod eu taith yn sir Faesyfed yn 1654-55.

Prin fod y tröedigion hyn at y Crynwyr wedi penderfynu ymuno â'r Cyfeillion oherwydd methiant rhaglen y Pumed Breniniaethwyr (yr oedd y rhan fwyaf ohonynt wedi arwyddo'r 'Gair Tros Dduw'). Yr oedd y duwioldeb y'u meithrinid ynddo gan Powell yn golygu eu bod yn anwesu efengyl fwy mewnol na'i gilydd, duwioldeb a nodweddai aden chwith y mudiad Piwritanaidd. Fel y dywed yr awdurdod Thomas Richards:

> the new faith was the ultimate refuge of many persons who were once associated with the two leading millenarians [Powell a Llwyd]. But it must be admitted that those sanguine minds disappointed in 1660 by the second coming not of our Lord but of a merry and very material monarch, were naturally drawn to seek consolation with the devotees of an inward gospel.[66]

Yr oedd y paratoad ar gyfer twf Crynwriaeth yng Nghymru, yn fwyaf arbennig yn ardal Wrecsam a'r Trallwng, fel ym Meirionnydd a Chaerdydd, a hynny er gwaethaf gelyniaeth Powell a Llwyd, i raddau llai, wedi'i ddarparu gan y math o dduwioldeb cynnes a feithrinid gan

---

[64] Trowyd 9 arall o Feirionnydd at y Crynwyr a oedd wedi arwyddo'r 'Gair Tros Dduw', gw. *Gweithiau Morgan Llwyd* II, 324.
[65] Joshua Thomas, *Hanes y Bedyddwyr* (1778), 283.
[66] Richards, *Religious Developments in Wales, 1654-1662*, 266; cf. G. F. Nuttall, 'The Quakers and the Puritans', yn idem, *The Puritan Spirit* (Llundain, 1967), tt.170-77.

Cewri'r Cyfamod

y ddau Biwritan mawr hwn.[67] Roedd y ffordd honno wedi'i phalmantu yn barod gan dduwioldeb Cradoc hyd yn oed, ac adeiladu ar honno a wnaeth Powell a Llwyd. Yn sir Faesyfed yr oedd y Crynwyr wedi ennill clust barod gan y Bedyddwyr Cyffredinol ym Mhont-moel. Ymhellach, yr oedd dysgeidiaeth Fox yn debyg mewn rhai agweddau arni i neges y Pumed Breniniaethwyr[68] (fel y'i dysgid gan Powell wrth reswm) ac yn debyg i'r elfen gyfriniol yn efengyl Llwyd, a hefyd roedd rhyw fath o gytgord rhwng neges Fox a damcaniaeth Erbery am Fewnfodaeth Duw. Y mae'n gwbl bosibl y buasai Erbery wedi ymuno â'r Crynwyr, ond nid felly Powell, na Llwyd fe ymddengys.

Digon parod oedd y pregethwyr Piwritanaidd hyn i ddadlau'n ddiddiwedd â'r Crynwyr, megis ym mis Mai 1656 pan aeth yn ddadl boeth rhwng Powell a'r Crynwr Alexander Parker a oedd yn honni perffeithrwydd ysbrydol y tu yma i'r bedd. Cyhuddwyd Powell gan Parker o gabledd am iddo gyhoeddi bod y Beibl, a'r Beibl yn unig, yn sylfaen ffydd y crediniwr. Wfftiwyd y safbwynt Calfinaidd hwn gan Parker a ddaliai mai Crist yn unig oedd sylfaen y wir ffydd ac nid unrhyw lyfr ysgrifenedig. Yng nghalon dyn y ceid yr unig awdurdod mewn crefydd canys yno y ceid Gair Duw fel y'i rhoddwyd i'r proffwydi gynt. Mewn gwirionedd yr oedd gan Parker bwynt dilys oherwydd yr oedd gwir berygl i'r Calfiniaid ddwyfoli'r llyfr wrth ei alw yn Air Duw. Maentumiai Parker mai rhan yn unig o Air Duw yw'r Beibl. Yr oedd y mater hwn wedi achosi cryn rwyg rhwng Powell a Llwyd yn y 1650au. Dywedodd Llwyd yn *Llyfr y Tri Aderyn*: 'Ac mae'r holl yscrythyrau ynghyd yn dangos (a minnau a feiddiaf ddywedyd) fôd y Drindod dragwyddol ynom yn ein gwneuthur ni yn dragwyddol'.[69] Ymhellach, dywedodd: 'Text pregethwr yw gwirionedd. Testyn gwr Duw yw'r holl fibl. Ac mae llyfr ymhôb dyn er na fedr fawr i ddarllain'.[70] Erbyn 1656 aeddfedodd y safbwynt yn *Gair o'r Gair* lle y gwelir Llwyd yn dangos i'w ddarllenwyr pa sut yr oedd y Beibl yn Air Duw. Nid mewn geiriau ysgrifenedig a llyfrau y ceir Gair Duw yn unig canys yr oedd gwir Air Duw yn golygu 'pregethu Gwirjonedd DUW, ac yn dysgu y naill Ddyn trwy un Pêth,

---

[67] Nuttall, *The Welsh Saints*, 67-70; R. Tudur Jones, 'The Healing Herb and Rose of Love: The Piety of Two Welsh Puritans', yn R. Buick Knox (gol.), *Reformation Conformity and Dissent* (Llundain, 1977), 154-179; gw. hefyd, yn yr un gyfrol, Gordon Rupp, 'A Devotion of Rapture in English Puritanism'.
[68] T. L. Underwood, 'Early Quaker Eschatology', yn Peter Toon (gol.), *Puritans The Millennium and the Future of Israel: Puritan Eschatology, 1600-1660* (Caergrawnt, 1970), 91-103.
[69] *Gweithiau Morgan Llwyd* I, 187; cf. Alexander Parker, *A Testimony of God* (Llundain, 1656), 14-19.
[70] *Gweithiau Morgan Llwyd* I, 186.

ar llall trwy Foddjon eraill, trwy Adfyd a Hawddfyd...trwy nefoedd a daiar', ac wrth droi i mewn i'r galon o olwg y byd '...mae fo yn clywed y Llais nefol ymma yn amlyccaf'.[71] Daw Llwyd wedyn yn agos at safbwynt y Crynwyr pan ddeil 'CABLEDD yn erbyn DUW yw meddwl unwaith mae'r Llyfr sydd yn dy Bocced di, neu tan dy Gesail yw'r GAIR DUW hwnnw a wnaeth yr holl Fyd...'[72] Dyma holl bwynt Parker yn y ddadl â Powell.

Ceir sôn am Powell wedyn mewn dadl â'r Crynwr John Moor yn 1657, a'r pwnc drachefn oedd honiad y Crynwyr eu bod yn foesol berffaith. Ond y mae'n ddiau fod rhai agweddau ar ddysgeidiaeth Powell yn debyg i eiddo'r Crynwyr o ran potensial yn unig, wrth gwrs, a dyma sy'n esbonio pam fod cynifer o'i ddilynwyr ef, yn ogystal ag eiddo Llwyd, wedi troi at y Crynwyr. Dylai fod o gryn arwyddocâd, hwyrach, mai Fox a agorodd 'ddeall' John ap John ac nid Morgan Llwyd. Bu dylanwad Erbery yn drwm ar ei ddilynwyr agosaf. A digon eiddgar oedd eglwys Llanfaches hyd yn oed i wrando ar Erbery yn pregethu iddynt yng Nghasnewydd. Ac felly does ryfedd yn y byd fod y tir wedi'i fraenaru gan y Piwritaniaid Cymreig amlycaf ar gyfer hau hedyn efengyl y Crynwyr yng Nghymru rhwng 1653 a 1660.

---

[71] *Gweithiau Morgan Llwyd* II, 173.
[72] Ibid., cf. nodyn 34 uchod.

6
Edrych yn Ôl

Er mai yn ystod yr unfed ganrif ar bymtheg a'r ail ganrif ar bymtheg y blodeuodd Piwritaniaeth yn Lloegr, yr oedd yr ysbryd Piwritanaidd yn hŷn ac yn lletach o gryn dipyn nag oes Elisabeth I a'i holynwyr y Stiwartiaid Cynnar. Gellir olrhain y meddwl Cristnogol neilltuol hwn i John Calfin yn yr unfed ganrif ar bymtheg, i'r Sistersiaid yn yr Oesau Canol, i Awstin Fawr, Esgob Hippo yng Ngogledd Affrica yn ddiweddar yng nghyfnod yr Eglwys Fore, ac i Sant Paul ei hun yn nyddiau'r Testament Newydd.[1] Yr oedd y Piwritaniaid Cymreig yn etifeddion yr awydd Cristnogol clasurol hwnnw i buro byd a betws yn ogystal â buchedd bersonol. Mynnent fod yn halen mewn cymdeithas a'r byd gwleidyddol, a chan eu bod yn teimlo eu bod yn byw mewn cyfnod arwyddocaol yn hanes yr Eglwys Gristnogol, disgwylient weld Hanes yn mynd yn ei flaen at ryw gyflawniad mawr pryd y rhyddheid pwerau ysbrydol newydd a fyddai'n 'puro'r' Eglwys yn ogystal â chadarnhau llywodraeth gyfiawn y Saint.

Cenhadwr oedd Oliver Thomas a'i nod mewn bywyd oedd gweithio'n ddiymarbed fel pregethwr ac awdur er mwyn hyfforddi'r praidd yng ngwirioneddau'r ffydd Biwritanaidd. Fel ei gydbiwritaniaid chwaraeodd yntau ran bwysig ac arwyddocaol yn y Chwyldro Piwritanaidd yng Nghymru; yn ogystal â bod yn Brofwr o dan Ddeddf y Taenu, bu'n gaplan yn y Fyddin Seneddol, o bosibl, a bu'n gweithredu cyn hyn fel darlithydd Piwritanaidd yn y 1640au. Yr oedd yn ddolen gyswllt bwysig iawn rhwng meddwl gwŷr fel Cradoc, Powell a Llwyd a'r etifeddiaeth Galfinaidd gyfoethog a drosglwyddwyd iddynt yn dreftad o gyfnod William Perkins a'i debyg yn Lloegr.[2] Yn wir, yn ei lyfrau hylaw bu'n angor i'r meddwl Calfinaidd clasurol hwn, a mynnai ddyrchafu awdurdod y Beibl a Phenarglwyddiaeth Duw yn benconglfeini'r mudiad Piwritanaidd ifanc yng Nghymru. Yr oedd heb amheuaeth yn ddylanwad diwinyddol cynnar cytbwys a fu'n ffynnon risial i Cradoc a'i gydweithwyr yn y cyfnod hwnnw o eplesu cyn dyfodiad dyddiau dreng y Rhyfel Cartref (1642-1649). Addysgwr mawr ydoedd yn bennaf, hwyrach, ac apeliai yn gyson at y meddwl gyda'i epistemeg Galfinaidd ddeallol finiog, ond

---

[1] G. F. Nuttall, *The Puritan Spirit: Essays and Addresses* (Llundain, 1967), 11-21; D. Martyn Lloyd-Jones, *The Puritans: Their Origins and Successors* (Caeredin, 1987); J. S. Coolidge, *The Pauline Renaissance in England* (Rhydychen, 1969).
[2] L. B. Wright, 'William Perkins: Elizabethan Apostle of Practical Divinity', *Huntingdon Library Quarterly* III (1940).

Edrych yn Ôl

nid ar draul y profiad dirfodol a gostrelir yn athrawiaethau'r cyfamod newydd. Oherwydd ei sefydlogrwydd a'i aeddfedrwydd diwinyddol yn ddiau bu'n sylfaen gadarn i'r ddiwinyddiaeth honno a drosglwyddwyd yn etifeddiaeth i'w gyfoedion ac a roddwyd ar waith ganddynt hwy yng Nghymru, a hynny ar lafar a thrwy gyfrwng y llyfr print yn ystod y 1650au.

Dengys llyfrau Llwyd yn 1653 fel yr oedd yn dra ymwybodol fod y genedl Gymreig ar groesffordd argyfwng mawr yn ei hanes. Yr oedd yr hen Frytaniaid yn symud yn anochel i gyfeiriad cyfnod newydd a wawriai 'o fewn oes gŵr'. Dyma'r rheswm pam y pregethai'n ddiflino wrthynt i ymysgwyd a deffro ac ymroi i Grist a'i ddewis yn Waredwr cyn yr elo'n rhy hwyr. Meddai yn *Llyfr y Tri Aderyn*:

> Mae Sion yn escor hefyd yn ei mynydd, a'r droell fawr ddiwaethaf wedi dechrau troi, yn barod yn y byd.[3]

Gwahoddai Crist bawb i ddyfod i mewn i rwymau'r cyfamod Gras, a mynnai Llwyd fod angen gwneud hynny ar amrantiad, sef 'Cyn diffyg yr anadl...Pa hyd yr oedwch gymmeryd bywyd?'[4] Rhaid oedd i'r Cymry benderfynu ynghylch tynged dragwyddol eu heneidiau, sef drwy droi i mewn at y Gwaredwr, y Pumed Brenin, a oedd wrth eu drysau yn curo ac yn crefu am gael dyfod i mewn i'w calonnau.

Nid Llwyd oedd yr unig un o'r Piwritaniaid Cymreig a gredai fod Hanes yn dirwyn i ben yn ei oes ef. Yr oedd Powell yntau yn credu bod rhyw ddewis mawr anochel yn wynebu ei gyd-Gymry, sef naill ai aros yng nghaethiwed Sinai o dan farn Duw neu ddewis ymroi ar ôl Crist dan Groes Calfaria. Dilyned dyn Grist felly a chofleidio'i addewidion a oedd ynghlwm wrth y cyfamod Gras. Dylai dyn, o ganlyniad, ymbaratoi'n fewnol yn ogystal â gwleidyddol cyn dyfod Crist yn ôl i'r ddaear. Roedd Ailddyfodiad y Pumed Brenin wrth y drws a Hanes yn llithro'n gyflym at drothwy'r datguddiad ysbrydol mawr hwn.

Yr oedd Cradoc hyd yn oed, a hynny yn union fel Llwyd a Powell, yn credu bod argyfwng mawr yn wynebu ei genedl. Dyma sy'n esbonio ei weithgarwch egnïol mewn byd a betws. Yr ateb a gynigiai ar gyfer goroesi'r argyfwng oedd cofleidio diwinyddiaeth y cyfamodau. Drwy Grist yr osgoir difodiant. Dengys yr athrawiaeth am y ddau gyfamod fod Duw yn rhyddhau'r 'caethweision' ac yn eu

---

[3] *Gweithiau Morgan Llwyd o Wynedd* I, gol. T. E. Ellis (Bangor a Llundain, 1899), 198.
[4] Ibid., 234.

Cewri'r Cyfamod

dyrchafu yn sgil hynny yn 'blant i Dduw'.[5] Yn y rhyddid ysbrydol newydd hwn, sy'n ganlyniad gwaith Gras achubol, enillir mynediad i rwymau'r cyfamod Gras; yr oedd modd i bechaduriaid tlawd oresgyn pob argyfwng a'u hwynebai. Gras Penarglwyddiaethol Duw a ryddhâi bechadur a'i osod ar ben y ffordd i ddilyn Crist a'i gofleidio yn Waredwr.

Yr oedd William Erbery, er ei fod wedi cefnu ar Galfiniaeth ei gyfoedion a mabwysiadu Arminiaeth a syniadau'r Ceiswyr yn lle'r Galfiniaeth y maged ef arni, yn credu yn angerddol y gwelid yn ei oes ef ddatguddiad ysbrydol newydd a llawnach a ddigwyddai o dan yr hyn a eilw yn Drydedd Oruchwyliaeth. Er nad anwesai filenariaeth Powell a Llwyd (yn ei ddyddiau cynnar), disgwyliai yntau weld Hanes yn dirwyn i ben gyda chwyldro ysbrydol. Yr oedd argyhoeddiad ynghylch argyfwng o'r fath yn sicr o gael effaith drydanol ar weithgarwch cymdeithasol a gwleidyddol rhai o'r Piwritaniaid hyn. Nid rhyfedd yw gweld y gwŷr hyn yn ymhél â gwleidyddiaeth gwlad a oedd yn gwestiwn pwysig a dyrys yn y cyfnod 1630-1660. Y ffaith wrthrychol fawr oedd bod awenau llywodraeth wedi syrthio i ddwylo'r Piwritaniaid o'r diwedd, a rhaid oedd iddynt yn awr ofyn i'w gilydd beth yn union oedd a wnelo Cristnogaeth â gwleidyddiaeth, ac a oedd y Beibl hefyd yn llawlyfr i roi cyfarwyddyd gwleidyddol yn ogystal â bod yn gyfrwng dwyn iachawdwriaeth i'r bobl? Mewn gair, sut yn union y dylai'r Piwritaniaid a'u cyfoeswyr ymwneud â'r Wladwriaeth newydd ar ôl gweld chwyldro a dienyddio Brenin o ddwyfol ordeiniad a dileu ei Eglwys Wladol unffurf? Ateb y Pumed Breniniaethwyr, a Llwyd a Powell yn eu plith, i gwestiwn o'r fath oedd ymroi i wleidydda.

Yn ei bregeth *Christ Exhalted*, 1650, a draddodwyd gerbron y Senedd yn Chwefror 1650 dywed Powell bod gan Grist ddwy deyrnas, y naill yn nefol a'r llall yn ddaearol, ac roedd yr olaf wrth y drws.[6] Gan hynny dylai'r Saint lywodraethu[7] a chodi arfau i hyrwyddo dyfodiad teyrnas Crist.[8] Ymhellach, rhaid oedd i'r Piwritaniaid osgoi fel y pla bob ysbryd hunanol ac uchelgais bersonol. Gwaith y Seneddwyr oedd dyrchafu Brenhiniaeth Crist a hynny o fewn terfynau'r Wladwriaeth. Mewn gwirionedd, nod y Saint oedd sianelu eu hegnïon i feithrin ei gilydd a phregethu'r Efengyl yng Nghymru a Lloegr.[9] Priodol hefyd

---

[5] *Gospel-Libertie,* 48; gw. ymhellach John von Rohr, *The Covenant of Grace in Puritan Thought* (Abingdon, 1986).
[6] *Christ Exhalted* (1650), 91-92.
[7] Ibid., 48.
[8] Ibid., 59-60.
[9] Ibid., vi.

oedd dileu'r enwau paganaidd ar ddyddiau'r wythnos a'r misoedd.[10] A mater o'r pwys mwyaf wedyn i bob dinesydd oedd gweld pasio deddfau cyfiawn yn y Senedd.[11] Dylid cadw anghenion y carcharorion a'r tlodion mewn cof yn gyson.[12] Cyfrifoldeb difrifol ar ysgwyddau'r Saint oedd y rhaglen wleidyddol hon.

Yr hyn sy'n amlwg, wrth gwrs, yw bod y gobaith milflwyddol yn codi'i ben mewn cyfnodau chwyldroadol neu gyfnodau o ansefydlogrwydd gwleidyddol a chymdeithasol. Ond nid ynfytyn o bell ffordd mo Powell gan fod y cwbl o'r Piwritaniaid yn y cyfnod hwn yn argyhoeddedig eu bod yn byw ar groesffordd yn hanes yr Eglwys. Yr oedd Hanes ar fin dirwyn i ben gyda datguddiad cosmig a ddeuai ar eu gwarthaf yn yr oes honno. Yr oedd Piwritaniaid gyda'r sobraf megis Thomas Goodwin a John Owen yn credu hyn. Ond yr hyn sy'n arwyddocaol yn y cyfnod hwn yw'r argyhoeddiad y byddai Crist yn gweithredu yn ysbrydol ac yn ymyrryd yn bersonol a nerthol i gychwyn ei Frenhiniaeth yn y deyrnas, boed hi'n ddaearol lythrennol neu'n gyfan gwbl ysbrydol. Credai'r Piwritaniaid Cymreig mai eu dyletswydd grefyddol oedd hyrwyddo achos Crist ymlaen llaw, a thrwy ddulliau gwleidyddol y gwneid hynny orau, o leiaf yn rhannol. Dyma oedd argyhoeddiad mawr Thomas Harrison pan oedd yn ben Comisiwn Deddf y Taenu. Yn 1647 yr oedd y milwyr ym Myddin y Senedd wedi datgan eu gobaith o weld gosod awenau'r llywodraeth newydd yn nwylo gwŷr cymwys a chymeradwy yn sgil eu cyfiawnder moesol. Yn wir, y mae'n destun syndod bod milenariaeth wedi llwyddo i ennill cymaint o ddylanwad ar arweinwyr gwleidyddol a milwrol y Wladwriaeth newydd mewn cyn lleied o amser. Yr oedd Powell yn 1650 eisoes ar flaen y gad gyda chynlluniau'r Saint i daenu'r Efengyl a chwyldroi'r gyfundrefn gyfreithiol drwy ddileu degymau a sefydlu Senedd o Saint. Cefnogid hyn oll gan Llwyd yntau ar y cychwyn.

Y mae'n amlwg wrth dduwioldeb y Piwritaniaid hyn nad credo er mwyn credo oedd Calfiniaeth iddynt, gan eu bod wedi profi, yn ddirfodol felly, ymwneud graslon Duw â hwy, ac mai canlyniad i'r profiad hwn o achubiaeth anhaeddiannol oedd diwinydda iddynt, a hynny oddi fewn i fframwaith y gyfundrefn Galfinaidd.[13] Yr oedd y

---

[10] Ibid., vii.
[11] Ibid., 93.
[12] Ibid., 93-94.
[13] Lyle D. Bierma, 'Federal Theology in the Sixteenth Century: Two Traditions', *Westminster Theological Journal* 45 (1983), 304-21; Donald J. Bruggink, 'Calvin and Federal Theology', *Reformed Review* 13 (1959-60), 15-22; Conrad Cherry, 'The Puritan Notion of the Covenant in Jonathan Edwards's Doctrine of Faith', *Church History* 34 (1965), 328-41; Everett H. Emerson, 'Calvin and Covenant Theology', *Church History* 25 (1956), 136-44; Richard L. Greaves, 'The Origins

cwbl ohonynt yn annog eu cynulleidfaoedd i gofleidio Crist; meithrinent eu dilynwyr mewn ysbryd o ddyfalbarhad a'r awydd angerddol hwnnw i nesáu at Dduw ac ymaflyd yn ei addewidion a thyfu mewn Gras. Mae'n debyg mai Llwyd, o bosibl, a fynegodd rymusaf o ddigon waith adnewyddol Gras Duw a oedd yn deffro dyn o'i drwmgwsg ac yn ei ddwyn i rwymau'r cyfamod newydd.[14] Serch hynny, y mae'n bwysig cadw mewn cof yn gyson fod Llwyd yn ei ddiwinyddiaeth wedi goradweithio i gredo ddeallol oer rhai o'r Piwritaniaid Clasurol, a'i fod wedi dewis, o ganlyniad, feithrin ei ddychweledigion mewn ysbryd gweddi a myfyrdod. Y perygl dybryd yn hyn o beth oedd troi at dawelyddiaeth. Ond y mae'n deg pwysleisio iddo roi i'w eglwys gynnull yn Wrecsam, ac mewn lleoedd eraill yn ogystal y mae'n ddiau, ei lle cyfreithlon yn y gwaith meidrol o foliannu Duw ar gân a dathlu sacramentau'r Bedydd a'r Swper.[15]

Cyfiawnhad drwy ffydd yn deillio o Ras Duw yn unig oedd penconglfaen Cyffes Ffydd Westminster a Declarasiwn y Safói (1658) a dyma, wrth gwrs, bencoglfaen y Diwygiad Protestannaidd hefyd. Credai Luther pe cwympai'r athrawiaeth feiblaidd hon dyna ben hefyd ar yr holl gyfundrefn ddiwinyddol yr oedd yn sail iddi. Adfail fyddai'r cwbl hebddi. Credai'r Diwygwyr na ellid pechu 'er amlhau Gras' (Rhuf. 6). Yr oedd dyfod i gredu a bod 'yng Nghrist' yn golygu bod pechadur yn cael ei gyfiawnhau a'i ddwyn at riniog santeiddhad drwy edifeirwch ac adnewyddiad moesol. Mater cyfreithiol a chwbl wrthrychol oedd y cyfiawnhad ond yr oedd santeiddhad, ar y llaw arall, yn golygu profi, yn y galon, waith adnewyddol Gras a mynd ymlaen i gyfeiriad perffeithrwydd moesol (Y Llythyr at yr Hebreaid). Deillia'r cyfiawnhad o'r Tad ac roedd fel dilledyn yn gwisgo dyn a gyfrifir yn gyfiawn drwy ffydd. Cyhoeddi crediniwr yn gyfiawn unwaith ac am byth a wneir o ganlyniad i'w ffydd yng nghyfiawnder Crist. Ni pherthyn i ddyn y rhithyn lleiaf o gyfiawnder cynhenid neu foesol. Daw santeiddhad i ddyn drwy waith cymwysiadol yr Ysbryd Glân sy'n gweithio yn y crediniwr amherffaith i'w santeiddio. Ni pherthyn owns

---

and Early Development of English Covenant Thought', *Historia* 31 (1968), 21-35; Paul Helm, 'Calvin and the Covenant: Unity and Continuity', *Evangelical Quarterly* 55 (1983), 65-81; Anthony A. Hoekema, 'Calvin's Doctrine of the Covenant of Grace', *Reformed Review* 15 (1962), 1-12; David A. Weiss, *The Origin of Federal Theology in Sixteenth-Century Reformation Thought* (Rhydychen, 1990); David B. McWilliam, 'The Covenant theology of the *Westminster Confession of Faith,* and Recent Criticism', *Westminster Theological Journal* 53 (1991), 109-24; Donald Macleod, 'Federal Theology – An Oppressive Legalism?', *Banner of Truth* 125 (1974), 21-28.

[14] *Gweithiau Morgan Llwyd*, 258; cf. Goronwy Wyn Owen, *Rhwng Calfin a Böhme: Golwg ar Syniadaeth Morgan Llwyd* (Caerdydd, 2001), pennod 5.

[15] Ibid., pennod 6, 'Yr Eglwys'.

o gyfiawnder goddrychol i ddyn. O Dduw y deillia cyfiawnhad felly a hynny drwy ffydd yn ei Fab. Nid yw dyn yn ennill unrhyw fesur o haeddiant drwy weithredoedd da nac unrhyw fesur o hunangyfiawnder. Mae cyfiawnhad drwy ffydd yn ymwneud â safle gyfreithiol dyn gerbron Duw yn hytrach na chyflwr moesol ei galon. Cyfrif cyfiawnder Crist i bechadur a wneir (Rhuf. 8:33). Cyfrif pechadur yn gyfiawn a wneir yn hytrach na'i wneud yn gyfiawn (Gal. 2:21; Rhuf. 3:20; Actau 4:12; Jer. 23:6; Salmau 71:16; Eseia 64:6).

Dyma'r sail felly i ddiwinyddiaeth gyfundrefnol y Piwritaniaid hyn. Roedd ymwybod â Phenarglwyddiaeth Duw ynghlwm â'r athrawiaeth hon, yn ogystal â chyfrifoldeb dyn, sef y rhan a chwery ei ewyllys yn y gwaith graslon o'i achub. Tua'r adeg y cychwynnodd ymgyrch y Piwritaniaid Cymreig yng Nghymru yr oedd yr Eglwys Anglicanaidd wrthi yn hyrwyddo Arminiaeth ym mherson yr Archesgob William Laud (1573-1645). Rhoddwyd prawf llym ar eu hathrawiaeth gan y safbwynt Arminaidd ac ni fedrent gydsynio â hi o gwbl. Wrth lynu fel gelod wrth eu Calfiniaeth arbedwyd y Cymry hyn rhag colli golwg ar y Duw trosgynnol a oedd wedi'u hachub a'r pellter mawr mewn gwirionedd a oedd rhyngddo a dyn.

Drwy ffydd yn unig y gellid deall yr athrawiaeth am Benarglwyddiaeth Duw a chyfrifoldeb dyn i ymateb iddo (Eseia 55:8-9). Tuedd yr Uchel-Galfiniaid oedd gorbwysleisio rheswm dyn yn y gwaith o'i achub ac arweinid ei choleddwyr gan hyn i ddysgu cred anfeiblaidd am Sofraniaeth Duw a lle ewyllys dyn mewn iachawdwriaeth. Y cwestiwn canolog yw, a oedd dyn wedi'i garcharu i'r fath raddau gan ei ewyllys fel na allai ymateb o gwbl i'r alwad i edifarhau a chredu pan gyhoeddir neges yr Efengyl; a yw mor ddiymadferth fel na allai ymroi i Grist? Os bwriad Duw yw achub yr etholedigion yn unig pa reswm oedd dros gynnig iachawdwriaeth i bawb yn ddiwahân? Ateb y Cymry oedd bod yr alwad i edifarhau yn cael ei chynnig i bawb drwy bregethu'r Efengyl. Roedd pechaduriaid yn gyfrifol gerbron Duw a oedd wedi gorchymyn i bawb edifarhau (Actau 17:30). Rhaid oedd i bawb a glywai'r Efengyl gredu yng Nghrist (1 Cor. 3:23). Credai'r Cymry hyn fod dyn wedi'i gaethiwo i bechod o ganlyniad i'r Cwymp, ond gyda thröedigaeth ac adenedigaeth rhyddheir yr ewyllys o'r caethiwed hwn, er ei bod o hyd yn amherffaith ei gogwydd moesol, a thry i ddilyn Crist. Rhyddheir dyn yn dilyn ymyrraeth ddwyfol yr Ysbryd sy'n cymhwyso ato yr achubiaeth a brynodd Crist iddo ar y Pren.[16]

Fel y gwyddys, yr oedd pwnc rhyddid a chaethiwed yr ewyllys yn ganolog adeg y Diwygiad Protestannaidd, ac ysgrifennodd Luther

---

[16] Trafodir hyn yn rhannol yn ibid., 142-162.

gyfrol gyfan ar y maes, sef *Caethiwed yr Ewyllys*.[17] Barnai B. B. Warfield, yn gam neu'n gymwys, mai'r llyfr hwn oedd maniffesto'r Diwygiad Mawr. Gwelai Luther mai canlyniad i waith Gras Penarglwyddiaethol Duw oedd iachawdwriaeth yn hytrach na phenderfyniad (Arminaidd) dyn i ganiatáu i Dduw ei achub.

Fel Richard Baxter yn ei gyfrol *Galwad i'r Annychweledig* (A Call to the Unconverted) a Joseph Alleine yn ei *An Alarm to the Unconverted*[18] yr oedd y Piwritaniaid Calfinaidd Cymreig yn apelio ar i bob gwrandawr ymateb i alwad yr Efengyl drwy edifarhau a chredu yng Nghrist a'i anwesu. Rhaid, meddent, oedd gwahodd pechaduriaid i ddyfod yn waglaw at Grist (Mth. 11:27-28), rhaid oedd ymresymu â hwy (Eseia 1:18-20), rhaid oedd wrth apelio at ddyfalbarhad fel y gwnâi Llwyd mor aml yn ei lyfrau (Rhuf. 10:21), rhaid oedd cyhoeddi (Lc. 13:5) a chrefu ar y Cymry i droi at Dduw ac ochri ag Ef (2 Cor. 5:20).Yr unig obaith i ennill iachawdwriaeth oedd galw ar Dduw am drugaredd. Ni flinai'r pregethwyr hyn gyhoeddi mai Duw trugarog yw'r Arglwydd ac nad oedd yn casáu neb. Ni throi'r gweiniaid oddi wrtho os deuent yn waglaw ato ac mewn ffydd. Mae'n caru pechaduriaid ac nid yr etholedigion yn unig a oedd yn wrthrychau grasol ei gariad oherwydd cyhoeddid yr Efengyl i'r byd.[19]

Er bod Llwyd yn Galfinydd cymedrol[20] yr oedd yn tueddu i ddamcaniaethu (o dan ddylanwad Böhme) gormod am *hanfod* Duw, a dysgu bod modd cyrraedd at y bywyd tragwyddol yn nyfnder calon dyn drwy fyfyrdod. Gan hynny, y perygl oedd iddo golli golwg ar wrthrychedd y ffydd a thrwy hynny beryglu'r pwyslais Calfinaidd ar wrthrychedd y datguddiad o Dduw yn y Beibl. Ond tuedd yn unig ydoedd. Syrthiodd ar ei fai yn 1655 ac ailbwysleisio gwrthrychedd y ffydd honno.[21] Daeth i sylweddoli, o dan bwysau ymweliadau'r Crynwyr â'i eglwys yn Wrecsam, na ddylid dibrisio gwrthrychedd addoliad a dathlu'r sacramentau ac ymwneud dyn â'r Wladwriaeth. Roedd i lywodraeth Cromwell ei lle cyfreithiol ym mhatrwm Hanes. Er ei fod yn derbyn mai gweithredu mewn Hanes a wnâi Duw a bod hynny yn ddatguddiad o'i ewyllys ar gyfer dyn, o dan ddylanwad Böhme yr oedd wedi ceisio treiddio y tu ôl i ewyllys Duw i geisio deall beth oedd ei Hanfod, neu ei natur guddiedig. Dyma'i gam gwag ond fe dderbyniai'n ddigwestiwn y dylai dyn dderbyn etholedigaeth i fywyd tragwyddol heb geisio deall y rheswm dwyfol y tu cefn i hynny.

---

[17] Martin Luther, *The Bondage of the Will* (Grand Rapids, 1979).
[18] Joseph Alleine, *An Alarm to the Unconverted* (Caeredin, 1978).
[19] Cf. John Howe, *Works, vol 2* (Ligonier, Penn., 1990), tt.316 yml.; cf. *Gweithiau Morgan Llwyd* I, 'Llyfr y Tri Aderyn', 173-74, 216.
[20] Goronwy Wyn Owen, *Rhwng Calfin a Böhme*, 107-142.
[21] *Gweithiau Morgan Llwyd* I, 'Where is Christ?', 1655 ar ei hyd.

Derbyniai'r paradocs a'i gadael ar hynny.[22] Cyfraniad pwysicaf y Piwritaniaid Cymreig i ddiwinyddiaeth Cristnogol y cyfnod modern cynnar yw eu bod wedi hyrwyddo cydbwysedd o ran cywirdeb athrawiaeth, dyrchafu profiad dirfodol o Ras achubol i'w le haeddiannol, a rhoi eu lle dyledus yn y patrwm crefyddol i'r Eglwys a'r Wladwriaeth. Pobl y Beibl oedd y gwŷr hyn a hwnnw yn Feibl Cymraeg, yn arbennig yn achos Oliver Thomas a Morgan Llwyd. Er mai yn Saesneg gan amlaf y cyhoeddwyd y rhan fwyaf o lyfrau'r Piwritaniaid hyn, yn y Gymraeg y pregethent i'r bobl a Chymraeg hefyd oedd iaith eu pulpudau ac eithrio eiddo William Erbery. Y mwyaf ecwmenaidd ohonynt i gyd oedd Walter Cradoc a daeth â pharch at gyd-ddyn yn rhan o'i arfogaeth yn y byd crefyddol a gwleidyddol. Ef oedd gwladweinydd doethaf ei genhedlaeth yng Nghymru ac yr oedd ei ddiwinyddiaeth yn ddrych i'w hynawsedd diguro. Hanfod yr Efengyl i Cradoc oedd: 'Crist Croeshoeliedig a thywalltiad Ysbryd Duw!'

Nid oes amheuaeth nad oedd y Piwritaniaid Cymreig yn wŷr o ddealltwriaeth ddiwinyddol ddofn. Eu nod wrth bregethu oedd darparu dysgeidiaeth feiblaidd i'r Cymry a fyddai'n esgor ar feddwl ac ysbryd cytbwys wedi'i seilio ar yr athrawiaethau a olrheiniwyd uchod. Dyma'r etifeddiaeth oludog a drosglwyddwyd ganddynt i genedlaethau'r dyfodol. A dygodd yr etifeddiaeth hon ffrwyth ardderchog pan ddaeth y Diwygiad Methodistaidd dros Gymru yn y ganrif ddilynol.[23]

Er na lwyddodd Piwritaniaeth Gymreig yn y cyfnod 1630-1660 i ennill calonnau'r Cymry yn gyffredinol i'w hachos, gellir dadlau, serch hynny, ei fod yn fudiad arwyddocaol iawn cyn belled ag yr oedd a wnelo â thwf y dystiolaeth Efengylaidd yng Nghymru. Dyma'r tro cyntaf ers yr Oesau Canol, o bosibl, i'r Efengyl gael ei phregethu ar raddfa fawr yng Nghymru. Yn wir, dros gyfnod o ryw ddeugain mlynedd gosodwyd i lawr sylfeini Anghydffurfiaeth Gymreig a gadwodd y dystiolaeth Efengylaidd yn fyw ar ôl 1660 ac yn wir, ymlaen i'r deffroad Methodistaidd yn ail chwarter y ddeunawfed ganrif. Yr oedd Anghydffurfiaeth, a Phiwritaniaeth cyn hynny, yn fudiad dysgedig a'r arweinwyr oll yn wŷr o ddoniau ysbrydol a llenyddol anghyffredin. Manteisiodd y Piwritaniaid i'r eithaf yng nghyfnod y Rhyfel Cartref (1642-1649) i ymelwa ar y cyfle euraid i weithio dros newid cyflwr crefydd yng Nghymru, a gwnaethant hynny yn sgil eu cysylltiadau syniadol â Phiwritaniaid blaenllaw yn Lloegr. Bu eu dylanwad yn un pellgyrhaeddol yn hyn o beth gan iddynt

---

[22] Ibid., 173-74.
[23] Derec Llwyd Morgan, *Y Diwygiad Mawr* (Llandysul, 1981); G. M. Roberts (gol.), *Hanes Methodistiaeth Galfinaidd Cymru: Cyfrol I, Y Deffroad Mawr* (Caernarfon, 1973), yn arbennig tt.13-42; 95-118.

lwyddo hyd yn oed i ennill cefnogaeth neb llai nag Oliver Cromwell ei hun i'w cynlluniau ar gyfer eu mamwlad. Yn wir, ni ellir yn hawdd esbonio Deddf Taenu'r Efengyl heb ryw fath o gefnogaeth 'oddi uchod' fel hyn. Yr oedd Cradoc, yn arbennig, yn sefyll gyfysgwydd â gwŷr mawr y Senedd a Phiwritaniaid blaenllaw eraill yn ystod y 1650au a rhoddwyd gwahoddiad iddo fynychu angladd Cromwell yn 1658, er enghraifft. Yr oedd y cwbl o arweinwyr y mudiad Piwritanaidd Cymreig wedi chwarae rhan flaenllaw yn y Chwyldro Piwritanaidd ac wedi manteisio i'r eithaf ar y cyfle a ddaeth yn ei sgil i drawsnewid Cymru o ran crefydd a gwleidyddiaeth. Ond er gwaethaf eu sêl diymarbed dros weld llwyddiant Piwritaniaeth yn eu mamwlad, prin fu'r cynhaeaf a bychan mewn gwirionedd oedd nifer yr eglwysi a gynullwyd yng Nghymru yn y blynyddoedd hyd tua 1660.

Yr hyn sy'n destun syndod, wrth gwrs, yw bod y meddwl Calfinaidd a nodweddai'r rhan fwyaf o'r cynulleidfaoedd hyn wedi parhau yng Nghymru ar ôl cwymp gwleidyddol Piwritaniaeth yn y deyrnas yn 1660-62. Ganed Anghydffurfiaeth fel traddodiad annibynnol newydd ar Ddydd Sant Bartholomeus 1662, a daeth y Presbyteriaid, yr Annibynwyr a'r Bedyddwyr (ac eithrio'r Crynwyr am y tro) yn fudiad a ddiogelodd y meddwl Efengylaidd a'i feithrin am yr hanner canrif nesaf ar ôl Deddf Goddefiad 1689. Esgorodd yr Hen Ymneilltuaeth, fel y'i gelwir, ar Fethodistiaeth ymhen yrhawg ac er mai methiant cymharol fu cenhadaeth yr Hen Ymneilltuwyr i raddau helaeth iawn, fe ffynnodd Methodistiaeth yn ddirfawr. Bywiocawyd meddwl Calfinaidd yr Hen Ymneilltuwyr i raddau pell iawn gan awelon tanbaid y Diwygiad Mawr a'r pwyslais canolog hwnnw ar gredu o'r galon yn llinyn arian a gysylltai'r Diwygwyr ag arweinwyr y Piwritaniaid Cymreig ganrif ynghynt. Cyfnewidiodd yr hen Sentars Sychion felly eu trefn hwy am dân y Diwygwyr ac nid yn ofer felly y llafuriodd arweinwyr y mudiad Piwritanaidd yn y cyfnod 1630-1660 dros feithrin y dystiolaeth Efengylaidd yng Nghymru. Un canlyniad pellgyrhaeddol i'w cymynrodd i'r dyfodol oedd sicrhau parhad y traddodiad hwn ymlaen i'r ganrif nesaf. Wrth gwrs, dyma'r dystiolaeth a barhaodd yn ddi-dor o ddyddiau'r Esgob Richard Davies yng nghanol yr unfed ganrif ar bymtheg hyd ddyddiau Dr Lewis Edwards yng nghanol y bedwaredd ganrif ar bymtheg. Safai'r Piwritaniaid Cymreig felly yn dalog gyda chynheiliaid y traddodiad hwn ar y briffordd ddiwinyddol honno a ymestynnai o gyfnod y Diwygiad Protestannaidd i lawr hyd ddechreuadau rhyddfrydiaeth ddiwinyddol ar ddiwedd y bedwaredd ganrif ar bymtheg a dechrau'r ugeinfed ganrif yng Nghymru. Dyma yw eu harwyddocâd o fewn y traddodiad ehangach y perthynent iddo. A diau y pery eu tystiolaeth yn fflam lachar i'r oesau a ddêl.

Llyfryddiaeth Ddethol

Am y Diwygiad Mawr gweler:
Euan Cameron, *The European Reformation* (Rhydychen, 1991)
R. Tudur Jones, *The Great Reformation* (Caerlŷr, 1985)
Diarmaid MacCulloch, *Reformation: Europe's House Divided 1490-1700* (Llundain, 2003)

Am y meddwl Protestannaidd gweler:
A. G. Dickens, *The Age of Humanism and Reformation* (Llundain, 1977)
Alister E. McGrath, *Reformation Thought: An Introduction* (Rhydychen, 1988)
Bernard M. G. Reardon, *Religious Thought in the Reformation* (Llundain, 1995)

Am y Radicaliaid gweler:
Michael Mullett, *Radical Religious Movements in Early Modern Europe* (Llundain, 1980)
L. Verduis, *The Reformers and their Stepchildren* (Grand Rapids, MN, 1964)

Am y Traddodiad Piwritanaidd gweler:
Roger Abbott, 'Frustrated Reform: Puritanism under Elizabeth I', *Westminster Conference Report* (Llundain, 1975)
Patrick Collinson, *The Elizabethan Puritan Movement* (Llundain, 1967)
Idem, *Archbishop Grindal 1519-1583: The Struggle for a Reformed Church* (Llundain, 1979)
Idem, *English Puritanism* (Llundain, 1983)
Horton Davies, *The Worship of the English Puritans* (London, 1948)
Kelly M. Kapic a Randall C. Gleason (goln), *The Devoted Life: An Introduction to the Puritan Classics* (Caerlŷr, 2004)
Richard L. Greaves, 'The Nature of the Puritan Tradition', in R. Buick Knox (gol.), *Reformation Conformity and Dissent* (Llundain, 1977)
Basil Hall, 'Puritanism: the problem of definition', *Studies in Church History* 21 (Caer-grawnt, 1965)
Erroll Hulse, 'The Story of the Puritans', *Westminster Conference Report* (Llundain, 1998)
Idem, *Who are the Puritans?... and what do they teach?* (Darlington, 2000)

Cewri'r Cyfamod

Hywel R. Jones, 'The Death of Presbyterianism,' *Westminster Conference Report* (Llundain, 1969)
R. Tudur Jones, *Congregationalism in England, 1662-1962* (Llundain, 1967)
D. MacCulloch, *The Later Reformation in England, 1547-1603* (Llundain, 1990)
J. F. H. New, *Anglican and Puritan: The Basis of their Opposition, 1558-1640* (Llundain, 1964)
G. F. Nuttall, *Visible Saints: The Congregational Way* (Rhydychen, 1957)
Idem, *The Holy Spirit in Puritan Faith and Experience* (Chicago, 1992)
John Spurr, *The Post-Reformation, 1603-1714* (Efrog Newydd, 2006)
Idem, *English Puritanism, 1603-1689* (Llundain, 1998)
N. Tyacke, *Anti-Calvinists: The Rise of English Arminianism, c.1590-1640* (Rhydychen, 1987)
Michael R. Watts, *The Dissenters*, I (Rhydychen, 1978)
B. R. White, *The English Separatist Tradition: From the Marian Exiles to the Pilgrim Fathers* (Rhydychen, 1971)

Am y Chwyldro Piwritanaidd gweler:
John Adamson, *The Noble Revolt: The Overthrow of Charles I* (Llundain, 2007)
Maurice Ashley, *The English Civil War* (Stroud, 1996)
G. E. Aylmer, *The Interregnum: The Quest for Settlement 1646-1660* (Llundain, 1979)
Christopher Hill, *Intellectual Origins of the English Revolution Revisited* (Rhydychen, 1997)
Clive Holmes, *Why was Charles I Executed?* (Llundain, 2006)
E. W. Ives (gol.), *The English Revolution, 1600-1660* (Llundain, 1978)
John Morrill, *The Nature of the English Revolution* (Llundain, 1993)
R. H. Parry (gol.), *The English Civil War and After, 1642-1658* (Llundain, 1976)
Trevor Royle, *The British Civil War: The War of the Three Kingdoms, 1638-1660* (Llundain, 2004)
Conrad Russell, *The Causes of the English Civil War* (Rhydychen, 1991)
Roy Sherwood, *Oliver Cromwell: King In All But Name* (Stroud, 1997)
Nigel Smith, *Literature and Revolution, 1640-1660* (Llundain, 1994)
Austin Woolrych, *Britain in Revolution, 1625-1660* (Rhydychen, 2002)

Llyfryddiaeth Ddethol

Am Biwritaniaeth Radicalaidd gweler:
Christopher Hill, *The World Turned Upside Down* (Harmondsworth, 1976)
Idem, *Milton and the English Revolution* (Llundain, 1977)
A. L. Morton, *The World of the Ranters* (Llundain, 1970)
J. F. McGregor a Barry Reay (goln), *Radical Religion in the English Revolution* (Rhydychen, 1984)
Roger W. Welch, 'Quakers,Ranters and Puritan Mystics', *Westminster Conference Report* (Llundain, 1982)

Am Filflwyddiaeth gweler:
Bryan W. Ball, *A Great Expectation: Eschatological Thought in English Protestantism to 1660* (Leiden, 1975)
B. S. Capp, *The Fifth Monarchy Men* (Llundain, 1972)
N. Cohn, *The Pursuit of the Millennium* (Llundain, 1978)
Robert Godfrey, 'Millennial Views of the Seventeenth Century and Beyond', *Westminster Conference Report* (Llundain, 1999)
Crawford Gribben, *Puritan Millennialism: Literature and Theology, 1550-1682* (Milton Keynes, 2000)
P. G. Rogers, *The Fifth Monarchy Men* (Llundain, 1966)
Peter Toon (gol.), *Puritans The Millennium and the Future of Israel: Puritan Eschatology, 1600-1660* (Caer-grawnt, 1970)

Am y Diwygiad Protestannaidd yng Nghymru gweler:
Glanmor Williams, *Bywyd ac Amserau'r Esgob Richard Davies* (Caerdydd, 1953)
Idem, *Welsh Reformation Essays* (Caerdydd, 1967)
Idem, *Recovery Reorientation and Reformation: Wales, c.1415-1642* (Caerdydd a Rhydychen, 1987)
Idem, *The Welsh and their Religion* (Caerdydd, 1991)
Idem, *Wales and the Reformation* (Caerdydd, 1997)
Idem, *Cymru a'r Gorffennol: Côr o Leisiau* (Llandysul, 2000)
Idem, *Grym Tafodau Tân* (Llandysul, 1984)

Am Biwritaniaeth yng Nghymru gweler:
Lloyd Bowen, *The Politics of the Principality: Wales, c.1603-1642* (Caerdydd, 2007)
Noel Gibbard, *Elusen i'r Enaid: Arweiniad i Weithiau'r Piwritaniaid Cymreig, 1639-1689* (Pen-y-bont ar Ogwr, 1979)
R Geraint Gruffydd, *'In that Gentile Country'...The Beginnings of Puritan Nonconformity in Wales* (Pen-y-bont ar Ogwr, 1976)

Idem, 'William Wroth a Chychwyniadau Anghydffurfiaeth yng Nghymru', yn Noel Gibbard (gol.), *Ysgrifau Diwinyddol* 2 (Pen-y-bont ar Ogwr, 1998)

G. H. Jenkins, *The Foundations of Modern Wales: Wales, 1642-1780* (Caerdydd a Rhydychen, 1987)

Idem, *Protestant Dissenters in Wales, 1639-1689* (Caerdydd, 1992)

R. Tudur Jones, 'Anghydffurfwyr Cymru, 1660-1662', *Y Cofiadur* (1962)

Idem, *Hanes Annibynwyr Cymru* (Abertawe, 1966)

Iorwerth C. Peate, 'Lle'r Ffiniau yn Natblygiad Annibyniaeth yng Nghymru', *Y Cofiadur* (1929)

Thomas Richards, *A History of the Puritan Movement in Wales, 1639-1653* (Llundain, 1920)

Idem, *Religious Developments in Wales, 1654-1662* (Llundain, 1923)

Am Biwritaniaid unigol gweler:
William Wroth
Trevor Watts, 'William Wroth (1570-1641): Piwritan ac Apostol Cymru', *Y Cofiadur* (1979)

Oliver Thomas
Merfyn Morgan (gol.), *Gweithiau Oliver Thomas ac Evan Roberts: Dau Biwritan Cynnar* (Caerdydd, 1981)

Walter Cradoc
Noel A. Gibbard, *Walter Cradock: 'A New Testament Saint'* (Pen-y-Bont ar Ogwr, 1977)

J. M. Jones, 'Walter Cradock a'i gyfoeswyr', *Y Cofiadur* (1938)

G. F. Nuttall, 'Walter Cradock (1606?-1659): The Man and his Message', yn idem, *The Puritan Spirit: Essays and Addresses* (Llundain, 1967)

Vavasor Powell
R. Tudur Jones, *Vavasor Powell* (Abertawe, 1971)

Morgan Llwyd
R. I. Aaron, 'Dylanwad Plotinus ar Feddwl Cymru', *Y Llenor* VII (1928)

J. H. Davies (gol.), *Gweithiau Morgan Llwyd o Wynedd,* II (Bangor a Llundain, 1908)

T. E. Ellis (gol.), *Gweithiau Morgan Llwyd o Wynedd,* I (Bangor a Llundain, 1899)

Llyfryddiaeth Ddethol

E. Lewis Evans, 'Morgan Llwyd', yn Geraint Bowen (gol.), *Y Traddodiad Rhyddiaith* (Llandysul, 1970)
Idem, *Morgan Llwyd* (Lerpwl, 1939)
R. Geraint Gruffydd, 'Morgan Llwyd', yn E. Wyn James (gol.), *Cwmwl o Dystion* (Abertawe, 1977)
Idem, 'Morgan Llwyd', *A Goodly Heritage* (Llundain, 1958)
J. W. Jones (gol.), *Coffa Morgan Llwyd* (Llandysul, 1952)
R. Tudur Jones, 'The Healing Herb and the Rose of Love: The Piety of two Welsh Puritans', yn R. Buick Knox (gol.), *Reformation Conformity and Dissent* (Llundain, 1977)
J. Graham Jones a Goronwy Wyn Owen (goln.), *Gweithiau Morgan Llwyd o Wynedd* III (Caerdydd, 1994)
Goronwy Wyn Owen, *Morgan Llwyd* (Caernarfon, 1992)
Idem, *Rhwng Calfin a Böhme: Golwg ar Syniadaeth Morgan Llwyd* (Caerdydd, 2001)
Gwyn Thomas, 'Dau Lwyd o Gynfal', yn J. E. Caerwyn Williams (gol.), *Ysgrifau Beirniadol* V (Dinbych, 1970)
M. Wynn Thomas, *Morgan Llwyd* (Caerdydd, 1984)
Idem, *Llyfr y Tri Aderyn Morgan Llwyd* (Caerdydd, 1988)
Idem, *Morgan Llwyd: Ei Gyfeillion a'i Gyfnod* (Caerdydd, 1991)

Am Llwyd a Jakob Böhme gweler
E. Lewis Evans, 'Morgan Llwyd and Jacob Boehme', *The Jacob Boehme Society Quarterly* I (1952-53)
Idem, 'Cyfundrefn Feddyliol Morgan Llwyd', *Efrydiau Athronyddol* V (1942)
Goronwy Wyn Owen, 'Morgan Llwyd a Jakob Böhme', *Y Traethodydd* 139 (1984)

Am Llwyd a'r Crynwyr gweler:
E. Lewis Evans, 'Morgan Llwyd and the Early Friends', *Friends' Quarterly* 8 (1954)
W. J. Frost, 'The Dry Bones of Quaker Theology', *Church History* 39 (1970)
G. F. Nuttall, 'Puritan and Quaker Mysticism', *Theology* 78 (1975)
Idem, 'The Quakers and the Puritans', yn idem, *The Puritan Spirit* (Llundain, 1967)
B. Reay, *The Quakers and the English Revolution* (Llundain, 1992)

William Erbery

Brian Ll. James, 'William Erbery (1604-54): Ceisiwr Cymreig', yn J. Gwynfor Jones (gol.), *Agweddau ar dwf Piwritaniaeth yng Nghymru yn yr ail ganrif ar bymtheg* (Llanbedr Pont Steffan, 1992)

Idem, 'The Evolution of a Radical: The Life and Career of William Erbery (1604-54)', *Journal of Welsh Ecclesiastical History* (1986)

R. Tudur Jones, 'Tystiolaeth William Erbery', *Y Dysgedydd* 134 (1954)

Gweler hefyd:

Alfred Cohen, 'Two Roads to the Puritan Millennium: William Erbery and Vavasor Powell', *Church History* 32 (1963)

Geirfa

Amcan yr Eirfa hon yw ceisio esbonio nifer o dermau diwinyddol technegol sy'n digwydd yn y testun. Cynigir y diffiniadau er mwyn cynorthwyo'r darllenydd i ddirnad ystyron y syniadau o fewn eu cyd-destunau yn y gyfrol.

Ailfedyddiaeth: term hanesyddol a ddefnyddir wrth gyfeirio at aden radicalaidd Diwygiad Protestannaidd yr unfed ganrif ar bymtheg, a dysgeidiaeth meddylwyr fel Menno Simons a Balthasar Hubmaier, er enghraifft.
Antinomiaeth: y syniad sy'n dysgu nad oes angen i'r rheini a achubwyd o Ras ufuddhau i'r Gyfraith foesol gan fod Crist wedi talu'r ddyled i Dduw am bechod dyn ac wedi cyflawni gofynion y Gyfraith eisoes.
Apocalyptiaeth: math arbennig o ysgrifennu lle y canolbwyntir ar ddiwedd amser a'r pethau diwethaf pryd y gwneir defnydd o sumboliaeth grefyddol gymhleth. Esiamplau o'r dull hwn o ysgrifennu yw Llyfr Daniel (yn yr Hen Destament) a Llyfr y Datguddiad (yn y Testament Newydd).
Arminiaeth: sef dysgeidiaeth Jacobus Arminius a benodwyd yn Athro Diwinyddiaeth yn Leyden, yr Iseldiroedd, yn 1603. Adwaith oedd yr athrawiaeth hon i Galfiniaeth. Dysgai nad oedd credu ym Mhenarglwyddiaeth Duw yn anghyson o gwbl â chredu fod ewyllys dyn yn rhydd ac y gallai gyfrannu at ei iachawdwriaeth wrth ymateb o'i wirfodd i alwad raslon Duw. Ni allai dderbyn athrawiaeth y Calfiniaid am Etholedigaeth am y credai fod athrawiaeth o'r fath yn gwneud Duw yn awdur pechod. Condemniwyd ei athrawiaeth ar y materion hyn yn Synod Dort yn 1618-19. Gwnaed Calfiniaeth fuddugoliaethus y Synod hon yn uniongrededd yr eglwysi Protestannaidd wedi hynny.
Calfiniaeth: sef cyfundrefn ddiwinyddol a sylfaenwyd yn wreiddiol ar ysgrifeniadau John Calfin a'i ddilynwyr. Dysgid mai'r Beibl oedd unig reol ffydd a buchedd, a gwedid fod gan ddyn ewyllys rydd. Gwaith Gras, fe haerid, a hynny heb weithredoedd, oedd iachawdwriaeth a estynnid i'r etholedigion yn unig a ragarfaethwyd i fywyd newydd. Yn ôl yr Uchel Galfiniaid yr oedd Duw wedi caniatáu'r Cwymp a chan hynny bechod Adda. Dysgid fod tuedd ewyllys dyn yn wastad at ddrygioni. Credid fod gweithredoedd moesol yr etholedigion hyd yn oed wedi'u llygru gan bechod ond nas cyfrifir i farwolaeth yn sgil y cyfiawnhad drwy ffydd a ddygodd Crist iddynt. Yr oedd Duw yn ôl ei gyngor a'i ewyllys wedi dewis rhai i fywyd tragwyddol gan wrthod

pwy a fynnai er ei ogoniant ei Hun. Dysgai'r Calfiniaid cymedrol fod Crist wedi marw dros y byd ac nid dros yr etholedigion yn unig a dysgent fod yr arfaeth yn ddirgelwch a bod paradocs yn sail i'r athrawiaeth am gaethiwed yr ewyllys ac etholedigaeth o Ras.

Catecism: llawlyfr ar athrawiaeth Gristnogol ar ffurf holi ac ateb a bwriedid ef i roi cyfarwyddyd yn egwyddorion y ffydd.

Cyfiawnhad drwy ffydd: y ddysgeidiaeth am gyfiawnhad pechadur o Ras drwy ffydd yn unig a hynny heb weithredoedd. Estynnir maddeuant gan Dduw i bechaduriaid edifeiriol sy'n ymddiried yng Nghrist yn unig am faddeuant. Cyhoeddir y pechadur edifeiriol yn gyfiawn gan Dduw yn sgil ufudd-dod goddefol a gweithredol Crist. Oherwydd ei ffydd cyfrifir cyfiawnder Crist iddo. Ond nid yw'r credininwr yn gyfiawn ohono'i hun, eithr cyfrifir ef yn gyfiawn oherwydd ei gred yng Nghrist a'i waith achubol. Gwaith graslon Duw sy'n gyfrifol am yr iachawdwriaeth hon. Daw dyn yn feddiannol ar y Gras achubol hwn drwy ffydd yn unig. Derbynia'r ffydd hon adeg ei dröedigaeth.

Cyfriniaeth: term amlochrog. O ran ei ystyr bwysicaf cyfeiria at y profiad o undeb â Duw sy'n nod i'r bywyd Cristnogol. Golyga ymwybod uniongyrchol o Dduw a phrofiad mewnol ohono.

Cyffes ffydd: sef dogfen y corfforir ynddi egwyddorion ffydd eglwys neilltuol megis eiddo'r Piwritaniaid (Presbyteraidd a Chynulleidfaol) yn Westminster neu'r Safói.

Eschatoleg: rhan o ddiwinyddiaeth yr Eglwys Gristnogol sy'n ymdrin â'r 'pethau diwethaf' yn arbennig y gred mewn atgyfodiad, uffern a'r bywyd tragwyddol.

Etholedigaeth (Rhagarfaethiad): sef y gred fod Duw wedi galw pechaduriaid ato a hynny yn ddiamodol a'i fod yn achub rhai drwy'r alwad anghyfnewidiol hon a hynny er gogoniant iddo'i Hun. Dysgir yr athrawiaeth yn Effesiaid 1 a Rhufeiniad 8. Duw o'i Benarglwyddiaeth sy'n dewis drwy Rad Ras pwy i'w hachub a phwy i'w gwrthod. Rhagordeiniodd Duw achubiaeth i rai a cholledigaeth i eraill oherwydd eu hanghrediniaeth.

Ffederaliaeth: diwinyddiaeth a sylfeinir ar y gred mewn dau gyfamod, sef am gyfamod gweithredoedd rhwng Duw ac Adda fel cynrychiolydd y ddynoliaeth, ar y naill law, a'r cyfamod gras ar y llaw arall rhwng Duw a Christ fel yr Ail Adda.

Ffydd: drwy ffydd yn unig yr enillir iachawdwriaeth. Golyga ffydd gadwedigol fod y credininwr yn ymddiried yn llwyr yn y brynedigaeth a enillodd Crist ar y Groes. Daw â chyfiawnder i ddyn yn ogystal â heddwch â Duw. Canlyniad i waith achubol Gras yw ffydd ac y mae'n rhodd ysbrydol sy'n galluogi dyn i ufuddhau i Grist o'i wirfodd.

Hermeniwteg: yr egwyddorion sy'n sail i ddehongli testun o'r Ysgrythur.
Hermetiaeth: dysgeidiaeth gnosticaidd a briodolwyd i Thoth, un o hen dduwiau'r Aifft, ond a adnabyddid fel Hermes Trismegistus gan y Groegiaid. Dyddir yr ysgrifeniadau hyn (mewn Groeg) rhwng canol y ganrif gyntaf a'r drydedd ganrif OC. Dysgir yn y corff hwn o ysgrifeniadau, ac yn arbennig yn y *Poimandres*, y gallai'r enaid esgyn at Dduw drwy ennill gwybodaeth (*gnosis*) gyfrin ohono. Clytwaith o syniadau astrolegol, cosmolegol ac athronyddol oedd deunydd crai'r corff hwn o ysgrifeniadau. Cymathwyd ag ef syniadau Plato, y Stoiciaid a chyfrin grefyddau'r Dwyrain. Gwneir defnydd helaeth o'r syniadau astrolegol a chosmolegol hermetaidd gan Jakob Böhme a dyma hefyd ffynhonnell debygol syniadau Llwyd yn ei gân gosmolegol, *Gwyddor Vchod,* 1657.
Iachawdwriaeth gyffredinol: yr athrawiaeth y bydd Duw o'i drugaredd yn achub pawb yn y diwedd a hynny drwy gyfrwng purdan uffern.
Iawn (yr): y ddysgeidiaeth fod Crist wedi marw a dioddef drwy fod yn wrthrych dicter Duw yn erbyn pechod: dioddefodd Crist wrth farw y gosb y dylasid fod wedi'i chyfrif i'r ddynoliaeth. Mynegiant o gariad a chyfiawnder Duw oedd y Croeshoeliad. Y mae santeiddrwydd Duw yn mynnu fod pechod yn cael ei gosbi, ond y mae Ei gariad yr un pryd yn dewis estyn maddeuant i'r etholedigion yn unig. Gweithred rydd ar ran Crist oedd Ei farw di-bechod ac anhaeddiannol. Yr oed y weithred o ufudd-dod goddefol yn bodloni cyfiawnder Duw ac yn lliniaru ei ddicter yr un pryd. Cyfrifir y gwaith hwn i'r rheini a dderbyniai Grist drwy ffydd mewn edifeirwch ac ailenedigaeth yn faddeuant diamodol.
Mewnfodaeth: cyferbynner y term hwn â throsgynnaeth Duw. Sôn a wna'r syniad hwn am fewnbreswyliad Duw yn y byd a'r enaid dynol. Duw trosgynnol yw Duw'r Beibl, ond dysgid hefyd o gyfnod cynnar yn hanes yr Eglwys Gristnogol ei fod yn cynnal y Cread drwy Ei Ysbryd sy'n cyniwair drwy'r hyn a grëwyd gan y Tad. Canlyniad gorbwyslais ar y ddysgeidiaeth hon yw Pantheistiaeth ar y naill law, sef y gred fod Duw yn bodoli drwy bopeth, ac anffyddiaeth ar y llall. Gwaith mewnfodol Duw'r Ysbryd yw'r gwaith mewnol o ddeffro dyn o'i drymgwsg colledig a'i ddwyn i borth tröedigaeth ac adnewyddiad ysbrydol mewn galwad effeithiol. Pwysleisir mewnfodaeth Duw ar draul ei drosgynnaeth gan y Crynwyr yng nghyfnod Morgan Llwyd.
Neoblatoniaid Caer-grawnt: athronwyr o Brifysgol Caer-grawnt a oedd yn eu blodau o tua 1633 hyd tua 1688. Arweinwyr y cylch oedd Benjamin Whichcote (1609-83), Ralph Cudworth (1617-88) a Henry More (1614-87). Un arall cysylltiedig â hwy oedd Peter Sterry a bu Llwyd yn llythyru ag ef. Credai'r athronwyr hyn bod ffydd yr unigolyn

yn Nuw yn cael ei chadarnhau gan reswm dyn. Cynneddf ddwyfol mewn dyn oedd goleuni rheswm ac roedd yn arwain dyn i archwilio sylfeini'r ffydd yn y Beibl. Barnai Whichcote mai'r 'ysbryd mewn dyn yw cannwyll yr Arglwydd'. Yr oedd yr olwg gyfriniol hon ar reswm dyn yn deillio o syniadau'r Neoblatoniaid gynt. Canlyniad oedd ffydd i weithred achubol Duw yn goleuo'r meddwl a esgorai ar y cydweithio rhwng ewyllys a'r teimlad wrth i ddyn ymgyrraedd at Dduw.

Pelagiaeth: athrawiaeth a enwir ar ôl Pelagiws (ganed *c*.370). Dysgir fod dyn yn gwbl alluog i ennill iachawdwriaeth o ran ei weithredoedd rhydd a hynny yn annibynnol ar alwad Gras. Yr oedd felly yn wrthwynebus i ddysgeidiaeth Awstin o Hippo.

Perffeithrwydd: yr athrawiaeth sy'n dysgu fod credinwyr yn medru ymgyrraedd at gyflwr o berffeithrwydd mewnol yn y byd hwn, a hyd yn oed os yw'n methu sicrhau hyn yn y bywyd presennol y mae'n nod y dylasid anelu ati .

Santeiddhad: y profiad o iachawdwriaeth pan yw'r pechadur edifeiriol yn aeddfedu wrth arwain y bywyd Cristnogol ac yn cynyddu mewn santeiddrwydd personol. Trawsnewidir cymeriad y crediniwr i fod yn debyg i Grist. Mae'n fynegiant o ufudd-dod gwirfoddol i ewyllys Duw a dibynna yn llwyr ar Ras a thrugaredd Duw.

Socinws: sef Faustus Socinus (1539-1604). Dysgai nad oedd Crist yn ddwyfol o ran Ei hanfod.

Trosgynnaeth/Uwchfodaeth: dysgeidiaeth sy'n gweld Duw fel Bod hunangynhwysol tragwyddol hollol ar wahân i'r Cread. Sonnir yn aml yn yr Hen Destament am Dduw fel Bod cwbl annibynnol ar fywyd y ddynoliaeth (cf. Eseia 45:15; 55:8 yml). Mewn Cristnogaeth cadarnhawyd y ddysgeidiaeth hon gan ddylanwadau athronyddol o'r hen fyd. Er enghraifft, dyna syniad Plato am y Da a oedd uwchlaw pob gwybodaeth ohono. Sonia Aristotlys wedyn am Dduw fel ffynhonnell bywyd, y 'symudwr ansymudol'. A dyna syniad y Neoblatoniaid wedyn am Dduw Goruchaf sy'n bodoli ar wahân i bob ffurf ar fodolaeth a ddeilliodd ohono.

Mynegai

(a) Awduron

Alsted, Johann Heinrich 65-6
Ames, William 17
Archer, John 69

Bancroft, Richard 17
Baxter, Richard 139-40
Böhme, Jakob 32-3, 121-23
Brightman, Thomas 65-6
Browne, Robert 19-20

Cartwright, Thomas 6, 8, 12
Cook, Paul E. G. 9-10, 18, 26
Cotton, John 18, 26-7
Cradoc, Walter x-xi, 43-4, 86, 103-110, 149

Davies, John (o Fallwyd) 39

Edwards, Thomas (Gangraena) 30-2
Erbery, William xi, 42-3, 126-30, 150

George, C. a K 4-5
Gruffydd, R. Geraint 60-1

Hooker, Richard 6-7

Jacob, Henry 23-4
Jones, Hywel R. 8
Jones R. M. 102
Jones, R. Tudur 29, 123

Lloyd-Jones, D. M. 3, 7

Llwyd, Morgan x-xi, 45, 69-77, 82-86, 114-25, 137-38, 141, 154

Marprelate, Martin 16
Meade, Joseph 65-6
Morgan, Edmund S. 18, 22
Morgan, William 38

New, J. F. H. 5-6
Nuttall, Geoffrey F. 63-4, 134-5

Owen, John 27

Parker, Alexander 146
Penry, John 16, 37
Powell, Vavsor x-xi, 44-5, 77-82, 110-14
Prichard, Rhys 41

Richards, Thomas 47, 64-5, 145
Richardson, Samuel 87
Robinson, John 21-2, 24-5

Thomas, Oliver xi, 95-103, 148-49
Travers, Walter 8, 14

Watts, Michael R. 88
Whitgift, John 15

Mynegai

(b) Testunau

adwaith Calfinaidd 30
ailddyfodiad, yr 75-7
Ailfedyddwyr, yr 2-3
Anghydffurfiaeth 156
Anglicaniaeth 6, 21-2
Annibyniaeth wleidyddol 30-1
Antinomiaeth 31
Arminiaeth 32
Athrawiaeth y Cyfamodau 92-5
awdurdod 8-9

Beibl Genefa 13
Bemeniaeth 121-24

cenhadaeth y Crynwyr 136-8, 144-46
Confentiglau 19
Cwymp, y 5-6
Cyfiawnhad, y 152-53
Cyfundrefn y Profwyr 55-6
Cymanfa Westminster 28-9
cynulleidfaoedd Piwritanaidd 56-59
Cynulleidfaoliaeth ffordd-ganol 23-25
Cynulleidfaoliaeth Lloegr Newydd 25-29

Datguddiad yr Ysgrythur 133
Deddf Taenu'r Efengyl 51-5
disgwyliadau milflwyddol 69-74
Diwygiad Mawr, Y 1-2
Diwygiad Radicalaidd, Y 2-3
duwioldeb
    Cradoc, Walter 103-110
    Erbery, William 126-130
    Llwyd, Morgan 114-126

Powell, Vavasor 110-114
Thomas, Oliver 95-103

Ecclesiola in ecclesia 24
Efengyl Dragwyddol, Yr 32
eglwys 4-5
Esgobyddiaeth 12, 14, 16, 28, 35

Gair Tros Dduw 80-2
Goleuni Mewnol, y 33, 132
gras 7
gweinodgaeth grwydrol 49-51
gwreiddiau Piwritaniaeth 41-44
Gwrthgrist, y 68-9
gwrthryfel Thomas Venner 88-9

heresi 31
Hermetiaeth 32
Humble Representation and Address 86-7

Lloegr Newydd 25-27

mewnfodaeth 32
milflwyddiaeth 65-67
Mudiad Piwritanaidd Cymreig 60-61
mudiad Presbyteraidd, y 12-18

Neoblatoniaeth 32
Nodiadau ar 'A Word for God' 82-6

pantheistiaid 33
penarglwyddiaeth Duw 135
Perffeithrwydd 135
Piwritaniaeth

diffiniad 3-10
ei wreiddiau 10-11
Piwritaniaeth esgobol 11-12
pregethu 7
proffwydoliaethau 67-8

radicaliaeth 30-34

rhaglen gyfieithu 37-41
rheswm 8-9

Senedd Barebones 63-4

ymgyrch filflwyddol 77-80
Ymwahanwyr, yr 18-23